Outplacement

Studien zum Arbeitsrecht und zur Arbeitsrechtsvergleichung

Herausgegeben von Manfred Weiss und Spiros Simitis

Band 2

PETER LANG

Frankfurt am Main · Berlin · Bern · Bruxelles · New York · Oxford · Wien

Arnd Hermann

Outplacement

Eine Untersuchung
der individualvertraglichen Gestaltung
und kollektivarbeitsrechtlichen Aspekte
eines neuen Instruments
des Personalabbaus

PETER LANG
Europäischer Verlag der Wissenschaften

Die Deutsche Bibliothek - CIP-Einheitsaufnahme

Hermann, Arnd:

Outplacement : Eine Untersuchung der individualvertraglichen Gestaltung und kollektivarbeitsrechtlichen Aspekte eines neuen Instruments des Personalabbaus / Arnd Hermann. - Frankfurt am Main ; Berlin ; Bern ; Bruxelles ; New York ; Oxford ; Wien : Lang, 2001

(Studien zum Arbeitsrecht und zur Arbeitsrechtsvergleichung ; Bd. 2)
Zugl.: Frankfurt (Main), Univ., Diss., 2000
ISBN 3-631-37804-1

D 30
ISSN 1615-4606
ISBN 3-631-37804-1

www.peterlang.de

Meinen lieben Eltern

Vorwort

Die vorliegende Arbeit wurde im Wintersemester 2000/2001 von der Rechtswissenschaftlichen Fakultät der Johann Wolfgang Goethe-Universität Frankfurt am Main als Dissertation angenommen. Das Manuskript war im Juni 2000 abgeschlossen. Spätere Publikationen konnten zum Teil bis Ende 2000 berücksichtigt werden.

Das Thema war zunächst mit einem betriebsverfassungsrechtlichen Schwerpunkt angelegt. Dieser hat sich aber im Zuge der Bearbeitung zu einer umfassenderen Betrachtung der Rechtsbeziehungen im Rahmen der Durchführung einer Outplacement-Beratung entwickelt, da eine befriedigende rechtliche Untersuchung und Einordnung dieser Tätigkeit bislang nicht erfolgte.

Mein Dank gilt an erster Stelle meinem Doktorvater, Herrn Prof. Dr. Dr. h.c. Spiros Simitis, der mir bei der Themenwahl und Bearbeitung große Freiheit gelassen hat. Er hat stets Zeit gefunden für richtungsweisende Gespräche und sowohl durch wohlwollende wichtige Hinweise als auch kritische Anmerkungen die Entstehung der Arbeit in allen Phasen gefördert und begleitet. Seine konstruktive Betreuung und sein anhaltendes großes Interesse am Erfolg dieser Arbeit, zu dem er mich stetig ermutigte, erfolgte in einer heute eher seltener gewordenen persönlichen Weise.

Herrn Prof. Dr. Manfred Weiss danke ich für die rasche Erstellung des Zweitgutachtens mit weiterführenden Hinweisen. Seine Anregung zur Aufnahme der Dissertation in die von ihm mitherausgegebene Schriftenreihe hat mich besonders gefreut.

Darüber hinaus möchte ich Frau Karin Reinl für ihre Unterstützung sehr danken. Sie hat mir in mehreren Gesprächen ein Bild von der praktischen Tätigkeit in der Outplacement-Beratung vermittelt und in inhaltlichen Diskussionen, zu denen sie sich stets Zeit nahm, bei der Erstellung der Arbeit wertvolle Hilfe geleistet.

Meinen Freunden, die meine Studiums- und Promotionszeit intensiv miterlebt haben, darunter Marcus Schlimbach, Dr. Olaf Schmitt, Tilman Makatsch, Bernd Lippsmeier und Dr. Gerald Zimmer, danke ich für ihre stetige Diskussionsbereitschaft, Geduld und Unterstützung, auf die ich mich stets verlassen konnte. In besonderem Maße gilt dies für die moralische Unterstützung und das Verständnis meiner Freundin, Kim-Cybil Steinhäuser, die manchmal wohl nur das gemeinsame Hoffen auf „ein Leben nach der Arbeit“ aufrecht erhalten hat.

Abschließend danke ich besonders herzlich meinen Eltern, die mir während der gesamten Studienzeit und der Entstehungszeit dieser Arbeit jede Form der Hilfe und Unterstützung gewährt haben, ohne die mir die Erstellung der Arbeit unmöglich gewesen wäre. Gleiches gilt für meinen Großvater, Herrn Herbert Hempel. Nicht zu vergessen sind die gewissenhaften Korrekturleser aus dem Familienkreis – allen voran meine Mutter – die nicht unwesentlich zum Erfolg der Arbeit beigetragen haben.

Frankfurt am Main, im Juni 2001 *Arnd Hermann*

Inhaltsverzeichnis

Abkürzungsverzeichnis

a.A.	andere Ansicht
Abs.	Absatz
a.F.	alte Fassung
AiB	Arbeitsrecht im Betrieb
AktG	Aktiengesetz
allg.	allgemein
Anh.	Anhang
Anm.	Anmerkung
AP	Arbeitsrechtliche Praxis, Nachschlagewerk des BAG
ArbGG	Arbeitsgerichtsgesetz
Art.	Artikel
AT	Allgemeiner Teil
AtomG	Atomgesetz
Aufl.	Auflage
AuR	Arbeit und Recht (Zeitschrift)
BAG	Bundesarbeitsgericht
BB	Betriebsberater (Zeitschrift)
BBiG	Berufsbildungsgesetz
Bd.	Band
BeschFG	Beschäftigungsförderungsgesetz
BetrVG	Betriebsverfassungsgesetz
BFH	Bundesfinanzhof
BFuP	Betriebswirtschaftliche Forschung und Praxis (Zeitschrift)
BGB	Bürgerliches Gesetzbuch
BGBl.	Bundesgesetzblatt
BGH	Bundesgerichtshof
BGHZ	Amtliche Sammlung der Entscheidungen des Bundesgerichtshofs
BNotO	Bundesnotarordnung
BR	Betriebsrat
BRAO	Bundesrechtsanwaltsordnung
bspw.	beispielsweise
BStBl.	Bundessteuerblatt
BT	Besonderer Teil
BT-Drs.	Bundestagsdrucksache
BVerfG	Bundesverfassungsgericht
bzw.	beziehungsweise
DB	Der Betrieb (Zeitschrift)
ders.	derselbe
d.h.	das heißt

dies.	dieselbe
D/K/K	Däubler/Kittner/Klebe - Kommentar zum BetrVG
DM	Deutsche Mark
Einf.	Einführung
EstG	Einkommenssteuergesetz
Einl.	Einleitung
ErfK	Erfurter Kommentar zum Arbeitsrecht
etc.	et cetera
evtl.	eventuell
EzA	Entscheidungssammlung zum Arbeitsrecht
f.	folgende
ff.	fortfolgende
FK-InsO	Frankfurter Kommentar zur Insolvenzordnung
FR	Finanzrundschau (Zeitschrift)
FS	Festschrift
Fn.	Fußnote
GG	Grundgesetz
GenG	Genossenschaftsgesetz
GentG	Gentechnikgesetz
GewO	Gewerbeordnung
ggf.	gegebenenfalls
GK-BetrVG	Gemeinschaftskommentar zum BetrVG
GmbHG	Gesetz betreffend die Gesellschaft mit beschränkter Haftung
GS	Großer Senat
Halbb.	Halbband
Halbs.	Halbsatz
HandB	Handbuch
HdWW	Handbuch der Wirtschaftswissenschaften
HK-HGB	Heidelberger Kommentar zum HGB
HK-InsO	Heidelberger Kommentar zur Insolvenzordnung
HGB	Handelsgesetzbuch
h.M.	herrschende Meinung
Hrsg.	Herausgeber
H/S/G	Hess/Schlochauer/Glaubitz – Kommentar zum BetrVG
i.e.Sinn	im engeren Sinn
i.v.m.	in Verbindung mit
Kap.	Kapitel
KR-Berabeiter	Gemeinschaftskommentar zum Kündigungsschutzgesetz
KSchG	Kündigungsschutzgesetz
LAG	Landesarbeitsgericht
LAGE	Entscheidungen der Landesarbeitsgerichte
LStDV	Lohnsteuerdurchführungsverordnung

MDR	Monatsschrift für Deutsches Recht
Mrd.	Milliarde
MünArbR	Münchener Handbuch zum Arbeitsrecht
MüKom	Münchener Kommentar zum Bürgerlichen Gesetzbuch
n.F.	neue Fassung
NJW	Neue juristische Wochenschrift (Zeitschrift)
Nr.	Nummer
NZA	Neue Zeitschrift Arbeitsrecht
o.ä.	oder ähnliches
OFD	Oberfinanzdirektion
OLG	Oberlandesgericht
OPC	Outplacement Counseling
PartGG	Partnerschaftsgesellschaftsgesetz
RAG	Reichsarbeitsgericht
RdA	Recht der Arbeit (Zeitschrift)
RdNr.	Randnummer
RegierungsE	Regierungsentwurf
RKW	Rationalisierungs-Kuratorium der Deutschen Wirtschaft
Rspr.	Rechtsprechung
RUB	Ruhr-Universität-Bochum
S.	Seite
SGB	Sozialgesetzbuch
sog.	sogenannt
Sp.	Spalte
SprAuG	Sprecherausschußgesetz
SR	Schuldrecht
str.	strittig
TVG	Tarifvertragsgesetz
u.a.	unter anderem
vgl.	vergleiche
Vorbem.	Vorbemerkung
v.	vom
z.B.	zum Beispiel
ZfA	Zeitschrift für Arbeitsrecht
ZHR	Zeitschrift für das gesamte Handelsrecht
ZIP	Zeitschrift für Wirtschaftsrecht und Insolvenzrecht
ZPO	Zivilprozeßordnung
ZRP	Zeitschrift für Rechtspolitik
ZTR	Zeitschrift für Tarifrecht
zust.	zustimmend

I. Einleitung

Die wirtschaftliche Entwicklung ist gegenwärtig weltweit von starken Konzentrations- und Umstrukturierungsprozessen geprägt. Bei vielen innerdeutschen und grenzüberschreitenden Großfusionen[1] werden von Unternehmensführungen vor allem die positiven wirtschaftlichen Aspekte der Zusammenschlüsse hervorgehoben. In der Regel wird die Notwendigkeit der Fusion mit der Entwicklung, bzw. Verschärfung des weltweiten Wettbewerbes begründet. Die fusionierenden Unternehmen betonen regelmäßig, daß sie sich durch den Zusammenschluß einen entscheidenden Wettbewerbsvorteil verschaffen und sich zu dominierenden Unternehmen ihrer Branche entwickeln werden, soweit nicht schon die Fusion selbst diese Marktstellung begründet. Bei der Bekanntgabe solcher unternehmerischer Konzentrationsprozesse treten die personellen Konsequenzen dieser Maßnahmen gegenüber den positiven wirtschaftlichen Prognosen meistens in den Hintergrund, es sei denn, es wird mit der Fusion ein Stellenabbau ausdrücklich angekündigt. Der Verlauf der Fusionen zeigt, daß trotz des Konjunkturaufschwungs Arbeitsplätze in Unternehmen verloren gehen können. Neue Technologien – insbesondere die Verbreitung des Internets – erschließen neue Produkt- und Absatzmöglichkeiten und führen häufig zu Veränderungen der Führungsstrukturen und der personellen Besetzung der Unternehmensleitung. Selbst erfolgreiche Neuausrichtungen von (fusionierten) Unternehmen, die ihre bisherige Tätigkeit zugunsten zukunftsorientierter Märkte modifizieren, können nur schwer ohne einen teilweisen Austausch von Mitarbeitern realisiert werden. Die notwendigen personellen Anpassungen werden durch weitere Maßnahmen zur Steigerung der Effektivität oder der Rationalisierung – z.B. der Einführung von flachen Hierarchien (Lean Management) oder der Auslagerung von betrieblichen Primär- und Hilfsfunktionen (Outsourcing) – noch verstärkt. Dies führt dazu, daß nicht nur Tarif-Mitarbeiter von Kündigungen betroffen sind, sondern Umstrukturierungen, Fusionen und Betriebsschließungen vermehrt Arbeitsplätze von Führungskräften kosten.

In der personalwirtschaftlichen Literatur in Deutschland erscheinen immer häufiger Beiträge,[2] die sich unter dem Begriff „Outplacement“ mit der Freisetzung und Trennung von ausscheidenden Führungskräften beschäftigen. Unter Out-

---

[1] Die Zahl der Unternehmenszusammenschlüsse lag seit Ende der 80er Jahe im Jahresdurchschnitt bei 1500 Fusionen, in den letzten Jahren ist ein deutlicher Anstieg zu verzeichnen. 1995: 1530 Fusionen, 1996: 1434 Fusionen, 1997: 1751 Fusionen, 1998: 1888 Fusionen. Die beachtlichsten Großfusionen in Deutschland waren: Daimler/Chrysler (1997), SparHandelsAG/Intermarché (1997), Deutsche Bank/Bankers Trust (1998), Hypo-Vereinsbank (1998), Schickedanz/Karstadt (1999), Degussa-Hüls (1999), Thyssen/Krupp (1999), Vodafon/Mannesmann (2000), Veba/Viag (2000), RWE/VEW (2000). (vgl. auch die „Daten & Fakten“ bei: www.bundeskartellamt.de)

[2] Zuletzt Schwerpunktthema in: Personalwirtschaft 1999, Heft 11, S.42ff..

placement wird dabei ein Dienstleistungspaket verstanden, das für den betroffenen Mitarbeiter negative Folgen einer Entlassung abmildern soll, indem der Mitarbeiter im Rahmen einer Outplacement-Beratung bei der Suche nach einem neuen Arbeitsplatz unterstützt wird. Die Bezeichnung dieses Beratungskonzepts mit dem englischen Begriff „Outplacement" ist insofern mißverständlich, weil ein erfolgreiches Outplacement sich nicht in der Freisetzung der betroffenen Mitarbeiter auf den Arbeitsmarkt erschöpft. Ziel einer Outplacement-Maßnahme ist, ausscheidenden Mitarbeitern einen reibungslosen Übergang in neue Arbeitsverhältnisse zu ermöglichen.

Dieses Ziel soll mit der Unterstützung von spezialisierten Personalberatern realisiert werden. Die Outplacement-Beratungsleistung beinhaltet die umfassende Beratung der ausscheidenden Mitarbeiter, angefangen mit der Hilfe bei der psychischen Verarbeitung des Arbeitsplatzverlustes, der Unterstützung bei der beruflichen Neuorientierung, der Zusammenstellung von Bewerbungsunterlagen bis hin zu Schulungen für anstehende Vorstellungsinterviews. Ein wesentlicher Bestandteil des Outplacement-Konzepts ist, daß der ausscheidende Mitarbeiter für die Dauer der Beratung noch als Arbeitnehmer oder aufgrund von Abfindungs- oder Ausgleichszahlungen finanziell abgesichert ist. Der betroffene Mitarbeiter soll aus einer finanziell und sozial gesicherten Stellung heraus bei der Entwicklung einer persönlichen „Eigenmarketing-Strategie" unterstützt und beraten werden, um idealerweise im fließenden Übergang einen neuen, seinen Wünschen und Fähigkeiten entsprechenden, Arbeitsplatz wiederzuerlangen.[3] Die Entlassung wird durch den Einsatz der Outplacement-Maßnahme nicht vermieden, die drohende Gefahr einer längeren Arbeitslosigkeit jedoch soll verringert werden.

Dementsprechend wird die englische Bezeichnung des Beratungskonzepts aufgrund der negativen Konnotation des Begriffs „Outplacement" im Deutschen von der Outplacement-Beraterbranche als wenig glückliche Bezeichnung angesehen. Der englische Begriff für „Herausplazieren" wird zunehmend durch die Begriffe „Newplacement", „Replacement", „Career Continuation" oder „Career Transition" ersetzt, um zu verdeutlichen, daß der Outplacement-Prozeß sich nicht auf die Übermittlung einer unternehmerischen Entlassungsentscheidung beschränkt.[4] Außerdem betonen die Outplacement-Berater ihre beratende Tätigkeit, um die Trennung zur entgeltlichen Arbeitsvermittlung zu unterstreichen, von der sich die spezialisierten Outplacement-Berater überwiegend distanzieren.[5]

---

[3] *von Rundstedt (1994)*, S.458.

[4] *Kirsch/Hendricks* in: Personalführung 1995, S.964 ; *Schanz*, S.605 ; *Lingenfelder/Walz* in: Personal 1989, S.258.

[5] *Stoebe* in: Personalführung 1993, S.426 (427) ; vgl. ACCP-Code of Ethics sowie die BDU-Selbstverpflichtungerklärung.

Die Etablierung einer Outplacement-Beraterbranche spiegelt die gegenwärtige Entwicklung insofern wider, als das Bestehen eines lebenslangen Arbeitsplatzes zunehmend der Vergangenheit angehört und aufgrund der Veränderung von Unternehmensstrukturen der flexible Arbeitsplatzwechsel zum unvermeidbaren Bestandteil eines Erwerbslebens wird. Gleichzeitig erkennen die Unternehmen die möglichen Vorteile einer Einbeziehung der Outplacement-Beratung für die strategische Personal- und Unternehmenspolitik. Der Umgang mit den ausscheidenden Mitarbeitern kann wesentlichen Einfluß auf die Identifikation der verbleibenden Mitarbeiter mit dem Unternehmen haben und sich unmittelbar auf die Arbeitsmotivation und -leistung auswirken. Der Trennungsvorgang kann im sozialen Umfeld des Unternehmens erhebliche Signalwirkungen haben, die von potentiellen neuen Mitarbeitern, Kunden und der Öffentlichkeit registriert werden und sich auf das Unternehmensimage auswirken. Das Outplacement-Beratungskonzept bietet die Möglichkeit – über das Angebot der professionellen Betreuung des ausscheidenden Arbeitnehmers bis zur beruflichen Wiedereingliederung – die Trennung sozial verträglicher zu gestalten und das Arbeitsverhältnis im Einvernehmen mit dem Arbeitnehmer zu beenden, so daß die üblichen negativen Folgewirkungen[6] eines einseitigen Personalabbaus sowohl auf Seiten des Unternehmers als auch auf Seiten des Arbeitnehmers vermieden werden.

Vor diesem Hintergrund wird im folgenden an Beispielsfällen gezeigt, wann Outplacement-Beratungsmaßnahmen Anwendung finden und wie sie sich für den betroffenen Mitarbeiter jeweils auswirken können. Es handelt sich bei den nachstehenden Beispielen um individuelle Einzelfälle, die das Spektrum der Einsatzmöglichkeiten der Outplacement-Dienstleistung nur exemplarisch andeuten. Sie lassen aber den Anknüpfungspunkt der Outplacement-Beratung am individuellen Mitarbeiter erkennen und veranschaulichen den konzeptionellen Unterschied dieser Beratungsleistung im Vergleich mit anderen Personalberatungsprogrammen.

Ein typisches Anwendungsbeispiel für das Angebot und den Einsatz einer Outplacement-Betreuung betrifft das Ausscheiden eines **langjährigen Arbeitnehmers** in einer gehobenen Führungsposition des Unternehmens:

> *Dem 54jährigen Manager im Marketingbereich eines multinationalen Ölkonzerns wird nach 32 Jahren Tätigkeit für das Unternehmen die Einsparung seines Arbeitsplatzes eröffnet.*[7] *Aufgrund drastisch fallender Ölpreise hatte der Manager die Unternehmensstrategie zur „Kosteneindämmung"*

---

[6] Zu den verschiedenen negativen unternehmens- bzw. arbeitnehmerbezogenen Folgewirkungen von Personalabbaumaßnahmen siehe: Kapitel: II.1.2. (S.36).

[7] Schilderung der Outplacement-Erfahrungen von *Parkhouse* in: Harvard Business Manager 1999, S.9.

durch Personalreduzierung selbst unterstützt und eingeleitet, bis schließlich die Einsparung des eigenen Arbeitsplatzes von der Geschäftsleitung beschlossen wurde. Für den betroffenen Manager bedeutete der Arbeitsplatzverlust, daß er sich nun in fortgeschrittenem Alter um einen neuen Arbeitsplatz bewerben mußte. Bis zu diesem Zeitpunkt hatte er noch nie seinen Lebenslauf niederschreiben müssen und sich seit über 30 Jahren nicht mehr auf ein Vorstellungsgespräch vorbereitet. Im seinem Aufhebungsvertrag wurde der Einsatz einer Outplacement-Beratung vereinbart, die ihn bei der Bewerbung um einen neuen Arbeitsplatz unterstützen sollte. Gemeinsam mit dem Outplacement-Berater wurden der berufliche Werdegang des betroffenen Managers rekapituliert und die wesentlichen Qualifikationen herausgearbeitet. Diese intensive Selbstanalyse ermöglichte die Zusammenstellung eines zielgerichteten, stringenten Lebenslaufes, der sich auf entscheidende berufliche Fähigkeiten konzentrierte. Zudem motivierte der Outplacement-Berater den betroffenen Manager, seine Bewerbungsanstrengungen nicht nur auf eine Rückkehr in die ursprüngliche Tätigkeitsbranche zu konzentrieren, sondern andere Berufsfelder mit zu berücksichtigen. In der Bewerbungsphase konnte er neben der Beratung die Informationsressourcen, die Räumlichkeiten und technischen Einrichtungen seines Beraters nutzen. Der Manager wurde auf heikle Fragen in Vorstellungsgesprächen vorbereitet und beim Aufsetzen von Anschreiben unterstützt. Insgesamt nutzte er diese Unterstützung für über 70 Bewerbungsbriefe an potentielle Arbeitgeber. Am Ende führte die Bewerbung auf eine Anzeige für eine Lehrtätigkeit an einer privaten Hochschule für Unternehmensführung zum Erfolg. Rückblickend beurteilte der ausgeschiedene Manager die Leistung der Outplacement-Beratung als große Hilfe, insbesondere im Hinblick auf die ständige Möglichkeit zur Diskussion der Bewerbungsstrategie, der Rückschläge oder Fortschritte bei der Suche, was wesentlich dazu beigetragen habe, daß er während der Bewerbungsphase nicht resignierte, sondern die Bewerbung für eine berufliche Neuorientierung nutzte.

Der Einsatz einer Outplacement-Beratung ist jedoch nicht nur auf Fälle beschränkt, bei denen die Suche nach einem neuen Arbeitsplatz aufgrund des hohen Alters des ausscheidenden Mitarbeiters erschwert ist, sondern kann gerade für solche Mitarbeiter sinnvoll sein, die bei **Umstrukturierungen von Unternehmen** zum Zeitpunkt des beruflichen Aufstiegs den Arbeitsplatz verlieren:

Einem 45jährigen promovierten Chemiker wurde die Kündigung mitgeteilt, nachdem er neun Jahre als Projekt- und Bereichs-Controller in einer Che-

miefirma angestellt war.[8] *Trotz offenkundiger zwischenmenschlicher Spannung mit den Vorgesetzten hatte der betroffene Arbeitnehmer an der erlangten Position festgehalten und war einer beruflichen Wunschvorstellung – die kaufmännische Leitung eines mittleren Industrieunternehmens zu übernehmen – nie weiter nachgegangen, obwohl spezielle kaufmännische Qualifikationen nachzuweisen waren. Die unerwartete Entlassungsentscheidung wurde mit der Umstrukturierung und Verlagerung des Arbeitsbereichs begründet. Im Rahmen der vereinbarten Outplacement-Beratung wurde der betroffene Arbeitnehmer bei der psychologischen Verarbeitung der Entlassung unterstützt und in intensiven Einzelgesprächen wurden die Qualifikationen, Talente und Vorstellungen der zukünftigen beruflichen Tätigkeit erörtert. Gemeinsam mit dem Berater konnte für die zukünftig angestrebte berufliche Tätigkeit, die Stellung als kaufmännischer Leiter eines Unternehmens, eine Unternehmenszielgruppe identifiziert werden, so daß die anschließende Unterstützung bei der zielgerichteten Bewerbung noch vor Ablauf des alten Arbeitsvertrages zum Abschluß eines neuen Arbeitsvertrages führte.*

Neben der Beratung des ausscheidenden Mitarbeiters bei der Analyse der beruflichen Qualifikationen und der Unterstützung bei der Bewerbung, kann die Outplacement-Beratung aber auch eine Hilfestellung bei der Entscheidung für eine **neue Tätigkeitsform** sein:

Dem 46jährigen Bereichsleiter einer Spedition eines Papierkonzerns wurde mitgeteilt, daß die Muttergesellschaft beschlossen habe, die firmeneigenen Transporte durch Outsourcing des Transportbereichs nicht weiter selbst durchzuführen.[9] *Zu diesem Zeitpunkt war der betroffene Bereichsleiter 16 Jahre bei dem Papierkonzern beschäftigt. Aus diesem Grund verfügte er über umfangreiche Kenntnisse und Erfahrungen auf dem Gebiet der Transportlogistik und besaß ein Beziehungsnetz zu nationalen und internationalen Speditionsunternehmen. Während der Outplacement-Beratung wurde deutlich, daß sich für den ausscheidenden Mitarbeiter aufgrund der fachlichen und persönlichen Voraussetzungen die Möglichkeit einer selbständigen Tätigkeit anbot. Die Beratungsgespräche führten deshalb zu der Erarbeitung eines Dienstleistungsangebots, das die Beratung bei der Inanspruchnahme von Frachtführern und Speditionen im In- und Ausland sowie der Transportlogistik enthielt. Zudem konnte das Beziehungsnetz für die Akquisition und Vermittlung von Transportaufträgen genutzt werden. Zu-*

[8] *Kutzscher* in: VDI-Nachrichten Nr.39, 1. Oktober 1999, S.41 ; vgl. die Schilderung in der Beratungsbroschüre „Auf dem Weg zu einer neuen Position" von SKP-Dr.Stoebe, Kern und Partner.

[9] Exemplarischer Beratungsfall, entnommen aus der SKP-Beratungsbroschüre.

sätzlich wurde zusammen mit den Outplacement-Beratern u.a. ein Marketingplan für das selbständige Auftreten im Wettbewerb aufgestellt. Nachdem der ausgeschiedene Mitarbeiter einen Startauftrag seines alten Unternehmens akquirierte, wurde die selbständige Erwerbstätigkeit erfolgreich aufgenommen.

Die angeführten Beispiele für eine erfolgreiche Outplacement-Beratung zeigen, daß sich die Dienstleistung unmittelbar auf den ausscheidenden Mitarbeiter bezieht. Zugleich bestehen an der Durchführung einer Outplacement-Beratung die bereits angedeuteten unternehmensbezogene Interessen des Arbeitgebers, die den Einsatz dieser Dienstleistung für den Arbeitgeber sowohl unternehmenspolitisch als auch betriebswirtschaftlich rechtfertigen können. Die konzeptionelle Verbindung von unternehmens- und arbeitnehmerbezogenen Interessen bei der Abwicklung arbeitgeberseitiger Trennungen von Mitarbeitern ist die Besonderheit dieses Personalinstruments.

Gegenüber den klassischen Personalberatungsdienstleistungen, wie z.B. den Karriere- oder Management-Beratungen kann die Outplacement-Beratung als eigenständiges Personalinstrument abgegrenzt werden. Im Gegensatz zum Outplacement-Konzept zielen die unter den Oberbegriff der Karriere-Beratung fallenden individuellen Mitarbeiterberatungsprogramme (Personal Career Focus, Coaching, Career Development) ausschließlich darauf ab, den Mitarbeiter bei der Analyse seiner Karriere- und Entwicklungsmöglichkeiten im Unternehmen zu unterstützen, um eine optimale berufliche Weiterentwicklung im bestehenden Arbeitsverhältnis zu fördern.[10] Nur in Fällen, bei denen in der Beratung deutlich wird, daß die zukünftigen beruflichen Entwicklungsmöglichkeiten beim bisherigen Arbeitgeber erkennbar beschränkt sind, führen diese Personalberatungsprogramme zu einer Unterstützung bei einer möglichen beruflichen Neuorientierung. Eine eindeutige andere Zielsetzung – im Vergleich zu Outplacement-Beratungen – haben auch diejenigen Personalberatungsdienstleistungen, die sich mit der Personalplanung aufgrund von betrieblichen Reorganisationen und Umstrukturierungsprozessen befassen. Diese allgemein als Management-Beratungsprogramme (Transition-Programme, Management-Audits) bezeichneten Personaldienstleistungen richten sich zwar sowohl an einzelne von der Umstrukturierung betroffene Arbeitnehmer als auch an die verantwortlichen Führungskräfte. Im wesentlichen beinhalten sie aber die Beratung bei der Auswahl der Mitarbeiter zur effizienten Besetzung von neuen Stellen oder von Stellen mit verändertem Anforderungsprofil. Solche Beratungsprogramme unterscheiden sich von den Outplacement-Programmen insofern als die betriebswirtschaftliche Optimierung des Einsatzes der vorhandenen Mitarbeiterpotentiale im Vordergrund steht und nicht, wie bei der Out-

[10] Zum Gegenstand des Mitarbeiter-Coaching bzw. der Karriereplanung: *Weber*, S.78/143.

placement-Beratung, die berufliche Wiedereingliederung des individuellen Mitarbeiters in ein *neues* Arbeitsverhältnis.

Diese einleitende Vorstellung des Outplacement-Konzepts macht deutlich, daß die Planung und Durchführung einer Outplacement-Maßnahme – angefangen bei der individualrechtlichen Vereinbarung der konkreten Dienstleistung zwischen Arbeitgeber, Arbeitnehmer und Outplacement-Berater bis zur Berücksichtigung von relevanten kollektivrechtlichen Beteiligungstatbeständen – in erster Linie arbeitsrechtliche Fragestellungen betrifft. Die Frage der individualrechtlichen Ausgestaltung einerseits und die möglichen kollektivrechtlichen Bezüge der Outplacement-Maßnahme andererseits, insbesondere als instrumentaler Bestandteil der unternehmerischen Personalplanung, sind Anlaß für eine rechtliche Untersuchung und Einordnung dieser Dienstleistung, die hier versucht werden soll.

1. Zum geschichtlichen Hintergrund des Outplacement-Konzepts

Die Outplacement-Beratung ist als eigenständiges Instrument der Trennungsberatung in den USA seit den 60er Jahren bekannt. Der Ursprung der Entwicklung der Trennungsberatung beruht auf den Erfahrungen der amerikanischen Regierung bei der Reintegration von Soldaten nach dem 2. Weltkrieg in zivile Berufe.[11] Diese staatlichen Ansätze einer Betreuung von Beschäftigten bei Trennung und Wiedereingliederung wurden Ende der 60er Jahre von der freien Wirtschaft übernommen. Bei Standard Oil of New Jersey (Exxon) und der Luftfahrtindustrie wurden erste Konzepte zur Betreuung von ausscheidenden Mitarbeitern entwickelt.[12] In den 70er Jahren, ausgelöst durch die Ölkrise und die anschließende Rezessionsphase von 1973 bis 1975, ist das Konzept zur Betreuung von Arbeitnehmern bei Entlassungen weiter entwickelt worden. Die erste Outplacement-Beratungsfirma („THinc") wurde 1969 von Tom Hubbard in New York gegründet, dessen Beratungskonzept allen heutigen Outplacement-Dienstleistungen zugrunde liegt.[13] Die Betreuungsleistung beschränkte sich in den Anfängen noch ausschließlich auf eine Beratung von Mitarbeitern aus mittleren und höheren Führungsebenen. Diese Beratung von Führungskräften wurde vorwiegend von eigenständigen Unternehmens- und Personalberatungsfirmen vorgenommen und war ausschlaggebend für die Etablierung einer neuen Beratungsbranche, des „Outplacement-Counseling (OPC)" in Amerika.[14] Die zunehmende Verbreitung der Outplacement-Beratung hat dazu geführt, daß die

---

[11] *Schanz*, S. 604 ; *Scherba* in: Personnel, Vol. 50, 1973, S.40-44 (41).

[12] *Schulz/Fritz/Schuppert/Seiwert/Walsh*, S.13 ; *von Rundstedt (1994)*, S.458 ; *Mayrhofer*, S.23 ; *Bearak*, in: Personnel Administrator, Vol.27,4,1982, S.63-71.

[13] *Schulz/Fritz/Schuppert/Seiwert/Walsh*, S.13.

[14] *Sauer*, S.37 ; *Greenberg / Zippo*, in: Personnel, Vol.60, 1983, S.55-57.

Beratung sich auf untere Hierarchieebenen ausgedehnt hat und seit den 70er Jahren als eigenständige Beratungsleistung in die amerikanische betriebliche Personalpolitik integriert ist.[15]

In Deutschland wird Outplacement erst seit Anfang der 80er Jahre angeboten.[16] Der Grund für die zurückhaltende Übernahme der amerikanischen Outplacement-Konzepte in Europa ist in den bestehenden rechtlichen Rahmenbedingungen bei der Entlassung von Mitarbeitern zu sehen.[17] Im Gegensatz zu Amerika sind in Deutschland die Arbeitnehmer durch gesetzliche oder kollektivvertragliche Kündigungsschutzvorschriften zumindest für einen Übergangszeitraum materiell abgesichert. Neben der staatlichen sozialen Sicherung haben Kündigungsfristen und Abfindungszahlungen die Ausdehnung des Outplacement-Konzepts auf untere Hierarchieebenen erschwert. Für eine zusätzliche umfangreiche Trennungsberatung waren zunächst keine Gründe erkennbar.

Die seit etwa 1980 einsetzende Spezialisierung von Unternehmensberatungsfirmen auf Outplacement-Beratungen hat sich in den 90er Jahren verstärkt fortgesetzt.[18] Korrespondierend zu der Ausweitung der Beratungspraxis ist das Konzept der Outplacement-Beratung vermehrt in der personalwirtschaftlichen Fachliteratur diskutiert und beschrieben worden.[19] Die Veröffentlichungen konzentrieren sich dabei auf die inhaltliche Darstellung und Untersuchung des Beratungskonzepts. Die rechtswissenschaftliche Literatur hat sich bisher weitestgehend auf die Feststellung der Möglichkeit der Vereinbarung einer Outplacement-Beratung beschränkt; eine rechtswissenschaftliche Einordnung von Outplacement wurde erst in den letzten Jahren eingeleitet.[20] Die wissenschaftliche Auseinandersetzung mit Outplacement ist eine Reaktion auf die Ausbreitung von Outplacement und seine zunehmende Eingliederung in bestehende arbeitsrechtliche Instrumente. Die Aufnahmen von Outplacement in tarifvertragliche

---

15 *Schulz/Fritz/Schuppert/Seiwert/Walsh*, S.13.

16 *Fritz Stoebe* in: Personalführung 1990, S.330.

17 *Schanz,* S. 604.

18 Marktübersicht in: Personalwirtschaft 1998, Heft 4, S.12 ; Personalwirtschaft 1999, Heft 11, S.14.

19 *Fritz Stoebe*, Outplacement, 1993 ; *Michael Lingenfelder/ Hartmut Walz* in: Personal 1989, S.258 ; *Schulz/Fritz/Schuppert/Seiwert/Walsh*, Outplacement: Personalfreisetzung und Karrierestrategie, Wiesbaden 1989 ; *Mechthild Sauer*, Outplacement-Beratung: Konzeption und organisatorische Gestaltung, Wiesbaden 1991.

20 *Franz Kibler*, Outplacement- ein neues Instrument der Personalwirtschaft, in: RdA 1996, S.366 ; *Friedrich Hartmann/Ingo Hamm* in: Outplacement-Beratung, Kap.IV, Hrsg. Hans Böckler Stiftung, Düsseldorf 1997 ; *Jobst-Hubertus Bauer*, Arbeitsrechtliche Aufhebungsverträge, RdNr.776, 5. Auflage, München 1997 ; *Christoph Abeln*, Besteuerung der Outplacement-Beratung ?, in: BB 1999, S.721 ; *Schaub*, Arbeitsrechts-Handbuch, 8.Auflage, München 1996, § 122 II,5.

Regelungen in Belgien[21] und Italien[22] verdeutlichen diese Entwicklung, die auch in Deutschland durch die neuen Förderungsmöglichkeiten nach dem SGB III unterstützt wird. Die allgemeine Beschränkung der Outplacement-Beratung auf Führungskräfte in Deutschland während der 80er Jahre hat sich in den 90er Jahren auch als ein Dienstleistungsangebot für untere Hierarchieebenen entwickelt. Outplacement ist zunehmend personalpolitischer Bestandteil von Sozialplänen bei Massenentlassungen und Betriebsschließungen.[23]

2. Verbreitung und Angebot von Outplacement

In Deutschland scheiterte die Etablierung einer eigenen Outplacement-Berater-Branche bis Anfang der 80er Jahre am Widerstand der Bundesanstalt für Arbeit. Nach damaliger Auffassung handelte es sich bei der Outplacement-Beratung um eine arbeitsplatzvermittelnde Tätigkeit im Sinne des § 13 AFG, die gegen das Arbeitsplatzvermittlungsmonopol (§ 4 AFG) der Bundesanstalt für Arbeit verstieß. Erst auf Initiative eines – heute führenden – Outplacement-Beraters wurde die Bundesanstalt davon überzeugt, daß die Berater selbst keinen Kontakt zu potentiellen Arbeitgebern aufnehmen und nur eine Hilfe zur Selbsthilfe leisten.[24] Im Zuge dieser Entwicklung wurde den Outplacement-Beratern zunächst per Diensterlaß erlaubt, für Führungskräfte und Arbeitgeber beratend tätig zu werden. Seitdem das Vermittlungsmonopol der Bundesanstalt 1994 aufgehoben (BeschFG v. 26.07.1994 BGBl. I 1786) und die Beratung und Vermittlung durch private Dienstleister zugelassen wurde, bestehen keine gesetzlichen Beschränkungen mehr, die eine Entwicklung und Ausbreitung der Outplacement-Berater Branche reglementieren.

Die Outplacement-Beratung wird in Deutschland von den meisten Personalberatungsfirmen ergänzend zu den klassischen Personalberatungsdiensten (Executive Search, Stellenanzeigen, Personalentwicklung, Organisationsfragen, Assessments) angeboten. Die Spezialisierung auf eine reine Outplacement-Fachberatung ist selten und erfolgt vornehmlich durch kleinere Agenturen.[25] Genaue Erhebungen über die Zahl der tätigen Outplacement-Berater liegen wegen der Zusammensetzung der Beraterbranche (Freie Berater, Zwei-Mann-

---

[21] Convention collective du travail n° 51 in: Code de la Législation du Travail, éd. Samson, I. 233/9, zitiert nach *Kibler* in: RdA 1996, S.466 Fn.10.

[22] Tarifvertrag abgedruckt in: Diritto & Practica del Lavoro, 1995, Nr. 28, S.1848.

[23] *Janßen* (3M Deutschland) in: Personalführung 1994, S.336 ; *Friebe* (BR Diamant Winter) in: Materialreader: Outplacement, IG Metall/RUB, Bochum 1998 ; *Smith*, Outplacement: Die menschliche Seite des Pesonalabbaus, in: Zeitschrift für Arbeits- und Organisationspsychologie, 1993, S.102-104.

[24] *Stoebe*, in: Personalführung 1987, S.518.

[25] Marktübersicht in: Personalwirtschaft 1998, Heft 4, S.12 ; Personalwirtschaft 1999, Heft 11, S.14.

Agenturen und größere Personengesellschaften) und der Fluktuation durch Löschungen und Neueintragungen im Handelsregister nicht vor.

Insgesamt wird die Zahl der Personalberatungsunternehmen in Deutschland vom Bund Deutscher Unternehmensberater (BDU) auf über 1600 Unternehmen mit einem Gesamtumsatz von 1,28 Mrd. DM (1997) geschätzt.[26] Die Zahl der Mitglieder im BDU umfaßt 460 Firmen aus dem Bereich der Unternehmensberatung. Die Outplacement-Beratung wird zur Zeit von 30 Mitgliedsunternehmen als Tätigkeitsschwerpunkt angegeben.[27] In einer führenden deutschen Firmendatenbank sind derzeit insgesamt 65 Personalberatungsfirmen mit Tätigkeit in der Outplacement-Beratung verzeichnet.[28]

Von den BDU-Mitgliedsunternehmen sind 6 spezialisierte Outplacement-Beratungsgesellschaften zugleich Mitglied in der Association of Outplacement Consulting Firms (AOCFI). Diese internationale Vereinigung hat das Ziel, weltweit für die Outplacement-Berater Beratungs- und Berufsstandards zu etablieren.[29]

Nach einer BDU-Studie (1998) wird von den Outplacement-Unternehmen selbst die Zahl der spezialisierten Outplacement-Anbieter in Deutschland auf derzeit 34 Unternehmen mit einem Gesamtumsatzvolumen von 65 Mio. DM geschätzt.[30] Die Anzahl der geschätzten Mandate umfaßte für 1997 im Einzeloutplacement ca. 900, die auch den Schwerpunkt (ca. 85 %) der Beratungstätigkeit der Outplacement-Berater bilden.[31] Die weniger häufige Gruppenoutplacement-Beratung umfaßte sogar ca. 8500 Beratungsklienten. Für 1998 wird im Bereich des Einzeloutplacements von 1300 Mandaten und im Gruppenoutplacement von 10.000 Beratungsfällen ausgegangen. Diese Entwicklung entspricht einer jährlichen Umsatzsteigerung von ca. 12 % mit einer erwarteten Umsatzsteigerung für 1999 von 17, 5 %. Die Outplacement-Berater-Branche befindet sich damit in einem stetigen Wachstum, so daß angesichts der seit 1998 weitreichenden Förderungsmöglichkeiten von Sozialplanmaßnahmen zur beruflichen Wiedereingliederung der Arbeitnehmer nach dem SGB III (§§ 254 ff.) davon auszugehen

---

[26] Vgl. http://www.bdu.de

[27] Diese Mitglieder erkennen neben den „Allgemeinen Berufsgrundsätzen für Unternehmensberater im BDU" auch die „Berufsgrundsätze für Personalberater" des BDU an.

[28] Vgl. Hoppenstedt-Mittelständische Unternehmen/Großunternehmen-Ausgabe I/1999.

[29] Zu diesem Zweck verpflichten sich die Mitglieder zur Anerkennung von „Standards of Professional Practice and Code of Ethic" (vgl. http://acofi.org/acofi/ethics.html)

[30] BDU-Studie: Outplacement Counseling in Deutschland 1998.

[31] Vgl. Angaben zur Mandatsverteilung in: Personalwirtschaft 1998, Heft 4, S.12 ; Personalwirtschaft 1999 Heft 11, S.14.

ist, daß sich die Verbreitung und Ausweitung des Outplacement-Angebots noch beschleunigen werden.[32]

3. Zielsetzung und Gegenstand der Untersuchung

Das Ziel der vorliegenden Arbeit ist – anhand der bestehenden kollektiv-rechtlichen Regelungstatbestände und arbeitsrechtlichen Begrifflichkeiten – eine rechtliche Einordnung von Outplacement vorzunehmen. Für die rechtliche Qualifizierung der Outplacement-Maßnahme wird zwischen den individualrechtlichen Beziehungen der beteiligten Parteien und der möglichen kollektivrechtlichen Relevanz der Maßnahme differenziert. Die Untersuchung hat deshalb einen doppelten Ansatz.

Einmal soll das Konzept der Outplacement-Beratung in Hinblick auf die Umsetzung in eine rechtsverbindliche Vereinbarung über diese Dienstleistung untersucht werden. Dies betrifft vor allem die Frage, wie die Dienstleistung vertraglich ausgestaltet ist und welche Rechtsbeziehungen zwischen den Beteiligten bestehen. Von besonderem rechtlichen Interesse ist dabei, daß der Arbeitnehmer die Erbringung einer Dienstleistung verabredet, die möglicherweise für die Entscheidung über die Einwilligung in die Beendigung seines Arbeitsverhältnisses von erheblicher Bedeutung ist, obwohl der konkrete Inhalt, der persönliche Nutzen und der Erfolg der Beratungsleistung letztendlich ungewiß bleibt. Aus diesem Grund beginnt diese Arbeit mit der Erörterung, inwieweit die in der Praxis gängigen Vertragsgestaltungen die Interessen der beteiligten Personen – insbesondere der Arbeitnehmer – sichern und zu welchen Konsequenzen Streitigkeiten über vertragliche Leistungspflichten führen können.

Zum anderen soll versucht werden zu klären, zu welchen kollektivrechtlichen Regelungstatbeständen das Personalinstrument Outplacement einen rechtlich relevanten Bezug hat. Es geht darum festzustellen, ob die Outplacement-Maßnahme nach ihren konzeptionellen Elementen in die bestehenden kollektivrechtlichen Tatbestände einzuordnen ist oder die Anwendung von Outplacement der Umgehung von betriebsverfassungsrechtlich vorgesehenen Rechten – insbesondere im Zusammenhang mit Kündigungen (§ 102 BetrVG) – oder sonstigen individuellen Rechten (z.B. KSchG) dient. Im Mittelpunkt dieser Untersuchung steht deshalb die Frage, ob Outplacement als eine kollektivrechtlich relevante Maßnahme den Aufgabenbereich des Betriebsrates betrifft und die Durchführung dieses Personalinstruments seine Beteiligung – wenigstens in Form der

[32] Für den Bezirk des Landesarbeitsamtes Hessen sind bis Oktober 1999 insgesamt 8 Bewilligungen oder Vorabentscheidung für Zuschüsse zu Outplacement-Maßnahmen im Rahmen von Sozialplänen erteilt worden. Die unterstützten Maßnahmen betrafen insge-samt ca. 800 Arbeitnehmer. Positive Einschätzung der Entwicklungschancen auch von *Kern* in: Personalwirtschaft 1998, Heft 4, S.57, *Reinl* in: Personalwirtschaft 1999, Heft 11, S.42.

Unterrichtung nach § 80 Abs.2 BetrVG – erfordert. Dazu wird das Outplacement-Konzept insbesondere im Hinblick auf die kollektivrechtlichen Regelungstatbestände zur Personalplanung §§ 92 ff. BetrVG, der Berufsbildung §§ 96 ff. BetrVG und der Mitbestimmungsrechte aus § 87 BetrVG untersucht. Mit diesem Untersuchungsziel kann eine Erörterung der Möglichkeiten zur Implementierung von Outplacement als Leistungsbestandteil von Beschäftigungs- bzw. Qualifizierungsgesellschaften sowie eines Sozialplanprogrammes gemäß den §§ 111 ff. BetrVG weitgehend unterbleiben, weil in der Praxis Outplacement-Maßnahmen Bestandteil solcher Institute – insbesondere einvernehmlicher Sozialpläne – sind und der Betriebsrat in diesen Fällen an der inhaltlichen Ausgestaltung unmittelbar beteiligt ist. Für die Frage der arbeitsrechtlichen Einordnung der Outplacement-Maßnahme lassen sich daraus keine charakterisierenden Anhaltspunkte gewinnen. Gleichwohl soll in dieser Arbeit beschrieben werden, welche Möglichkeiten bestehen, um im Rahmen einer freiwilligen kollektivrechtlichen Betriebsvereinbarung Anforderungen an die Anwendung des Outplacement-Konzepts zu formulieren, um eine Wahrung der Interessen der beteiligten Personen zu fördern und dadurch den Erfolg der Maßnahme zu unterstützen.

Im Schußteil behandelt die Arbeit die Frage, ob es sich bei der Gewährung einer Outplacement-Beratung um eine einkommenssteuerpflichtige Zuwendung des Arbeitgebers handelt. Die Diskussion dieser Fragestellung ist deshalb wichtig, weil das Instrument der Outplacement-Beratung erheblich an Attraktivität verliert, wenn die Dienstleistung als einkommenssteuerpflichtige Zuwendung des Arbeitgebers zu einer steuerlichen Belastung des Arbeitnehmers führt. Die Untersuchung der steuerrechtlichen Behandlung von Outplacement erfolgt deshalb vor dem Hintergrund, daß die Frage der steuerrechtlichen Behandlung erheblichen Einfluß auf die Entscheidung über die Annahme eines solchen Angebots – und damit auf die Verbesserung der Chancen für eine schnelle Wiedereingliederung in die Erwerbstätigkeit – haben kann und ihr insofern eine arbeitsmarktpolitische Bedeutung zukommt.

II. Das Outplacement-Konzept und die Rechtsbeziehungen der beteiligten Parteien

Eine arbeitsrechtliche Einordnung von Outplacement kann nur erfolgen, wenn zunächst das Instrument der Outplacement-Beratung nach den Anlässen, den Zielen, den Inhalten sowie den Interessen der daran beteiligten Parteien definiert wird. Aus arbeitsrechtlicher Sicht ist besonders wichtig, wie die Maßnahme inhaltlich ausgestaltet ist und welche Maßnahmen gegenüber den Arbeitnehmern ergriffen werden. Nur vor diesem Hintergrund kann beurteilt werden, wie sich die Outplacement-Beratung in arbeitsrechtliche Regelungstatbestände einfügt. Insbesondere die Frage einer möglichen Affinität der Outplacement-Maßnahme zu Berufsbildungsmaßnahmen in Sinne der §§ 96 ff. BetrVG setzt die nähere Beschreibung des Inhalts und des Ablaufs der Beratung voraus. Die Qualifizierung von Outplacement als Instrument der unternehmerischen, strategischen Personalplanung im Sinne der §§ 92 ff. BetrVG kann nur unter Berücksichtigung der konzeptionellen Ziele und inhaltlichen Maßnahmen erfolgen. Die Untersuchung der individualrechtlichen Vertragsbeziehungen und -leistungen setzt die Feststellung des Gegenstandes der Outplacement-Beratungsleistungen voraus.

1. Das Outplacement-Beratungskonzept

Unter einer Outplacement-Maßnahme wird – wie zuvor vorgestellt – ein Konzept verstanden, daß im Rahmen eines Personalabbaus sowohl für die betroffenen Arbeitnehmer als auch für das Unternehmen negative Folgewirkungen der Trennung vermeiden soll. Es werden deshalb im Folgenden die Ursachen beschrieben, die zur Anwendung von Outplacement-Maßnahmen führen und daran anschließend die unterschiedlichen Motive von Arbeitgebern und Arbeitnehmern an der Vereinbarung einer Outplacement-Beratung dargelegt. Danach wird dokumentiert, wie diese Motive der verschiedenen Parteien in dem Outplacement-Beratungskonzept verknüpft sind und wie die Beratung in der Praxis durchgeführt wird. Den Schwerpunkt dieses Abschnitts der Arbeit bildet die Analyse, welche Rechtsbeziehungen zwischen den einzelnen Parteien bestehen und wie diese inhaltliche ausgestaltet sind.

Die folgenden Ausführungen zur konzeptionellen Grundlage von Outplacement sind für die arbeitsrechtliche Qualifizierung der notwendige Ausgangspunkt der Untersuchung.

1.1. Die unternehmerische Personalfreisetzungsentscheidung

Der Anwendungsbereich von Outplacement wird durch die Folgen des unfreiwilligen Arbeitsplatzverlustes begründet. Die Outplacement-Beratung richtet sich deshalb vorrangig an Mitarbeiter, für die aufgrund mangelhafter beruflicher Perspektiven die Trennung ein negativer Einschnitt in ihr Berufsleben darstellt.

Diese Situation ist bei einem freiwilligen Ausscheiden des Mitarbeiters aus dem Unternehmen nicht gegeben. Der von sich aus kündigende Arbeitnehmer wird sich diesen Schritt genau überlegt und bereits selbständig Maßnahmen zur Erhaltung seiner materiellen Lebensgrundlage getroffen haben oder zumindest konkrete Perspektiven besitzen. Eine eingehende Beratung über die zukünftigen beruflichen Entwicklungsmöglichkeiten und die Entwicklung einer entsprechenden Umsetzungsstrategie wird deshalb nicht mehr erforderlich sein. Bei einer arbeitnehmerseitigen Kündigung besteht für den Unternehmer keine Veranlassung, sich für den weiteren beruflichen Werdegang mit einer Vereinbarung einer Outplacement-Beratung verantwortlich zu zeigen. Dies gilt erst recht bei Trennungen von spezialisierten Mitarbeitern, die ein Fortführen der unternehmerischen Ziele beeinträchtigen. Eine arbeitnehmerseitige Kündigung kann als Anlaß einer Outplacement-Vereinbarung damit weitgehend ausgeschlossen werden.[33]

Da das Angebot einer Outplacement-Beratung daher in der Regel auf einer arbeitgeberseitig motivierten Personalfreisetzungsentscheidung beruht, läßt sich der Anwendungsbereich von Outplacement anhand der Kündigungsgründe in § 1 KSchG systematisieren. Allerdings ist davon auszugehen, daß verhaltensbedingte Kündigungsgründe kaum zur Anwendung von Outplacement führen.[34] Eine derartige Kündigung beruht meistens auf dauerhaften Fehlleistungen oder Fehlverhalten des Arbeitnehmers gegenüber dem Arbeitgeber, so daß – ebenso wie bei außerordentlichen Kündigungen – ein Entgegenkommen des Arbeitgebers bei der Trennung kaum erwartet werden kann.

Die verbleibenden betriebs- oder personenbedingten Kündigungsgründe im Sinne des § 1 KSchG bestimmen die Trennungsursachen, die zur Anwendung von Outplacement führen können, nicht abschließend. Die Personalfreisetzungsursachen, die zur Anwendung von Outplacement führen können, gehen über diese Kündigungsgründe hinaus. Insgesamt lassen sich die Freisetzungsursachen nach vier Verursachungskategorien unterscheiden, denen eine Outplacement-

[33] *Wheelock* in: Personal Administrator, Vol. 30, 1985, Heft 5, S.180-184 ; *Mayrhofer*, S. 24.

[34] So bereits *Sauer (1991)*, S.38.

Dienstleistung folgen kann. Diese Ursachen für die unternehmerische Personalfreisetzungsentscheidung können sein:[35]

–exogene Unternehmensfaktoren
–persönliche Faktoren des Arbeitnehmers
–betriebswirtschaftliche bzw. -organisatorische Faktoren
–psychosoziale Einflußfaktoren

1.1.1. Personalfreisetzung aufgrund exogener Faktoren

Unter der Veränderung exogener Faktoren werden alle Veränderungen der Unternehmensumwelt oder der Absatzmöglichkeiten verstanden, die aufgrund der Änderung des Verbraucherverhaltens und der Wettbewerbsbedingungen zu einem Überhang an Personal führen.[36] Für die Veränderung des Personalbedarfs sind makroökonomisch vor allem konjunkturelle und saisonale Schwankungen des Absatzes von Bedeutung. Sowohl jahreszeitliche Nachfrageeinbrüche als auch gesamtwirtschaftliche Rezessionserscheinungen erfordern regelmäßig Anpassungen der Unternehmensproduktion und können dementsprechend erheblichen Einfluß auf den Personalbedarf haben.[37] Auch strukturelle volkswirtschaftliche Veränderungen aufgrund zunehmender internationaler Konkurrenz führen zur Verlagerung von Produktionsarbeitsplätzen in ausländische Niedriglohnländer und beeinflussen die Arbeitsplatzsituation. Besonders einschneidend sind hier die Veränderung der Wettbewerbsbedingungen und des Absatzmarktes aufgrund von technologischen Neuerungen oder Bedarfsveränderungen, z.B. durch die wachsende Verbreitung des Internets und die damit verbundene Möglichkeit zur Erschließung neuer Absatzmärkte durch weltweit expandierende Unternehmen. Der entsprechend stattfindende globale Verdrängungswettbewerb hat Auswirkungen auf die Beschäftigungszahlen. Schließlich haben aber auch Veränderungen der rechtlichen Rahmenbedingungen (z.B. GentG, AtomG etc.) Einfluß auf die wirtschaftliche Entwicklung und Marktstellung der Unternehmen in den betroffenen Industriezweigen. Diese unterschiedlichen exogenen Einflüsse auf die wirtschaftliche Tätigkeit der Unternehmen können die Notwendigkeit von personalpolitischen Freisetzungsmaßnahmen begründen und zur Anwendung des Outplacement-Konzepts führen.[38]

---

[35] *Schulz/Fritz/Schuppert/Seiwert/Walsh*, S.21 ; *Sauer (1991)*, S.14 ; *Lingenfelder/Walz* in: RKW-HandB-Führungstechnik und Organisation, Kap. 2589 S.8.

[36] *Jung (1995)*, S.309 ; *Schulz/Fritz/Schuppert/Seiwert/Walsh*, S.22.

[37] *Berthel (1997)*, S.208 ; *Wagner* in: Handwörterbuch des Personalwesens, Sp.1546 (1547).

[38] Vgl. die ausführliche Analyse der unternehmensexternen Freisetzungsursachen bei: *Sauer (1991)*, S.14 ff..

1.1.2. Personalfreisetzung aufgrund persönlicher Faktoren

Unter persönlichen Freisetzungsursachen werden diejenigen Faktoren zusammengefaßt, die ihre Ursache in der Leistungssphäre des betroffenen Arbeitnehmers haben. Damit sind gemeint: der persönliche Leistungsabfall, Lebenskrisen, soziale Konflikte, unzureichende Anpassungsfähigkeit an veränderte Bedingungen oder familiäre Probleme.[39] Ein Leistungsabfall ist regelmäßig durch nachlassende Leistungsbereitschaft und Leistungsfähigkeit des Arbeitnehmers bedingt und damit oft auf die Reduktion der Lernfähigkeit und Lernbereitschaft zurückzuführen.[40] Der Leistungsabfall führt dazu, daß der Arbeitnehmer zwar noch die gegenwärtigen Anforderungen seines Aufgabenbereichs erfüllt, jedoch nicht in der Lage ist, die gesellschaftlichen, technologischen und wirtschaftlichen Veränderungen rechtzeitig nachzuvollziehen, um unternehmerische Neuerungen zu bewirken.

1.1.3. Personalfreisetzung aufgrund betriebswirtschaftlicher Faktoren

Unter betriebswirtschaftlichen und organisatorischen Faktoren sind Ablauf- und strukturorganisatorische Maßnahmen, Fusionen und Stillegungen sowie Veränderungen von Aufgaben- und Stellenbeschreibungen zu verstehen.[41] Bei diesen Gründen für eine personalpolitische Maßnahme ist festzustellen, daß es sich insgesamt um Faktoren handelt, die mit der Leistungsfähigkeit des Mitarbeiters nicht unmittelbar im Zusammenhang stehen. Besonders bei branchengleichen Firmenverschmelzungen besteht der Zweck des Zusammenschlusses in der Nutzung von Synergieeffekten. Bei Stellen mit identischen Aufgabenbereichen in den früheren Konkurrenzunternehmen sind personelle Anpassungsmaßnahmen damit unausweichlich.[42] Der einzelne Mitarbeiter wird überflüssig, obwohl die Leistungsbereitschaft vorhanden ist. Abgesehen von umfassenden Stilllegungen können Veränderung von Arbeitsablaufprozessen und Kompetenzverschiebungen dazu führen, daß die Beschäftigungsmöglichkeit für bisher erfolgreiche Mitarbeiter ersatzlos wegfällt. Soweit Umschulungsmaßnahmen nicht möglich sind, stellen diese Einflüssen auf die Unternehmensorganisation zwangsläufig Trennungsursachen dar, die eine Anwendung des Outplacement-Konzepts ermöglichen.

---

39 *Schulz/Fritz/Schuppert/Seiwert/Walsh*, S.21.
40 *Lingenfelder/Walz* in: RKW-HandB-Führungstechnik und Organisation, Kap.2589 S.6.
41 *Schulz/Fritz/Schuppert/Seiwert/Walsh*, S.21 ; *Schanz*, S. 605.
42 *Schmidt*, in: Personalwirtschaft 1999, S.56.

1.1.4. Personalfreisetzung aufgrund psychosozialer Faktoren

Zu psychosozialen Faktoren zählen personelle Veränderungen der Geschäftsleitung, Änderungen von Inhaber- und Gesellschaftsverhältnissen, Veränderungen in Aufsichtsorganen sowie Spannungen, Intrigen und Betriebsklima.[43] Die Gründe für entsprechende Trennungsursachen betreffen sowohl die Sphäre des Stelleninhabers als auch die des Vorgesetzten. Ein unqualifizierter Vorgesetzter mit schlechtem Führungsstil beeinträchtigt die Zusammenarbeit genauso, wie ein Mitarbeiter mit mangelnden Fähigkeiten.[44] Außerdem können die persönlichen Konflikte zwischen den Mitarbeitern zu offenen Macht- und Positionskämpfen führen, bei denen die Arbeitnehmer nur noch gegeneinander – mit dem Ziel des eigenen Machterhalts – arbeiten und ihre Leistung für das Unternehmen erheblich mindern. Bei der damit verbundenen Verschlechterung des Betriebsklimas kann die Trennung von den verantwortlichen Mitarbeitern die einzige Möglichkeit zur Wiederherstellung eines spannungsfreien, leistungsfördernden Arbeitsklimas sein.

1.1.5. Zusammenfassung

Zu der Frage, welche Personalfreisetzungsursachen am häufigsten zur Anwendung von Outplacement führen, liegen bisher kaum empirische Untersuchungen vor.[45] Die dokumentierten Befragungen von Unternehmen, die Outplacement eingesetzt haben, zeigen aber, daß Outplacement überwiegend in Verbindung mit betriebswirtschaftlichen bzw. -organisatorischen Faktoren sowie psychosozialen Trennungsursachen eingesetzt wird.

Eine Umfrage bei 78 betroffenen Führungskräften ergab bei einer Auswertung von 46 beantworteten Fragebögen, daß als Trennungsursache ausschlaggebend waren: 46 % organisatorische Veränderungen, 17 % Störungen des Vertrauens, 9 % mangelnde Qualifikation, 7 % personelle Veränderungen und 4 % Rationalisierungen.[46] Angesichts der zunehmenden Verbreitung von Outplacement und der Einführung der finanziellen Förderungsmöglichkeit von Sozialplanmaßnah-

---

[43] *Schulz/Fritz/Schuppert/Seiwert/Walsh*, S.21.

[44] *Lingenfelder/Walz* in: RKW-HandB-Führungstechnik und Organisation, Kap. 2589 S.6 ; *Jung (1995)*, S.309.

[45] *Wesenberg*, Outplacement in Theorie und Praxis, Erlangen-Nürnberg 1992 ; Eine Zusammenstellung der Umfrageergebnisse von *Wesenberg* enthält: Personal 1994, S.600 ; weitere empirische Angaben bei: *Städele*, Trennung ohne Kündigung eine Untersuchung über Implementationsprobleme des Outplacements, Konstanz 1992 ; *Lingenfelder/Walz* in: Harvard Business Manager 1988, S.96 (97) ; *Kirsch/Hendricks* in: Personalführung 1995 S.964.

[46] Darstellung der Umfrageergebnisse auch bei *Stoebe*, in: Personalwirtschaft 1994, S.25. (Von den befragten Führungskräften haben 15 % keine Begründung angegeben.)

men im SGB III ist anzunehmen, daß sich der Schwerpunkt des unternehmerisch-organisatorischen Anwendungsgebietes weiter verstärken wird. Die Schwerpunktbildung bei den psychosozialen Gründen kann darauf zurückgeführt werden, daß Outplacement bisher vorrangig als Konzept zur Unterstützung von Führungskräften angesehen worden ist und Trennungen auf diesen Hierarchieebenen häufig durch zwischenmenschliche Spannungen begründet sind.[47]

1.2. Unternehmens- und Arbeitnehmerinteressen an Outplacement

Eine Maßnahme, die eine unternehmerseitige Personalentscheidung ergänzen oder unterstützen soll, aber nur im gegenseitigen Einvernehmen der beteiligten Parteien durchgeführt werden kann, setzt voraus, daß der Einsatz mit positiven Wirkungen für beide Parteien verbunden ist. Das Outplacement-Konzept wird als ein solches „Gewinner-Gewinner-Konzept" gesehen.[48] Im folgenden Abschnitt soll ein Überblick über die Interessen und Motive gegeben werden, die die beteiligten Parteien dazu veranlassen, im konkreten Fall eine Outplacement-Maßnahme durchzuführen.

1.2.1. Unternehmerinteressen an Outplacement-Vereinbarungen

Bei der Vielzahl der Ursachen, die den Personalbedarf des Arbeitgebers beeinflussen, ist die Personalpolitik ein wichtiger Bestandteil der Unternehmensführung. Eine rechtzeitige antizipative Personalfreisetzungsplanung unter Ausnutzung der natürlichen Fluktuation (Pensionierungen etc.) stellt für alle Beteiligten – sozial und finanziell – die unproblematischste Möglichkeit dar, aus dem Unternehmen auszuscheiden.[49] Diese Form der Personalplanung stößt an Grenzen, wenn aufgrund der schwer kalkulierbaren Freisetzungsursachen bereits eine Personalüberdeckung vorliegt. In diesem Fall sind die Möglichkeiten des Arbeitgebers zur Personalfreisetzung durch weitreichende individualrechtliche (z.B. KSchG) und kollektivrechtliche (z.B. BetrVG) Regelungen eingeschränkt. Diese rechtlichen Einschränkungen können dazu führen, daß in der betrieblichen Praxis unausweichliche Entlassungen durch „konfliktverschleiernde Maßnahmen" ersetzt werden.[50] Solche Maßnahmen sind z.B. Beförderung auf unbedeutende Positionen, Verlagerung von Entscheidungskompetenzen, Wegloben oder bewußte Unter-/Überforderung. Diese Personalmaßnahmen bewirken allerdings häufig ein Hinausschieben der unvermeidbaren Trennung und können bis zur

---

[47] Vgl. *Wesenberg/Kühlmann*, in: Personal 1994 S.600(601).
[48] So zumindest *Schulz/Fritz/Schuppert/Seiwert/Walsh*, S.16.
[49] *Berthel (1997)*, S.209.
[50] Übersicht bei *Wegmann*, in: Personalwirtschaft 1993, S.24 (26) ; *Lingenfelder/Walz* in: RKW-HandB-Führungstechnik und Organisation, Kap. 2589 S.8.

Umsetzung mit erheblichen negativen Konsequenzen und Risiken verbunden sein. Neben der fortdauernden finanziellen Vergütungsbelastung ergeben sich als weitere Gefährdungen für das Unternehmen z.B. die Verweigerungshaltung des Arbeitnehmers. Aus Frustration über den Aufgabenverlust kann „Dienst nach Vorschrift" die Unternehmung und das Betriebsklimas erheblich belasten.

Angesicht dieser ineffizienten Alternativen zur Kündigung besteht auf Unternehmerseite ein hohes Interesse daran, bei unvermeidbaren Trennungen negative unternehmensbezogene Folgewirkungen der Entlassung zu beschränken.

1.2.1.1. Negative unternehmensbezogene Folgewirkungen von Entlassungen

Aus Unternehmerperspektive lassen sich die negativen Konsequenzen bei Entlassungen nach folgenden Schwerpunkten differenzieren: rechtliche, finanzielle und unternehmenspolitische Auswirkungen.

Für den Arbeitgeber ist eine gerichtliche Auseinandersetzung über die Wirksamkeit der Entlassung immer mit finanziellen Risiken verbunden. Bei einem langwierigen Arbeitsgerichtsprozeß drohen bei der Feststellung einer rechtlich unwirksamen Kündigung hohe Lohnnachzahlungs- oder Abfindungsansprüche (§ 9 KSchG), hinzu kommen Anwalts- und Gerichtskosten sowie die Abgeltung von ausstehenden Urlaubs- und Altersversorgungsansprüchen. Bei einer Wiedereinstellung sind bei längerer Abwesenheit die Kosten für die Einarbeitung oder sogar erneute Schulung des Arbeitnehmers zu berücksichtigen.

Zu den unternehmenspolitischen negativen Folgewirkungen von Entlassungen sind diejenigen Auswirkungen der Trennung zu zählen, die sich mittelbar auf den Unternehmenserfolg auswirken können. Diese Folgewirkungen beziehen sich wesentlich auf drei Problemfelder:

– Es bestehen Defizite bei der Vermittlung der Kündigungsentscheidung gegenüber dem betroffenen Mitarbeiter. Eine unvorbereitete Kündigungsübermittlung kann aufgrund der eigenen Unsicherheit des Vorgesetzten dazu führen, daß in dem Gespräch die wahren Trennungsgründe ungenannt bleiben und ein daraus resultierendes Unverständnis des Betroffenen über die Entlassungsentscheidung die Verarbeitung der Kündigung erschwert und die Wahrscheinlichkeit eines Kündigungsschutzprozesses steigt.

– Personalfreisetzungen, die eine Vielzahl von Arbeitnehmern betreffen, können die im Unternehmen verbleibenden Mitarbeiter negativ beeinflussen.[51] Die Angst der verbleibenden Arbeitnehmer um einen zukünftigen Verlust des eigenen Arbeitsplatz ist erhöht und verursacht möglicherweise eigene Arbeitsplatz-

[51] *Mayrhofer*, in: Handwörterbuch des Personalwesens, Sp. 1523 (1526) ; *Sauer (1992)*, S. 196 ; *Jung (1997)*, S.351.

wechsel von qualifizierten Mitarbeitern.[52] Die Unsicherheit über die zukünftige Personalpolitik kann bewirken, daß ein negatives unternehmensinternes Personalimage entsteht, infolgedessen Demotivation, Unruhe, Identifikations- und Motivationsverlust zuungunsten des Unternehmens die Leistungsbereitschaft bei den bleibenden Mitarbeitern beeinträchtigt.[53]

– Die Art des organisatorischen Umgangs mit Entlassungen kann zu einem Imageverlust des Unternehmens führen, der die Beziehungen zu Geschäftskunden belastet und sogar bewirkt, daß das schlechte Personalimage für potentielle qualifizierte Nachwuchskräfte abschreckend wirkt.[54]

1.2.1.2. Zielsetzungen von Outplacement

Die Ziele von Outplacement-Maßnahmen stehen in engem Zusammenhang mit dem Unternehmensinteresse, die dargestellten möglichen – rechtlichen, finanziellen und unternehmenspolitischen – negativen Folgewirkungen von Entlassungen zu reduzieren.

Ein erstes unternehmensbezogenes Ziel des Outplacement-Konzepts ist, die Entlassungskosten bzw. -risiken durch eine *einvernehmliche Trennung* zu reduzieren. Die Senkung der Trennungskosten soll dadurch erreicht werden, daß mit dem Angebot einer umfangreichen Unterstützung bei der beruflichen Neuorientierung bzw. -plazierung und einer Einigung über die genauen Entlassungsmodalitäten spätere kostenintensive gerichtliche Ausein-andersetzungen überflüssig werden. Eine zusätzliche Kostenentlastung soll durch eine damit verbundene Verkürzung der Restlaufzeiten teurer Arbeitsverträge und Einsparung von Gehalts- und Sozialleistungen entstehen.[55]

Gleichzeitig soll durch die Unterstützung und Beratung bei der Trennung das Image eines sozialverantwortlichen Unternehmens aufgebaut oder gestützt werden. Diese Auswirkungen sind finanziell nur schwer meßbar, sollen aber sowohl unternehmensintern als auch unternehmensextern den Unternehmenserfolg wirksam fördern. Bei einer Trennung von mehreren Mitarbeitern soll durch den verantwortungsbewußten Umgang mit den ausscheidenden Mitarbeitern eine positive Haltung der betroffenen Kommunen und Gewerkschaften gegenüber dem Unternehmen für die Zukunft erreicht werden.[56] Die Möglichkeit zur

---

[52] *Wagner* in: Handwörterbuch des Personalwesens, Sp. 1545 (1551) ; *Berthel (1997)*, S.213 ; *Hilb*, S.189.

[53] *Schulz*, in: BB 1990, S.1054 ; *Sauer (1992)*, S.196.

[54] *Mayrhofer* in: Handwörterbuch des Personalwesens, Sp. 1523 (1526) ; *Berthel (1997)*, S.213 ; *Kirsch/Hendricks*, in: Personalführung 1995 S.965.

[55] *Schulz/Fritz/Schuppert/Seiwert/Walsh*, S.39 ; *Sauer (1991)*, S.49.

[56] *Mayrhofer* in: Handwörterbuch des Personalwesens, Sp. 1523 (1526) ; *Hilb*, S. 189 ; *Milde* in: Personalwirtschaft 1999, Heft 2, S.53.

Demonstration einer sozialverantwortlichen Unternehmenskultur soll die Attraktivität des Unternehmens am Arbeitsmarkt erhöhen und sich so als Rekrutierungsvorteil bemerkbar machen.[57] Unternehmensintern wird angenommen, daß sich das positive Personalimage zugunsten der Arbeitsmotivation der verbleibenden Mitarbeiter auch positiv auf das Betriebsklimas auswirkt, wenn das Unternehmen sich für die berufliche Zukunft bei weiteren notwendigen Trennungen mitverantwortlich zeigt und damit einem Leistungsabfall aufgrund der möglichen inneren Resignation der Mitarbeiter entgegenwirkt.[58]

Daraus wird deutlich, daß neben den genannten Kosteneinsparungsmöglichkeiten vor allem die nicht direkt finanziell quantifzierbaren Folgewirkungen der Outplacement-Vereinbarung wichtige Unternehmensziele im Rahmen der Outplacement-Anwendung darstellen. Dies gilt auch für die Erleichterung der Freisetzungsabwicklung für Vorgesetzte. Es wird davon ausgegangen, daß eine – nach dem Outplacement-Beratungskonzept vorgesehene – Optimierung von Kündigungsgesprächstechniken dazu beiträgt, daß psychologische Fehler bei der Übermittlung der Kündigung vermieden werden und das gleichzeitige Betreuungsangebot für die Suche nach einem neuen Arbeitsplatz zusätzlich Konflikte entschärft.[59]

Eine Gesamtbetrachtung der unternehmensbezogenen Zielsetzungen von Outplacement ergibt, daß die verfolgten Unternehmensinteressen von ökonomischen Zwecken dominiert sind, gleichzeitig aber das Erreichen dieser Unternehmensziele entscheidend vom Erfolg der Beratung und dem tatsächlichen Nutzen der Beratung für den Mitarbeiter abhängt, also der Berücksichtigung der mitarbeiterbezogenen Entlassungskonsequenzen. Allerdings wird aus unternehmerischer Sicht bereits mit der einvernehmlichen Beendigung des Arbeitsverhältnisses ein wichtiges Ziel des Outplacement-Einsatzes erreicht, weil dieses dem Arbeitgeber ermöglicht, Korrekturen bei der bisherigen Besetzung von Positionen vorzunehmen und Führungs- und Personalstrukturen an zukünftige Anforderungen anzupassen.[60]

1.2.2. Arbeitnehmerinteressen an Outplacement-Vereinbarungen

Ein mit der Entlassung konfrontierter Arbeitnehmer kann nur dann ein Interesse an einer Outplacement-Vereinbarung mit dem Unternehmer haben, wenn für ihn

---

[57] *Beer/Spector/Lawerence/Quinn/Walton*, S.94 ; *Mayrhofer*, in: Handwörterbuch des Personalwesens, Sp. 1523 (1526) ; *Kirsch / Hendricks* in: Personalführung 1995, S.965

[58] *Kibler* in: RdA 1996, S.366 (367) ; *Schulz/Fritz/Schuppert/Seiwert/Walsh*, S.40 ; *Lingenfelder/Walz* in: RKW-HandB-Führungstechnik und Organisation, Kap. 2589 S.18.

[59] *Schreiber* in: Handwörterbuch der Führung, Sp.415 ; *Sauer (1991)*, S.49.

[60] *Schulz/Fritz/Schuppert/Seiwert/Walsh*, S.39 ; *Lingenfelder/Walz* in: RKW-Handbuch Führungstechnik und Organisation, Kap. 2589, S.18.

ebenfalls Vorteile für seine weitere Existenzsicherung und Berufsplanung feststehen.

1.2.2.1. Negative arbeitnehmerbezogene Folgewirkungen von Entlassungen

Als negative Konsequenzen der Entlassung werden von betroffenen Arbeitnehmern neben unmittelbaren finanziellen Verlusten insbesondere psychosoziale Belastungen und Probleme bei der weiteren Berufsplanung angesehen.[61] Solche psychischen Probleme können sich aus der Störung des Selbstwertgefühls ergeben, weil der Verlust des Arbeitsplatzes als Bedrohung für die persönliche Identität empfunden wird. Die Entlassung wird von den betroffenen Mitarbeitern häufig als Schock empfunden und kann sich zu einer steigernden Spirale aus Resignation, Aggression und Depression entwickeln.[62] Außerdem löst die Entlassung häufig Probleme in den bestehenden sozialen Bindungen aus, insbesondere Ehepartner und Familie geraten gegebenenfalls in schwierige Konfliktsituationen. Die psychische Verarbeitung der Entlassung wird durch vorherrschende gesellschaftliche Vorurteile, mögliche Diskriminierung des Arbeitslosen, also durch soziale Isolation und Kontaktschwierigkeiten zusätzlich erschwert.[63]

Neben der Bewältigung dieser psychischen Schwierigkeiten tritt die Notwendigkeit, schnellstmöglich eine neue Erwerbstätigkeit zu finden. Bei einer vorhergehenden langjährigen Unternehmenszugehörigkeit oder bei einem einseitigen Tätigkeitsschwerpunkt kann die Fähigkeit zur selbständigen beruflichen Neuorientierung aber verloren gegangen sein. Zumindest sind erhebliche Erfahrungsdefizite bei der Zusammenstellung von Bewerbungsunterlagen, der Herstellung von Kontakten und der Durchführung von Bewerbungsgesprächen und Vertragsverhandlungen wahrscheinlich, da ein häufiger Arbeitsplatzwechsel im Gegensatz z.B. zu den USA in Deutschland noch nicht als fester Bestandteil einer erfolgreichen Berufslaufbahn angesehen wird.[64] Die mitarbeiterbezogenen Outplacement-Maßnahmen knüpfen an diese zu erwartenden Schwierigkeiten und negativen Folgen von Entlassungen an.

1.2.2.2. Zielsetzungen von Outplacement

Das Outplacement-Konzept ist darauf ausgerichtet, den Mitarbeiter bei der Suche nach einem befriedigenden und seinen Fähigkeiten entsprechenden neuen

---

[61] *Gergely* in: Personalwirtschaft 1990, S.42 ;*Jung (1997)*, S.351 ; *Mayrhofer*, Outplacement, in: Handwörterbuch des Personalwesens, Sp. 1523 (1525).

[62] *Sauer (1991)*, S.44.

[63] *Schulz/Fritz/Schuppert/Seiwert/Walsh*, S.30 ; *Berthel (1997)*, S.213.

[64] *von Lützow* in: Personal 1995, S.412 (413) ; *Sauer (1991)*, S.50.

Arbeitsplatz zu unterstützen. Die Zielsetzungen der mitarbeiterbezogenen Outplacement-Beratung sind: die finanzielle Absicherung des ausscheidenden Mitarbeiters, die psychisch-soziale Beratung und die Unterstützung bei der beruflichen Wiedereingliederung und Fortsetzung der Karriere.[65]

Zur Absicherung des materiellen Lebensstandards setzt die Outplacement-Beratung schon zu einem Zeitpunkt ein, zu dem der ausscheidende Mitarbeiter noch Beschäftigter des Unternehmens ist. Dies bietet die Möglichkeit einer lückenlosen Bewerbung aus einem laufenden Arbeitsverhältnis heraus und erhöht die Chancen auf dem Arbeitsmarkt. Gleichzeitig sichert die Weiterzahlung der Lohnbezüge bis zum Vertragsende die materielle Lebensgrundlage. Bei einem beabsichtigten Ausscheiden des Mitarbeiters vor Vertragsende oder Ablauf der Kündigungsfrist soll für die Übergangszeit bis zur Neubeschäftigung die Vereinbarung von Abfindungs- oder Ausgleichszahlungen eine finanzielle Absicherung des Mitarbeiters gewährleisten.[66]

Ein weiteres Ziel des Outplacement-Konzepts ist die Wiederherstellung des Selbstwertgefühls und die Förderung der emotionalen Verarbeitung der Entlassung. Diese psychischen Hilfestellungen werden als Bestandteil der Maßnahmen zur beruflichen Neuorientierung des betroffen Mitarbeiters angesehen.[67] Den Schwerpunkt der Outplacement-Beratung bilden Maßnahmen zur Optimierung der Position des ausgeschiedenen Mitarbeiters auf dem Arbeitsmarkt durch Schulungen und die genaue Analyse der persönlichen Fähigkeiten und Qualifikationen, die gleichzeitig das Selbstvertrauen wieder aufbauen. Diese Maßnahmen sollen dem Mitarbeiter eine gezielte und professionelle Stellenbewerbung ermöglichen. Dem Mitarbeiter soll die Beratung die Möglichkeit eröffnen, die berufliche Neuorientierung zur aktiven Karriereplanung und -gestaltung zu nutzen.[68]

1.2.3. Zusammenfassung

Die Analyse der einzelnen unternehmens- und mitarbeiterbezogenen Outplacement-Zielsetzungen zeigt, daß zwischen den mitarbeiterbezogenen Zielsetzungen und den ökonomischen Interessen des Unternehmens ein reaktiver Zusammenhang besteht. Dieser Zusammenhang ergibt sich daraus, daß die un-

---

[65] *Schreiber* in: Handwörterbuch der Führung, Sp.416 ; *Mayrhofer* in: Handwörterbuch des Personalwesens, Sp. 1523 (1527).

[66] *Sauer (1991)*, S.46.

[67] *Schulz/Fritz/Schuppert/Seiwert/Walsh*, S.44 ; *Sauer (1991)*, S.51.

[68] *Jung (1997)*, S.351 ; *Schreiber* in: Handwörterbuch der Führung, Sp.416 ; *Lingenfelder/Walz* in: RKW-HandB Führungstechnik und Organisation, Kap. 2589, S.18 ; *Schulz/Fritz/Schuppert/Seiwert/Walsh*, S.41 ; *von Rundstedt* in: Handbuch des Führungskräfte-Managements, S.470.

ternehmensbezogenen Zielsetzungen schwerpunktmäßig keinen unmittelbaren konkreten finanziellen Nutzen haben. Die Vereinbarung von Outplacement wird zwar meistens mit der Zahlung einer geringeren Abfindung verbunden. Gerade dieser Kostenvorteil, als auch die Kosteneinsparung durch eine Verkürzung der Restlaufzeiten von Verträgen wird zum Großteil durch die Übernahme der Outplacement-Beratungskosten wieder aufgesogen. Das Unternehmensinteresse und die betriebswirtschaftliche Rechtfertigung einer Outplacement-Vereinbarung hängen daher entscheidend von dem Erfolg der mitarbeiterbezogenen soziale Ziele und deren mittelbaren Folgewirkungen für den ökonomischen Unternehmenserfolg ab.

Diese theoretische Bestimmung der Bedeutung der unternehmenspolitischen Wirkung einer Outplacement-Beratung wird durch die vorliegenden empirischen Untersuchungen auch bestätigt. Bei einer ersten Umfrage bei 49 Unternehmen, die Outplacement eingesetzt hatten, gaben diese an, daß die Vermeidung von Rechtsstreitigkeiten (4%) und Kostenersparnis (9%) nur von geringer Bedeutung für die Outplacement-Vereinbarung gewesen seien.[69] Diese Beurteilung der finanziellen Einsparungsmöglichkeiten des Outplacement-Konzepts wird durch eine Umfrage bei 14 weiteren Unternehmen bestätigt.[70]

Nach den Befragungen besitzen soziale Motive, wie psychologische Unterstützung (70%) und die Übernahme von sozialer Verantwortung (65%) größere Relevanz. Nahezu gleichbedeutend werden sowohl die sozialen Außenwirkungen für die Unternehmensumwelt (35%) als auch die Beeinflussung auf das Betriebsklima (35%) als wichtige Begründung für ein Angebot von Outplacement-Dienstleistungen genannt.

Die Bedeutung der Außenwirkungen von Outplacement wird auch von den betroffenen Mitarbeitern hoch eingeschätzt. Bei einer Befragung von 46 ausgeschiedenen Mitarbeitern sahen diese die Möglichkeit zur Kostenersparnis (31%) als schwächstes Motiv für das unternehmensseitige Outplacement-Angebot an. Die Hauptgründe für das Angebot wurden in der Beruhigung des Gewissens (59%) und der Pflege des Unternehmensimages (52%) gesehen.[71]

In der Gesamtbetrachtung eröffnet das Outplacement-Konzept die Möglichkeit einer Verbesserung der Wettbewerbsposition *beider* Parteien. Die erfolgreiche Beratung des ausscheidenden Mitarbeiters muß Bestandteil des Unternehmensinteresses sein, da die Verwirklichung der Unternehmensziele damit ver-

---

69 *Städele*, Trennung ohne Kündigung, eine Untersuchung über Implementationsprobleme des Outplacement, Konstanz 1992 ; vgl. auch die Ergebnisdarstellung bei *Wonnemann* in: Personal 1992, S.256 (258).

70 *Kirsch/Hendricks* in: Personalführung 1995 S.964.

71 *Kühlmann/Wesenberg* in Personal 1994 S.601 ; *Neumann* in: Personalführung 1993, S.590(592).

knüpft sind. Gerade bei Entlassungen in größerem Umfang und der damit verbundenen öffentlichen Beachtung können die positiven Wirkungen für die Unternehmensumwelt durch die Vereinbarung von Scheinleistungen nicht erzielt werden.

1.3. Inhalt und Methode des Outplacement-Beratungsprozesses

Im folgenden Abschnitt werden der Ablauf und die wesentlichen Arbeitsschritte in den verschiedenen Phasen des Outplacement-Beratungsprozesses dargestellt.

Die Beschreibung des Outplacement-Beratungsablaufs beruht zum einen auf den in der personlawirtschaftlichen Literatur vorgestellten und diskutierten Beratungskonzepten[72] zum anderen auf praxisbezogenen Angaben von führenden Outplacement-Beratern in Gesprächen mit dem Verfasser.[73]

Bei der folgenden Darstellung des Beratungskonzepts ist zu berücksichtigen, daß es sich um die Beschreibung des Gesamtberatungsprogramms handelt. Die praktische Gestaltung der Outplacement-Beratung hängt im wesentlichen aber von den persönlichen Bedürfnissen des ausscheidenden Mitarbeiters ab, so daß der genaue inhaltlich Ablauf der Beratung im Einzelfall variiert. Teilweise sind bestimmte Beratungsschritte aufgrund von vorhandenen Kenntnisse des ausscheidenden Mitarbeiters nicht erforderlich, dafür werden aber andere Leistungen ausführlicher oder wiederholt erfolgen. Insbesondere im Bereich des Gruppen-Outplacement bestehen erhebliche Abweichungen beim Ablauf und Inhalt der Beratung von der Individual-Outplacement-Beratung. Dies resultiert einerseits aus der Teil-nehmerzahl an den Beratungsgesprächen, andererseits aus der zeitlichen Beschränkung der Beratung auf Tages- oder Wochenprogramme. Aus diesem Grund erfolgt die nähere Beschreibung des inhaltlichen Ablauf des Gruppen-Outplacement-Beratungsprozesses gesondert im Anschluß an die Darstellung der Individual-Beratung.

1.3.1. Das Individual-Outplacement-Beratungskonzept

Das Outplacement-Beratungskonzept knüpft an den Trennungsprozeß zwischen Arbeitgeber und Arbeitnehmer im weitesten Sinne an. Das Konzept der Outplacement-Beratung sieht vor, daß die Beratung nicht erst mit der Betreuung des gekündigten Mitarbeiters einsetzt, sondern bereits mit der unternehmensbezogenen Vorbereitung der bevorstehenden Entlassung beginnt.

---

72 *Schulz/Fritz/Schuppert/Seiwert/Walsh*, S.49 ; *Sauer (1991)*, S.61ff. ; *Mayrhofer*, S. 168 ff.; *Becker (1999)*, S.435ff. ; *Stoebe (1993)*, S.785.

73 Vgl. Verzeichnis der Gesprächspartner S.207.

Die Einbeziehung der Vorbereitung der Entlassung in die Beratung erfolgt, weil die organisatorische Gestaltung der Trennung – insbesondere des Trennungsgesprächs – als prägend für den weiteren Verlauf der Trennungsberatung gesehen wird. Mit der Beratung bei der Vorbereitung der Entlassung soll vermieden werden, daß die Übermittlung der Trennungsnachricht aufgrund psychologischer oder organisatorischer Defizite bereits in dieser Phase des Trennungsprozesses eine spätere einvernehmliche Trennung ausschließt. Außerdem ermöglicht die frühe Einschaltung des Outplacement-Beraters in den Trennungsprozeß, daß die Beratung in die Entscheidungsfindung des Unternehmens über die Personalfreisetzungsmaßnahme mit einfließt und noch mögliche alternative Personalmaßnahmen – insbesondere andere Beschäftigungsmöglichkeiten – erörtert werden. Diese unternehmensbezogene Beratung – oftmals verbunden mit der organisatorischen und wirtschaftlichen Analyse der Personalentscheidung – wird als ein wichtiger Bestandteil und Anspruch der Personalberatungsdienstleistung Outplacement angesehen.

Diesem Ansatz entsprechend, kann der zeitliche Outplacement-Beratungsablauf in drei verschiedene inhaltliche Phasen eingeteilt werden. Die einzelnen inhaltlichen Themen der Beratungsphasen sind in der folgenden Graphik dargestellt:

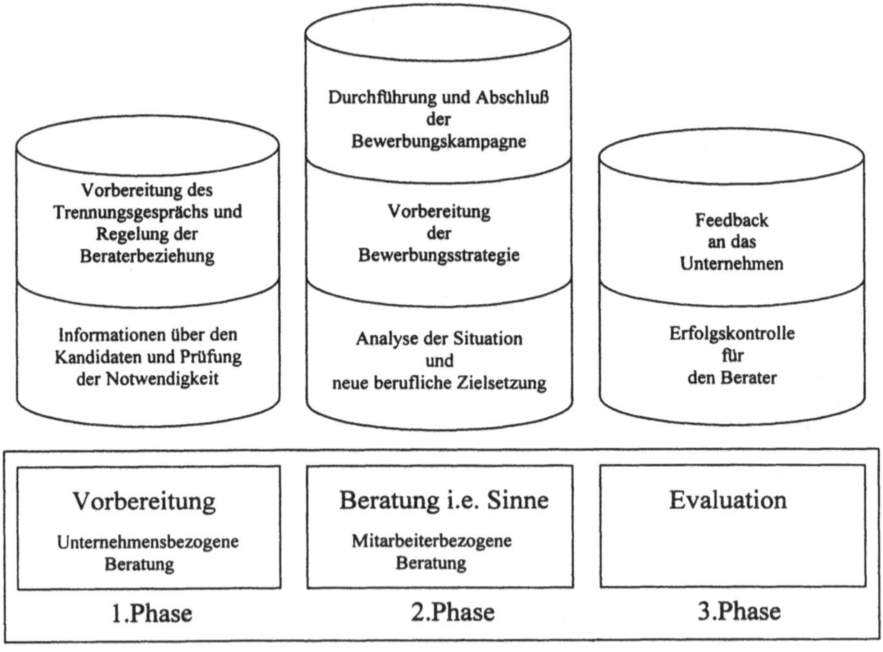

(Quelle: In Anlehnung an *Martin Hilb*, Personalmanagement auf dem Prüfstand, S.190, Zürich 1995)

Die inhaltlichen Themen der einzelnen Outplacement-Beratungsbausteine werden anhand der verschiedene Beratungsphasen im folgenden erläutert. Dabei wird vor allem auf die unterschiedlichen Instrumente und Methoden zur Beratung und Betreuung des betroffenen Mitarbeiters eingegangen.

1.3.1.1. Die unternehmensbezogene Beratung

Ausgangspunkt der unternehmensbezogenen Beratung ist ein Treffen des Outplacement-Beraters mit der Unternehmensleitung. Bei diesem ersten Gespräch wird der Outplacement-Berater über die Gründe für anstehende Personalfreisetzungsmaßnahmen informiert und erhält nähere Angaben zur Person und Tätigkeit des potentiell betroffenen Mitarbeiters.

In dieser ersten Phase der Beratungsarbeit geht es darum, zunächst festzustellen, ob überhaupt ein „Outplacement-Problem" gegeben ist und die beabsichtigte Maßnahme den Unternehmenszielen entspricht.[74] Zu diesem Zweck wird erörtert, ob die Entlassung unvermeidbar ist, oder ob nicht andere Personalentscheidungen – z.B. die Versetzung, Altersteilzeit oder auch ein „Internes Outplacement", d.h. die Bewerbung auf eine unternehmensintern ausgeschriebene Stelle – möglich und sinnvoll sind.

Die ersten Beratungen mit der Unternehmensleitung müssen nicht zwangsläufig die beabsichtigte Trennungsentscheidung des Arbeitgebers bestätigen, sondern können durchaus zu alternativen Personalmaßnahmen führen. Eine Voruntersuchung (sog. Potential- und Qualifikationsananlyse) kann ergeben, daß eine zukünftige Positionierung des Mitarbeiters im Unternehmen oder der eigenen Firmengruppe möglich ist. In diesem Fall ist die offene unternehmerische und betriebswirtschaftliche Analyse des Trennungsvorhabens ein Begründungselement dafür, daß die Outplacement-Beratung nicht allein die Entwicklung einer Personalfreisetzungsstrategie zum Gegenstand hat.[75] Wenn die Gespräche ergeben, daß die Trennung unausweichlich ist, obliegt es dem Outplacement-Berater, ob nach abschließender Beurteilung anhand der Informationen über den betroffenen Mitarbeiter der Einsatz der Outplacement-Betreuung zu empfehlen ist. Bei dieser Entscheidung wird der Outplacement-Berater berücksichtigen, daß die Übernahme eines problematischen Beratungsauftrages vor allem die eigene kostendeckende und erfolgreiche Beratungsarbeit erschwert. Dieses Eigeninteresse des Outplacement-Beraters trägt dazu bei, daß die Beratung nicht vorrangig als „Scheinleistung" vereinbart wird, um den Mitarbeiter schneller zur Beendigung des Arbeitsverhältnisses zu bewegen. Als Ergebnis des ersten Beratungsgesprächs mit der Unternehmensleitung steht also die reflektierte Entscheidung

[74] *Mayrhofer*, S.37.
[75] Vgl. *Stoebe* in: Personalführung, 1990, S.330(334) ; *Stoebe (1993)*, S.780.

über das Personalfreisetzungsvorhaben und die Entscheidung über die Zweckmäßigkeit des Einsatzes einer begleitenden Outplacement-Beratung.

Nach der positiven Entscheidung für den Einsatz einer Outplacement-Beratung kann es zwischen dem Unternehmer und dem Berater bereits zu einer Vereinbarung über den Inhalt und die Rahmenbedingungen (zeitlicher Rahmen, Honorar, Nutzung von vorhandener Infrastruktur) der geplanten Beratung kommen. Der Abschluß des eigentlichen Outplacement-Beratungsvertrages wird aber regelmäßig erst nach ausführlichen Informationsgesprächen mit dem betroffenen Mitarbeiter erfolgen, wenn dieser der Übernahme der Beratung durch den betreffenden Berater zustimmt.

Bevor es zu Gesprächen zwischen dem Outplacement-Berater und dem potentiell ausscheidenden Mitarbeiter kommt, steht der wichtigste Teil der unternehmensbezogenen Outplacement-Beratung: die konkrete Vorbereitung des bevorstehenden Kündigungsgesprächs. Hier unterstützt der Outplacement-Berater die für die Entlassung verantwortlichen Unternehmensvertreter. Diese Beratungsphase ist in zwei Arbeitsschritte gegliedert:

Einmal werden die genauen Umstände und der inhaltliche Ablauf des Kündigungsgesprächs geplant. Zum anderen wird der Vorgesetzte des betroffenen Mitarbeiters, der die Übermittlung der Trennungsnachricht übernimmt, auf die Führung des Kündigungsgesprächs vorbereitet. Die Planung des Ablaufs des Kündigungsgesprächs konzentriert sich auf die gemeinsame Festlegung eines geeigneten Zeitpunktes, die Entwicklung einer sachlichen Argumentation und den Aufbau des Kündigungsgesprächs.[76] Bei der Festlegung des geeigneten Zeitpunktes für das Kündigungsgespräches wird beispielsweise erörtert, ob es sinnvoll ist, daß Trennungsgespräch am Anfang oder in der Mitte der Woche zu führen, was dem betroffenen Mitarbeiter je nach Vorgehensweise ermöglicht ausführlich zu seiner Entlassung Stellung zunehmen und die Entscheidung mit verschiedenen Unternehmensvertretern sachlich zu erörtern.[77] Diese Möglichkeit zur umfassenden Information kann die psychische Verarbeitung der Trennungsnachricht unterstützen. Dem wird entgegengehalten, daß dadurch Unruhe im Betrieb entstehen kann und nur wenig Zeit für die private Verarbeitung besteht, so daß die Übermittlung der Nachricht eher gegen Ende der Woche vorzuziehen ist. In die Entscheidung über die Festlegung des Zeitpunktes des Kündigungsgesprächs werden bereits Erfahrungen des Beraters einfließen.

Das Ziel der Entwicklung einer sachlichen Argumentation für das Kündigungsgespräch ist, daß die Trennungsnachricht sachlich und konkret übermittelt wird, um emotionale fruchtlose Diskussionen zu vermeiden, die die Abwicklung der

[76] *Sauer*, S.63.
[77] *Mayrhofer*, S. 38 ; *Sauer (1991)*, S.64.

Trennung und die Beziehung der Beteiligten nachhaltig belasten. Dazu werden die sachlichen Gründe für die Trennungsentscheidung aufgearbeitet und die Konditionen für eine einvernehmliche Vertragsauflösung besprochen. Zu diesem Zweck wird häufig auch eine schriftliche Zusammenfassung der Trennungsbegründung und der bevorstehenden Abwicklung des Arbeitsverhältnisses erarbeitet, die dem betroffenen Mitarbeiter übergeben wird.

In engem Zusammenhang mit der Zusammenstellung einer sachlichen Argumentationsgrundlage für das Kündigungsgespräch steht die Beratung zum inhaltlichen Verlauf des Gesprächs. Hier wird die Aufgabe des Outplacement-Beraters darin gesehen, daß er die zeitliche Folge der einzelnen vorbereiteten Gesprächsinhalte festlegt und das Verhalten des Vorgesetzten auf mögliche Reaktionen des Mitarbeiters diskutiert. Der Vorgesetzte soll im Anschluß an diese Beratung in der Lage sein, die Modalitäten der Trennung – auch die Grundzüge des Outplacement-Beratungsprogramms – genau zu erläutern.

Ein wesentlicher Bestandteil dieser Kündigungsgesprächsvorbereitung ist, den direkten Vorgesetzten des ausscheidenden Mitarbeiters durch ein gezieltes Training für die Durchführung des formal erarbeiteten Gesprächs zu schulen. Anknüpfungspunkt für dieses Training ist die Erfahrung, daß bei den Vorgesetzten die Übermittlung der Entlassungsentscheidung – insbesondere bei langjährigen Mitarbeitern – oft selbst als unangenehme Situation empfundenen wird, die Auswirkungen auf die eigene Kommunikationsfähigkeit hat. Der Verlauf des Kündigungsgesprächs und die Verarbeitung der Trennungsnachricht werden aber wesentlich dadurch beeinflußt, daß der Vorgesetzte die emotionalen Reaktionen des Mitarbeiters erkennt und durch eine entsprechende Gesprächsführung das Verhalten des Mitarbeiters auf einen konstruktiven und effizienten Gesprächsverlauf lenkt.[78] Dies setzt eine hohe soziale Qualifikation des Vorgesetzten voraus, die es ihm ermöglicht, die soziale Situation des Mitarbeiters – differenziert von der eigenen emotionalen Beanspruchung – objektiv zu erfassen. Dies erfordert von dem Vorgesetzen nicht nur, daß er den richtigen „Ton" bei der Übermittlung der Entlassungsnachricht wählt, sondern auch die Fähigkeit besitzt, sich in die Situation des Mitarbeiters hineinzuversetzen, um auf dessen Reaktionen angemessen zu reagieren. Die Schulung dieser Fähigkeiten des Vorgesetzten und die Übung des Gesprächsverlaufs wird im Rahmen des Outplacement-Beratungsprogramms im Bedarfsfall in Form von Rollenspielen trainiert. Im Einzelfall wird auch ein Rollentausch zwischen Vorgesetzten und Outplacement-Berater vorgenommen, der dem Berater ermöglicht, bestimmte Gesprächstechniken -tempi, Betonung aber auch Formulierung – zu demonstrieren. Es wird angenommen, daß diese Schulung zusammen mit der vorausgegangenen Planung des Kündigungsgesprächs dazu beitragen kann, daß der

[78] ausführlich *Sauer (1991)*, S.71 ff..

Vorgesetzte eigene Unsicherheiten oder Fehlverhalten im Gespräch minimiert und dadurch den weiteren Verlauf des Trennungsprozesses – insbesondere die nachfolgende aktive Teilnahme an der mitarbeiterbezogenen Outplacement-Beratung – positiv beeinflußt.[79] Außerdem wird in dieser Beratungsphase festgelegt, wann der Outplacement-Berater selbst Kontakt zu dem betroffenen Mitarbeiter aufnimmt. In der Regel wird dies unmittelbar im Anschluß an das Kündigungsgespräch erfolgen.

Zusammenfassend ist festzuhalten, daß die *unternehmensbezogene* Outplacement-Beratung eine betriebswirtschaftliche und -organisatorische Analyse des Personalfreisetzungsvorhabens haben kann, ihren Schwerpunkt jedoch in der konkreten Beratung und Schulung der personalverantwortlichen Personen hinsichtlich der Planung und Durchführung der unvermeidbaren Entlassungsentscheidung hat.

[79] *Sauer (1991)*, S.73.

1.3.1.2. Die mitarbeiterbezogene Beratung

Die mitarbeiterbezogene Beratung bildet den Schwerpunkt des Outplacement-Beratungskonzepts. Der Erfolg der Beratung hängt wesentlich von der konstruktiven Zusammenarbeit zwischen Outplacement-Berater und ausscheidendem Mitarbeiter ab. Am Anfang des mitarbeiterbezogenen Outplacement-Beratungprozesses steht für den Mitarbeiter die wichtige Entscheidung über den zu beauftragenden Outplacement-Berater. Häufig wird dies der Berater sein, der mit dem Unternehmen bereits das Trennungsvorhaben vorbereitet hat und deshalb nach dem Kündigungsgespräch bereits vor Ort ist. Es kann aber aufgrund von Empfehlungen und Eigeninformationen auch ein zuvor unbeteiligter Berater eingesetzt werden. Nachdem der Mitarbeiter der Outplacement-Beratung durch den entsprechenden Berater zugestimmt hat, beginnt unmittelbar die mitarbeiterbezogene Beratung.

Zur Bewältigung der Trennungssituation bzw. -folgen, werden in einem systematischen Prozeß – bei dem jeder Beratungsschritt auf den vorausgegangen aufbaut – verschiedene Beratungsphasen durchlaufen:

- Phase I : Die Situations- und Persönlichkeitsanalyse mit der Festlegung der neuen beruflichen Zielsetzung
- Phase II : Die Vorbereitung der Bewerbungskampagne
- Phase III : Die Durchführung der Bewerbungskampagne

In der ersten Beratungsphase wird die Entlassungsentscheidung analysiert und ihre psychische Verarbeitung versucht. Außerdem wird eine neue berufliche Zielsetzung anhand der persönlichen Fähigkeiten und Qualifikationen definiert. Der theoretischen Analyse folgt die praktische Durchführung der Bewerbungsstrategie, die von dem Outplacement-Berater durch konkrete Schulungs- und praktische Unterstützungsmaßnahmen intensiv gefördert wird. Am Ende steht die Beratung über den Abschluß eines neuen Arbeitsvertrages und die Unterstützung bei der Integration ins neue berufliche Umfeld.

Die Abfolge der verschiedenen mitarbeiterbezogenen Outplacement-Beratungsschritte – im Rahmen einer Individual-Beratung – ist in der folgenden Abbildung dargestellt:

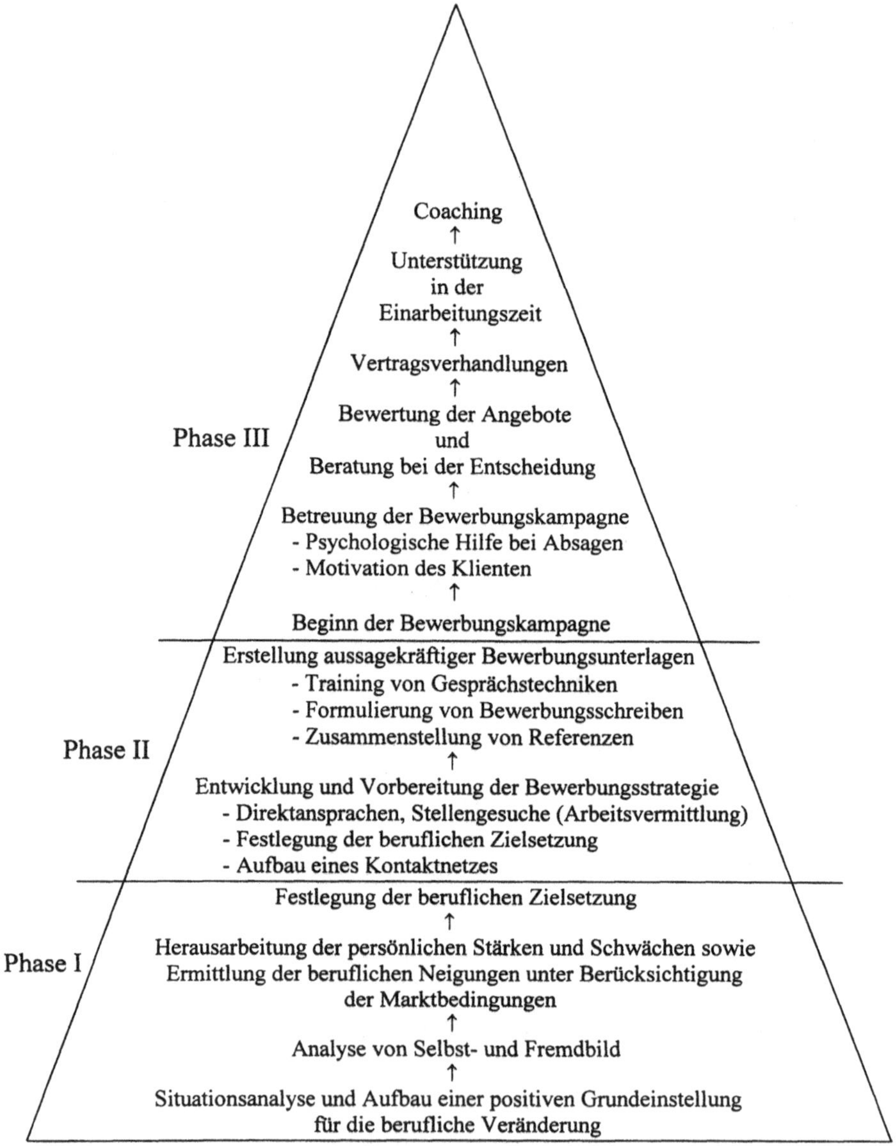

(Quelle: In Anlehnung an DBM v. Rundstedt & Partner, *Mechthild Sauer*, Outplacement-Beratung: Konzeption und organisatorische Gestaltung, Wiesbaden 1991, S.64/80, *Manfred Becker*, Personalentwicklung, S.436, 2. Auflage, Stuttgart 1999)

Aus dieser Übersicht über die Abfolge und den wesentlichen Inhalt der einzelnen Outplacement-Beratungsschritte lassen sich zwei grundlegende Aspekte der Beratung erkennen.[80] Zum einen werden Inhalt, Anzahl und Dauer der Beratungsgespräche wesentlich durch die Bedürfnisse und Wünsche des betroffenen Mitarbeiters bestimmt. Zum anderen ist die Outplacement-Beratung konzeptionell nicht darauf ausgerichtet, dem ausscheidenden Mitarbeiter einen neuen Arbeitsplatz zu suchen oder zu vermitteln, sondern dem Mitarbeiter eine Hilfestellung zu bieten, um entsprechend seiner persönlichen beruflichen Zielvorstellung und Qualifikation selbst einen Arbeitsplatz zu finden.

Der genaue inhaltliche Gegenstand der einzelnen Beratungsphasen soll wegen der grundlegenden Bedeutung für die arbeitsrechtliche Beurteilung der Outplacement-Maßnahme nachfolgend noch näher dargelegt werden.[81]

1.3.1.2.1. Analyse und Zielsetzung (Phase I)

Am Anfang der ersten Beratungsphase werden gemeinsam mit dem betroffenen Mitarbeiter die Ursachen für die Trennung ermittelt, um eine rationale und emotionale Akzeptanz der Entlassungsentscheidung herbeizuführen. Diese Hilfestellung ist wichtiger Ausgangspunkt damit sich der Mitarbeiter schnell mit seiner Zukunftsplanung befaßt und den weiteren Beratungsprozeß aktiv als Chance zur beruflichen Neuorientierung begreift.[82] Gleichzeitig beginnt der Outplacement-Berater mit der Erarbeitung eines Persönlichkeits- und Qualifikationsprofils des Mitarbeiters. Diese Analyse der persönlichen beruflichen Stärken und Schwächen bildet die Grundlage für die spätere Entscheidung über die neue berufliche Zielsetzung. Die Erstellung des Persönlichkeitsprofils erfolgt durch verschiedene Arbeitsschritte. Zunächst stellt der Mitarbeiter eine Übersicht über seinen bisherigen beruflichen Werdegang zusammen. In diese Bilanz fließen die Erfolge und Mißerfolge des Mitarbeiters während seiner Tätigkeit für den früheren Arbeitgeber ein, um so die berufliche Entwicklung im Unternehmen und die dabei erreichten Ziele genau zu dokumentieren. Ergänzend zur Übersicht über den beruflichen Werdegang wird ein Qualifikations- und Erfahrungsprofil erstellt. In diesem Profil werden die wesentlichen beruflichen Kenntnisse und Erfahrungen (überwiegende Beschäftigungspositionen, Fachkenntnisse, etc.) des bisherigen Berufsweges zusammengefaßt, die für neue Arbeitgeber von besonderem Interesse sein könnten.

---

80 Dazu auch *Sauer (1991)*, S.75.

81 Ausführliche Darstellungen bei *Becker (1999)*, S.435f. ; *Sauer (1991)*, S.74 ff. ; *Schulz/Fritz/Schuppert/Seiwert/Walsh*, S.49 ff. ; *Stoebe (1993)*, S.785 ff., *Mayrhofer*, S. 168 ff..

82 *Schulz/Fritz/Schuppert/Seiwert/Walsh*, S.56 ; *Mühlenhoff* in: Personalwirtschaft 1993, Heft 5, S.21.

Nach der Zusammenstellung der Berufslaufbahnbilanz versucht der Outplacement-Berater zu ermitteln, welche beruflichen Eignungen und Neigungen sich für den Mitarbeiter aufgrund seiner Fachkompetenzschwerpunkte und seines Kommunkationsverhaltens im beruflichen Alltag ergeben. Zu diesem Zweck führt der Outplacement-Berater eine Selbst- und eine Fremdeinschätzung über die persönlichen Stärken und Schwächen des betroffenen Mitarbeiters durch. Die Einschätzungen der Menschen aus dem beruflichen Umfeld des ausscheidenden Mitarbeiters können dazu führen, daß der Mitarbeiter an speziellen Seminaren des Outplacement-Beraters zur Persönlichkeitsentwicklung (z.B. Kommunikationsverhalten gegenüber Vorgesetzten, Verhalten in Streßsituationen) teilnimmt. Wichtiger Bestandteil der Selbstanalyse ist auch die Erörterung von ethischen Anforderungen (Ablehnung einer Beschäftigung in bestimmten Industriezweigen, z.B. Atom-, Tabakindustrie), von Zusatzkenntnissen und allgemeinen Interessen, die möglicherweise das potentielle neue Berufsfeld einschränken oder erweitern.

Abschließend werden auf der Grundlage der Berufslaufbahnbilanz, der Leistungen und Qualifikationen, der beruflichen Schwerpunkte sowie der kritischen Selbsteinschätzung die beruflichen Alternativen diskutiert und eine anzustrebende Zielsetzung definiert. In diesem Beratungsschritt wird gemeinsam mit dem Outplacement-Berater die Wunschvorstellung von der neuen Berufsaufgabe (Branche, Hierarchieebene, Einkommensvorstellung, Grad der Verantwortung, Position) formuliert. Dem Outplacement-Berater kommt dabei die Aufgabe zu, den Mitarbeiter auch auf die Möglichkeit eines Laufbahnwechsels (Selbständigkeit, neue Branche oder Position) hinzuweisen. Die Beratung orientiert sich aber stets an dem zuvor erstellten Leistungs- und Persönlichkeitsprofil. Daneben wird die berufliche Zielvorstellung auf ihre Realisierbarkeit am Markt hin geprüft. Das Ziel ist die konkrete Aufstellung der beruflichen Möglichkeiten in einer tabellarischen Übersicht mit allen in Frage kommenden Unternehmen und der angestrebten Position.

Da die Aufstellung der beruflichen Möglichkeiten die zuvor dargelegte Identifizierung und ausführliche Erfassung der wesentlichen persönlichen Merkmale des Klienten und seines beruflichen Werdegangs voraussetzt, zeigt sich besonders an dieser ersten Beratungsphase, daß bei der Durchführung einer Outplacement-Beratung die Frage des Umgangs mit den persönlichen Daten der Klienten von besonderer Wichtigkeit ist. Das Bundesdatenschutzgesetz konkretisiert in den §§ 27 ff. BDSG die gesetzlichen Anforderungen an den Umgang mit personenenbezogenen Daten im nicht-öffentlichen Bereich. Ohne auf die Einzelheiten dieser Regelungen im BDSG einzugehen, kann für den Bereich der Outplacement-Beratung konstatiert werden, daß ein besonders hohes Interesse des Klienten an einer vertraulichen Behandlung seiner persönlichen Daten besteht. Von diesem starken Interesse an einem vertraulichen Umgang mit seinen persönlichen Daten ist auszugehen, weil mit der Erarbeitung des Persönlichkeits- und Qualifikationsprofils des Klienten umfangreiche Daten aus den verschiedenen Bereichen der Privatsphäre des Klienten gegenüber dem Berater offengelegt werden. Die Bereitschaft zur vorbehaltlosen Angabe persönlicher Daten – einschließlich der Teilnahme an umfangreichen Persönlichkeits- und Fähigkeitsanalysen – ist im Rahmen der Outplacement-Beratung im allgemeinen hoch, wenn man berücksichtigt, daß es für den Klienten um die Wiedererlangung seiner wirtschaftlichen Existenzgrundlage geht. Entsprechend wird von den Beratern eine vertrauensvolle Zusammenarbeit bei der Zusammenstellung der relevanten personenenbezogenen Daten und bei der Analyse des berufsbezogenen Persönlichkeitsprofils als wesentliche Voraussetzung für den erfolgreichen Abschluß der Beratung gesehen. Ob die Vorschriften des BDSG für den Klienten der Outplacement-Beratung einen effektiven Datenschutz gewährleisten und welche gesetzlichen Vorgaben für den Umgang mit diesen Daten für den Berater bestehen, kann hier nicht vertieft dargelegt werden.[83] Angesichts der Fülle von personenebezogen Informationen – vor allem der besonders sensiblen Daten über gesundheitliche Verhältnisse, persönliche oder berufliche Stärken und Schwächen –, die im Rahmen der Outplacement-Beratung über den Klienten erfaßt werden, ist allerdings eine enge Zweckbindung der Datenverwendung zur Erfüllung der Beratungsleistungen nach dem Outplacement-Vertrag zu verlangen.[84] Bei jeder anderweitigen Verwendung der Daten droht eine erhebliche Beeinträchtigung der schutzwürdigen Privatspähre des Klienten. Außerdem läßt sich die Erforderlichkeit der Speicherung der persönlichen Daten des Klienten nur für den Zeitraum der Beratungsdauer begründen. Spätestens mit erfolgreichem Abschluß der Outplacement-Beratung sind die erlangten personenenbezogen Informationen weitgehend zu löschen.

Neben der Erfassung der personenenbezogenen Daten werden am Ende der ersten Beratungsphase die Informationen über die Zielbranche und die Zielunternehmen zusammengestellt, die für eine fachliche Kontaktaufnahme sinnvoll sind, so daß eine zielgerichtete Bewerbungsstrategie entwickelt werden kann.

1.3.1.2.2. Vorbereitung der Bewerbungskampagne (Phase II)

Das Ziel der zweiten Beratungsphase ist es, den Arbeitnehmer für eine erfolgreiche Bewerbung praktisch vorzubereiten. Im Mittelpunkt der Beratungstätigkeit steht die Zusammenstellung aussagekräftiger Bewerbungsunterlagen und die Unterstützung bei der ersten Kontaktaufnahme mit den Zielunternehmen. Zur Vorbereitung der Bewerbungsunterlagen zählt in erster Linie die Ausarbeitung

---

[83] Vgl. *Simitis* § 27 BDSG RdNr.2/19 ; vgl. die Übersicht von *Bergmann/Möhrle/Herb* § 28 BDSG RdNr.8.

[84] Zur Zweckbestimmung: *Ordemann/Schomerus* § 28 Nr.5 BDSG ; *Auernhammer* § 28 RdNr.12f.; *Bergmann/Möhrle/Herb* § 28 BDSG RdNr.80b (zu Seminarverträgen).

eines berufsspezifischen Lebenslaufes und die Entwicklung von Briefgerüsten und Argumentationsbausteinen für die nachfolgenden verschiedenen Kontaktmaßnahmen. Langjährige Arbeitnehmer, die sich noch nie oder über einen langen Zeitraum nicht mehr beworben haben, sind in dieser Phase besonders auf die Erfahrung und Unterstützung des Outplacement-Beraters – insbesondere bei der Formulierung von Bewerbungsanschreiben – angewiesen. In dieser Beratungsphase wird zwischen Arbeitnehmer und Outplacement-Berater auch besprochen, welche Instrumente zur Kontaktaufnahme mit dem Zielunternehmen eingesetzt werden.

Als wichtige Wege zur Kontaktaufnahme werden angesehen:

- direkte Ansprache von Personen aus dem beruflichen Kontaktnetz

Die persönliche Kontaktaufnahme mit einer genauen beruflichen Zielvorstellung stellt einen Schwerpunkt in der Suchstrategie dar, weil der Mitarbeiter aufgrund der konkreten Zielvorgabe sich häufig erst über sein berufliches Kontaktnetz von Kollegen, Bekannten, Referenzpersonen bewußt wird. Ein Ziel dabei ist auch, daß freie Beschäftigungspositionen bereits ausgemacht werden, bevor sie auf dem freien Markt angeboten werden.

Zu der Stellensuche über das Kontaktnetz zählt auch die Ausschöpfung der Kontaktmöglichkeiten des Outplacement-Beraters. Der Outplacement-Berater nutzt dazu seine persönlichen Beziehungen zu Personalverantwortlichen in Unternehmen, insbesondere zu auftraggebenden Unternehmen und zu ehemaligen Klienten. Die meisten Outplacement-Berater besitzen außerdem die Erlaubnis der BfA zur Arbeitsvermittlung, so daß die Klienten verschiedenen Arbeitgebern zur Einstellung vorgeschlagen werden dürfen. Die individuelle Outplacement-Beratung zielt zwar ausschließlich auf die Unterstützung bei der selbstverantwortlichen Selbstsuche des Arbeitnehmers, in der Praxis sind die Übergänge zwischen vermittelnder Tätigkeit und Beratung aber fließend. Insbesondere die Beratungsprogramme zum Gruppen-Outplacement sehen häufig ausdrücklich die Aufnahme von aktiver Arbeitsvermittlung vor. Allerdings wird die parallele Übernahme von provisonsauslösenden Vermittlungsaufträgen von Arbeitgebern von den Outplacement-Beratern abgelehnt, um einen Interessenkonflikt bei den Beratungsaufträgen zu vermeiden.[85]

[85] Vgl. *Stoebe* in: Personalführung1993, S.426 ; ablehnend zur Gefahr eines Interessenkonflikts: *von Rundstedt* in: Personalwirtschaft 1999, S.53.

Nach den Angaben von einem der führenden Outplacement-Berater erlangen über 40 % der Klienten eine neue Beschäftigungsposition über das eigene persönliche Kontaktnetz.[86]

- schriftliche Kontaktaufnahme mit den Zielunternehmen

Die schriftlichen Bewerbungsanschreiben an die Zielunternehmen stellen einen weiteren Schwerpunkt der möglichen Kontaktmaßnahmen dar. Bei der genauen Analyse der Qualifikationen und der entsprechenden Zielunternehmen führt diese Form der Kontaktaufnahme in der Beratungspraxis bei 5 bis 20 % der Bewerbungsanschreiben zu einer ersten Kontaktgesprächen.

- die Veröffentlichung von eigenen Stellengesuch-Anzeigen

Die Veröffentlichung eigener Suchanzeigen erfolgt in den regionalen oder überregionalen Tageszeitungen. Gleichzeitig werden in Fachzeitschriften oder auch im Internet Suchanzeigen aufgegeben. Manche Outplacement-Berater richten zu diesem Zweck auch eigene „Jobbörsen" (in Unternehmenspublikationen oder der Internet-Homepage)[87] ein, um die Referenzen der Klienten zu veröffentlichen.

- die Kontaktaufnahme auf veröffentlichte Stellenangebote

Die Erfolgsaussichten bei der Reaktion auf Stellenangebote sind häufig durch das höhere Alter der Outplacement-Klienten beschränkt. Diese Form der Kontaktaufnahme dient daher vor allem Klienten mit speziellen Fachkenntnissen und Erfahrungen.

- die Einschaltung der Vermittlungsstellen der BfA oder der Einsatz von Personalberatern

Zur Unterstützung für die Stellensuche bei niedrigeren oder wenig nachgefragten Qualifizierungsprofilen des Klienten – insbesondere nach längerer erfolgloser Selbstsuche – wird durch die Hinzuziehung von Personalberatern und der Vermittlung der BfA versucht eine dauerhafte Arbeitslosigkeit zu verhindern.[88] Dies ist in der Regel aber mit Einschrän-

---

86 DBM & v. Rundstedt, Jahresbericht 1998, S.9.

87 Siehe bspw. www.skp-gmbh.de (Aktuell-Fach- und Führungskräfte stellen sich vor); www.rundstedt.de/outplacement/ (Klientenprofile).

88 Bei den Methoden zur Einstellung von Führungskräften zeigt sich, daß in den letzten Jahren diese zunehmend über Personalvermittlungsagenturen erfolgen. Nach einer Studie des *APEC* (Verband für die Beschäftigung von Führungskräften) wurden in Europa 1999 ein Großteil der Führungskräfte (59 %) zu gleichen Teilen durch Kleinanzeigen (29 %)

kungen gegenüber der ursprünglichen beruflichen Zielvorstellung verbunden.

Über die Suchaktion legt der betroffene Mitarbeiter zusammen mit dem Outplacement-Berater eine Kontaktadressenkartei an, die es ihm ermöglicht, alle wichtigen Informationen zu späteren Gesprächen, Telefonaten, Briefen und Nachfaßaktionen festzuhalten.[89]

Einen besonderen Schwerpunkt dieser Beratungsphase stellt die Vorbereitung des ausscheidenden Mitarbeiters auf die späteren Vorstellungsgespräche dar. Der Outplacement-Berater führt zu diesem Zweck mit dem Mitarbeiter verschiedene Schulungs- und Trainingsmaßnahmen durch, die das Selbstbewußtsein und die Fähigkeiten des Bewerbers zur überzeugenden Selbstdarstellung fördern sollen. Auf der Grundlage eines erlebnispädagogischen Ansatzes werden dazu – in Einzelfällen – auch sog. Outdoor-Trainings (z.B. Bergwanderungen) angeboten, bei denen die Erkenntnis der eigenen Stärken – durch die Bewältigung von physischen und psychischen Herausforderungen – den Umgang mit Angst und Streß verbessern sollen.[90] Im Mittelpunkt der Schulungsmaßnahmen steht die Analyse und Verbesserung der Kommunikationsfähigkeit. Mit der Unterstützung von Video-Technik und Rollenspielen wird das Gesprächs- und Körperverhalten des Mitarbeiters analysiert. Anschließend trainiert der Outplacement-Berater zusammen mit dem Mitarbeiter erfolgversprechende Gesprächstechniken, um das Verhalten und die Gesprächsführung sowie das Verhandlungsgeschick des Mitarbeiters im Vorstellungsgespräch zu verbessern.[91] In diesem Zusammenhang erörtert der Outplacement-Berater mit dem Mitarbeiter auch mögliche Fragestellungen des Interviewers zur Person, dem Berufsweg und dem Zielunternehmen, um es dem Mitarbeiter zu ermöglichen, mit geeigneten Antworten sicher aufzutreten. Diese weitgehende Optimierung des Kommunikationsverhaltens wird als ausschlaggebend für die erfolgreiche Stellenbewerbung angesehen. Aus diesem Grund nehmen die individuellen Gesprächsschulungs- und Trainingsmaßnahmen auch zeitlich einen erheblichen Teil in der Beratungsphase zur Vorbereitung der Bewerbung ein. Der ausscheidende Arbeitnehmer kann von dieser Analyse und der Steigerung seiner

und Personalvermittlungsagenturen (30 %) angeworben. Im Vergleich zu 1995 hat sich der Anteil der Anwerbungen über Personalbüros in Europa von 14 % (1995) auf 30 % (1999) verdoppelt. In Deutschland konnten die Personalvermittlungsbüros ihren Marktanteil von 8 % (1995) auf 21 % (1999) steigern. Vor diesem Hintergrund wird die Hinzuziehung von Personalvermittlern die berufliche Wiedereingliederung in vielen Fällen zusätzlich unterstützen. (vgl. *APEC-Studie 2000* –Das Europa der Führungskräfte 2000, S.12, 11. Auflage)

[89] *Schulz/Fritz/Schuppert/Seiwert/Walsh*, S.94.

[90] *Küntzel/Haugg* in: Personalführung 1992, S.110f..

[91] Vgl. *Sauer (1991)*, S.83.

Kommunikationsfähigkeit langfristig profitieren, indem er diese Kenntnisse und Erfahrungen im Rahmen seiner neuen beruflichen Tätigkeit einbringt.

1.3.1.2.3. Durchführung der Bewerbungskampagne (Phase III)

In der dritten Beratungsphase wird die zuvor entwickelte Bewerbungsstrategie praktisch umgesetzt. Entsprechend der ausgearbeiteten Suchstrategie beginnen der Outplacement-Berater und der Klient mit der Kontaktaufnahme zu potentiell interessierten Unternehmen. Der Outplacement-Berater übernimmt in dieser Phase drei wesentliche Aufgaben.

Zum einen wird der Klient bei der Durchführung der Bewerbungskampagne administrativ unterstützt. Dem Klienten wird dazu in der Regel ein fester Büroplatz mit technischen Anschlüssen (Telefon, Internet, Fax, etc.) über den gesamten Zeitraum der Bewerbungsphase zur Verfügung gestellt. Zudem kann er den Sekretariats- und Schreibservice des Outplacement-Beraters nutzen.

Zum anderen ist der Outplacement-Berater jederzeit zur Diskussion des Verlaufs und des weiteren Vorgehens bei den Bewerbungsaktivitäten ansprechbar. Am Anfang übernimmt der Outplacement-Berater dabei vor allem die psychologische Betreuung bei der Bewältigung von möglichen Absagen. Insbesondere bei einer Bewerbungskampagne über einen längeren Zeitraum besteht die Arbeit des Beraters darin, den Klienten zur Fortsetzung seiner Bemühungen stetig zu motivieren. Der Outplacement-Berater erörtert mit dem Klienten auch mögliche Schwachstellen der Bewerbungsstrategie, die möglicherweise erst jetzt deutlich werden und trainiert gegebenenfalls wiederholt die Gesprächsführung für einzelne Vorstellungsgespräche.

Letztlich wird – sobald dem Klienten verschiedene Stellenangebote vorliegen – zusammen mit dem Berater eine Entscheidungsanalyse durchgeführt. Gemeinsam mit dem Berater wird festgestellt, inwieweit die vorliegenden Positionsangebote den ursprünglich ermittelten Zielvorstellung und Wünschen entsprechen. Die Entscheidung trifft der Klient selbst, der Outplacement-Berater unterstützt ihn jedoch dabei, diejenigen Stellen herauszufiltern, die den beruflichen Neigungen und Erwartungen am nächsten kommen.

Nach der Entscheidung für eine neue Aufgabe steht der Outplacement-Berater dem Klienten während der Verhandlungen über den neuen Arbeitsvertrag als Ansprechpartner zur Verfügung. In der Regel beschränkt sich diese Unterstützung auf die Information über die üblichen Vertragsbestandteile (Gehaltsforderung, Urlaubsansprüche, Sonderzuwendungen). Zu diesem Zweck werden von dem Outplacement-Berater oftmals Fachanwälte hinzugezogen.

Mit Abschluß des neuen Arbeitsvertrages ist die Outplacement-Beratung jedoch nicht beendet. Die Beratungsprogramme der einzelnen Outplacement-

Unternehmen schließen für die ersten 6-12 Monate eine Beratung für die Einarbeitungszeit in die neue berufliche Tätigkeit ein. Damit bleibt der Outplacement-Berater in der kritischen Periode der Probezeit der Ansprechpartner für den Mitarbeiter. Die Beratungsprogramme sehen außerdem meistens vor, daß bei einem vorzeitigen Ausscheiden des Klienten aus dem neuen Beschäftigungsverhältnis die Outplacement-Beratung in vollem Umfang wiederaufgenommen wird.

1.3.1.3. Evaluation

Den Abschluß des Outplacement-Beratungsprogramms bildet die Rückmeldung über die erfolgreiche Neuplazierung an das beauftragende Unternehmen.

Die objektive Erfolgsbewertung der Outplacement-Maßnahme bereitet jedoch erhebliche Schwierigkeiten. Grundsätzlich steht die Wiederbeschäftigung des Arbeitnehmers für einen erfolgreichen Abschluß der Maßnahme. Allerdings ist zu berücksichtigen, daß eine Vielzahl von Einflußgrößen (Saisonabhängigkeiten, Nachfragesituation) und Zufällen den Bewerbungsprozeß begleiten, so daß sich die Neuplazierung nicht zwangsläufig als Erfolg der Beratung erklären läßt. Die Angaben der hohen Erfolgsquoten[92] der Outplacement-Berater von über 95 % relativiert sich allein dadurch, daß die Outplacement-Berater in der Regel nur erfolgsträchtige Beratungsaufträge akzeptieren.[93] Andererseits lassen sich verschiedene Wirkungen der Maßnahme (z.B. Beeinflussung des Unternehmensimages) nur sehr schwer erfassen. Zu den Kriterien der Erfolgsmessung können deshalb lediglich einzelne, objektive Merkmale des Freisetzungs- und Wiedereinstellungsprozesses angesetzt werden. Dazu zählt die Länge des Zeitraumes vom Tag der Kündigung bis zur Wiedereinstellung, der Gehaltsunterschied zwischen neuem und altem Arbeitsplatz oder die Höhe der Entlassungskosten bei einer gerichtlichen Auseinandersetzung.[94] Aufgrund der relativen Aussagekraft dieser Kriterien über den tatsächlichen Einfluß der Maßnahme auf den Wiederbeschäftigungserfolg findet eine ausführlichere Evaluierung der Outplacement-Beratung selten statt. Aus Sicht der betroffenen Arbeitnehmer wird der Nutzen – schwerpunktmäßig die Hilfe bei der Erstellung der Bewerbungsunterlagen – der Outplacement-Beratung aber überwiegend positiv beurteilt.[95]

---

[92] Vgl. BDU-Studie OPC in Deutschland 1998, Nr.5.

[93] *Sauer (1992)*, S. 212.

[94] *Mayrhofer*, S.44.

[95] Bei einer Befragung von 46 Outplacement-Klienten bewerteten die Arbeitnehmer als nützliche Leistungen zu 92 % die Erstellung der Bewerbungsunterlagen, zu 55 % die Analyse der beruflichen Perspektive, zu 52 % die Kontaktmaßnahmen zu potentiellen Arbeitnehmern, zu 48 % die Motivationsförderung ; vgl. zur weiteren Beurteilung der

1.3.2. Das Gruppen-Outplacement-Beratungskonzept

Zur Unterstützung von Entlassungsvorhaben, die eine größere Zahl von Arbeitnehmern betreffen, wird die Individual-Outplacement-Beratung in modifizierter Form als sogenanntes Gruppen-Outplacement angeboten.

Das Konzept des Gruppen-Outplacements entspricht grundsätzlich dem Beratungsverlauf beim Individual-Outplacement. Es gliedert sich wie dieses in die unternehmens- und mitarbeiterzogene Beratung, wobei sich die unternehmensbezogenen Beratungsphasen inhaltlich entsprechen. Bei der inhaltlichen Gestaltung und dem Ablauf der mitarbeiterbezogenen Beratungsphasen bestehen dagegen Unterschiede. Der Unterschied zwischen Individual- und Gruppen-Beratung hat zwei Gründe: Die Individual-Beratung richtet sich überwiegend an einzelne Führungskräfte, deren Ausscheiden meistens durch vielschichtige Ursachen sowohl in der Person des Mitarbeiters als auch in der betrieblichen Entwicklung des Unternehmens begründet sind. Die Freisetzungsentscheidung bei der Entlassung einer größeren Anzahl von Mitarbeitern beruht hingegen meistens auf betrieblichen Gründen (Umstrukturierungen, Fusionen, Betriebsschließungen). Im Vergleich zur Individual-Beratung ist beim Gruppen-Outplacement deshalb die Aufarbeitung und psychologische Bewältigung der Trennungsursachen von geringerer Bedeutung, im Mittelpunkt steht die effektive, praktische Unterstützung bei der Suche nach einem neuen Arbeitsplatz.

Ein weiterer Grund für Modifikationen des Beratungsprogramms beim Gruppen-Outplacement liegt in der Anzahl der Teilnehmer an den einzelnen Beratungsphasen. Die Form der Gruppen-Beratung läßt eine dem Individual-Beratungskonzept vergleichbare eingehende Beschäftigung mit dem Einzelfall nicht zu, was bei der inhaltlichen Gestaltung der Beratungsschritte berücksichtigt wird.

Das Beratungskonzept bei der Gruppen-Beratung gliedert sich in der Regel in drei Beratungsphasen. Den Schwerpunkt der Beratung bildet der kollektive Beratungsteil (1) mit dem die Beratung beginnt. Anschließend erfolgt meistens eine individuelle Erörterung (2) mit den einzelnen Teilnehmern und abschließend besteht die Möglichkeit zur Nutzung einer Nachbetreuung (3).[96] Die genaue inhaltliche Ausgestaltung der Beratungsphasen wird von den Outplacement-Beratern überwiegend jeweils für den konkreten Auftrag vorge-

übrigen Beratungselement die Umfrageergebnisse bei *Kühlmann/Wesenberg* in: Personal 1994, S.600 Abb.6/7/8 ; *Dries* in: Personal 1997, Heft 9, S.448.

96 Berichte aus der Praxis: *Rösler/Lünborg/Krey* (Black & Decker) in: Personalführung 1998, Heft 12, S.30f. ; *Bourquin* (Dornier) in: Personalwirtschaft 1997, Heft 11, S.59 ; *Lingenfelder/Walz* in: Personal 1989, S.258 (261) ; *Sauer (1991)*, S.86 ; *Krings* in: Personalwirtschaft 1994, Heft 5, S.29 ; *Bindl* in: Personalwirtschaft 1995, Heft 5, S.26.

nommen. Der Inhalt der Programme variiert nach der Anzahl der Teilnehmer, der geplanten Dauer der Beratung und dem finanziellen Rahmen. Grundsätzlich läßt sich für alle Gruppen-Outplacement-Beratungen nur feststellen, daß es sich um vorher zeitlich festgelegte Veranstaltungen handelt, die sich auf mehrere Tage beschränken und einzelne Beratungsleistungen beinhalten, die vorab zwischen Arbeitgeber und Outplacement-Berater vereinbart werden.

Der Inhalt und die Elemente der drei verschiedenen Beratungsphasen lassen sich wie folgt zusammenfassen:

Zunächst findet in der ersten Phase der kollektiven Beratung meistens eine allgemeine Einführungsveranstaltung statt, in der die Trennungssituation mit dem Ziel der beruflichen Neuorientierung analysiert wird. In ersten Gesprächen soll den Mitarbeitern die Eigenverantwortlichkeit für die berufliche Entwicklung verdeutlicht werden. Aus diesem Grund wird parallel mit der systematischen und planvollen Selbstreflexion der vorhandenen Fähigkeiten und Erfahrungen begonnen und eventuelle Weiterbildungsdefizite werden identifiziert. Der Outplacement-Berater leistet in dieser Phase auch individuelle Hilfestellung, und unterstützt bei der Aufstellung eines persönlichen Maßnahmenkatalogs. Zusätzlich wird am Anfang der ersten Beratungsseminare häufig auch ein Arbeitshandbuch mit praktischen Informationen zu den einzelnen Beratungsthemen und den Schritten zur beruflichen Neuorientierung ausgegeben. Den zweiten Teil der kollektiven Beratungsphase bilden einzelne Seminare, die die praktischen Kenntnisse und Fähigkeiten zur erfolgreichen praktischen Durchführung einer Berufsbewerbung vermitteln sollen. Der Inhalt dieser Seminare entspricht den einzelnen Beratungsschritten der Individual-Beratung, hat aber im Vergleich zur individuellen Betreuung überwiegend informatorischen Charakter. Die Beratung umfaßt gleichermaßen die Erstellung eines Persönlichkeits- und Qualifikationsprofils, die Anleitung zur Entwicklung einer Bewerbungsstrategie und die Zusammenstellung der notwendigen Bewerbungsunterlagen. Der Schwerpunkt dieses Beratungsschritts liegt in der optimalen Gestaltung der Bewerbungsunterlagen und der Verbesserung der persönlichen Kommunikationsfähigkeit der Bewerber für das Vorstellungsgespräch.

Nach Abschluß der kollektiven Beratungsphase besteht für die einzelnen Mitarbeiter die Möglichkeit, sich bei der Durchführung der geplanten Bewerbungsaktivitäten individuell beraten zu lassen. Der Berater prüft die ausgearbeitete Bewerbungsstrategie und schlägt gegebenenfalls zusätzliche Schulungs- oder Entwicklungsmaßnahmen vor, wenn beim Bewerber oder dessen Vorbereitung konkrete Defizite zu erkennen sind. Zur Wahrnehmung dieser individuellen Beratung wird häufig ein Sprechstundensystem eingerichtet, das es dem Einzelnen freistellt, persönliche Problemstellungen in Ruhe mit dem Outplacement-Berater zu diskutieren. Der zeitliche Rahmen dieser individuellen Betreuungsphase hängt von der Anzahl der Teilnehmer sowie der Nachfrage ab und ist daher meist auf einzelne Beratungsstunden beschränkt.

Ein wesentlicher Unterschied zwischen den Gruppen-Outplacement-Programmen und dem Individual-Outplacement besteht in Bezug auf die Kontaktaktivitäten des Outplacement-Berater zu potentiellen Arbeitgebern. Ein fester Bestandteil der Gruppen-Outplacement-Programme ist regelmäßig die ausdrückliche Aufnahme von Arbeitsvermittlungstätigkeit. Der Outplacement-Berater kontaktiert zahlreiche in Frage kommenden Zielarbeitgeber innerhalb eines mit den Klienten abgestimmten Umkreises, um unveröffentlichte Stellen zu ermitteln. Zusätzlich wird Kontakt zu öffentlichen Arbeitgebern, Zeitarbeitsunternehmen und Arbeitsvermittlungsfirmen aufgenommen. In sogenannten „Job-Börsen" – in den Räumen des Beraters oder vorort beim Unternehmer – werden alle ermittelten freien Arbeitsstellen ausgehängt und ständig aktualisiert. Der Outplacement-Berater spricht die Klienten auch individuell auf konkrete Plazierungsmöglichkeiten an und versendet mit Zustimmung des Klienten dessen Bewerbungsunterlagen (ggf. Sammelbewerbungen).

Im Vergleich zum Individual-Outplacement geht der Beratungsinhalt beim Gruppen-Outplacement damit über die Unterstützung bei der beruflichen Neuorientierung und selbstverantwortlichen Suche hinaus und wird um eine ergebnisorientierte Vermittlungstätigkeit ergänzt. Der Frage, ob dadurch noch der ursprüngliche Anspruch und die Zielsetzung des Outplacement-Konzepts, nämlich die berufliche Neuorientierung des Klienten durch eine Potentialanalyse in zuvor definierten Wunsch- und Zielpositionen zu begleiten, noch verwirklicht wird, kann hier nicht erörtert werden. Die Vermittlungstätigkeit führt aber vermutlich zu Kompromißlösungen zugunsten einer schnellen Neubeschäftigung.

Als zusätzlichen Beratungsschritt wird von den meisten Outplacement-Beratern häufig die Möglichkeit einer Nachbetreuung (sog. follow-up-Gespräche) eingeräumt. In diesem Fall steht der Outplacement-Berater nach der Kollektivberatungsphase – teilweise sogar nach der beruflichen Neupositionierung – noch für Rückfragen als Ansprechpartner zur Verfügung und leistet notwendige Einzelfallhilfe.[97]

1.3.3. Dauer und Kosten der Beratung

Die Individual-Outplacement-Beratung stellt die größte Anzahl der Outplacement-Aufträge (ca. 80 %) dar.[98] Diese Beratungsprogramme sind in der Regel

---

[97] *Lingenfelder/Walz* in: Personal 1989, S.258 (261).

[98] Vgl. die Angaben in der Marktübersicht in: Personalwirtschaft 1998, Heft 4, S.12 ; Personalwirtschaft 1999 Heft 11, S.17.

unbefristet.[99] Meistens wird nicht nur die Beratung bis zur ersten Wiedereinstellung angeboten, sondern die Beratungsprogramme sehen regelmäßig die Wiederaufnahme der Beratung vor, wenn der Mitarbeiter in einem bestimmten Zeitraum den Arbeitsplatz erneut verliert. Dieser Zeitraum variiert bei den verschieden Outplacement-Beratern und reicht von 6 Monaten bis zu einem Jahr.[100] Für die Dauer der Individual-Beratung bis zur erstmaligen Neuplazierung ist das Qualifizierungsprofil des Klienten ausschlaggebend. Die Beratungsdauer im Individual-Outplacement betrug 1999 durchschnittlich 5 Monate.[101] In ca. 30 % der Beratungsfälle ging die Beratungsdauer über diesen Zeitraum hinaus und betrug bis zu 12 Monate.

Die Höhe des Honorars richtet sich nach dem letzten Jahreseinkommen des jeweiligen Klienten. In Durchschnitt beträgt das Honorar des Beraters 20-22 % des Jahreseinkommens. Daneben wird eine Sachkostenpauschale in Höhe von DM 2.500 bis DM 4.500 in Rechnung gestellt. Bei 90 % der Outplacement-Unternehmen besteht bei der Übernahme einer Inidvidual-Beratung eine Honoraruntergrenze, die zwischen DM 25.000 und DM 35.000 liegt.

Die Kosten und die Dauer der Beratung beim Gruppen-Outplacement richten sich nach dem Einzelfall und hängen von der Teilnehmerzahl und dem Umfang des ausgearbeiteten Outplacement-Beratungsprogramms ab. Häufig wird für das Gruppen-Outplacement-Programm ein Pauschalpreis vereinbart. Die Höhe der Kosten für einen Teilnehmer variiert dabei zwischen DM 1.000.- und DM 7.000.-. Der Tagessatz für den Outplacement-Berater liegt zwischen DM 2.500.- und DM 4.000.-.[102] Die Dauer eines Gruppen-Outplacements beschränkt sich aufgrund des Seminarcharakters für die einzelnen Teilnehmer auf 3 bis 10 Tage.

1.3.4. Organisatorische Formen zur Durchführung einer Beratung

Im folgenden Abschnitt wird auf die Formen der organisatorischen Durchführung der Outplacement-Beratung eingegangen. Die Outplacement-Beratungsdienstleistung wird in der Praxis entweder von einem unternehmensinternen Berater oder einem außenstehenden Personalberater vorgenommen. Die Entscheidung darüber, in welcher der beiden Formen – interne oder externe Outplacement-Beratung – die Betreuung erfolgen soll, hängt von den konkreten Umständen des jeweiligen Trennungsvorgangs (z.B. Teilnehmerzahl, Räumlich-

---

99 Einzelne Berater vereinbaren eine Beratungshöchstdauer (12 Monate).

100 Nach dem 3. Grundsatz der BDU-Outplacement-Berater Fachgruppe ist eine obligatorische einmalige Wiederholung der Beratung vorgesehen, wenn der Kandidat seine Position in der Probezeit verliert.

101 Vgl. BDU-Studie OPC in Deutschland 1998, Nr.5 ; Marktübersicht in: Personalwirtschaft 1999, Heft 11, S.17 ; Personalwirtschaft 1998, Heft 4, S.12.

102 Vgl. Fn.101.

keiten) ab. Die Durchführung einer internen Outplacement-Beratung hängt im wesentlichen davon ab, über welche personellen Ressourcen der Arbeitgeber zur Wahrnehmung der Betreuungsaufgaben verfügt. Nur bei einer ausreichenden Personalkapazität wird der Arbeitgeber zwischen dem Angebot einer internen Outplacement-Beratung durch eigene Mitarbeiter oder der Beauftragung eines externen Beraters tatsächlich abwägen können.

1.3.4.1. Internes Outplacement

Bei der in der Praxis selteneren Entscheidung für eine interne Outplacement-Beratung wird die Betreuung meistens von den Mitarbeitern der unternehmenseigenen Personalabteilung vorgenommen.[103] Die Einrichtung einer solchen betriebsinternen Beratungsstelle erfordert erhebliche organisatorische Maßnahmen, soweit es sich um eine erstmalige Umsetzung des Outplacement-Konzepts handelt. Die beratenden Mitarbeiter der Personalabteilung werden sich in das Beratungskonzept einarbeiten und gegebenenfalls durch Fortbildungsmaßnahmen geschult werden müssen. Hinzu treten Kosten für die Anschaffung von Betriebsmitteln für die neuen Beratungsarbeitsplätze. Die Entscheidung zur internen Outplacement-Beratung setzt bei dem Unternehmen dementsprechend eine ausführliche Analyse der Folgewirkungen dieser Einrichtungen voraus und wird sich erst bei längerfristigem Beratungsbedarf und Beratungsumfang rechtfertigen lassen.[104] Allerdings bietet die Durchführung der Beratung durch das Unternehmen auch die Möglichkeit, die ernsthafte unternehmerseitige Übernahme der sozialen Verantwortung für die ausscheidenden Mitarbeiter zu demonstrieren und das Image des Unternehmens in der Öffentlichkeit eigenverantwortlich zu bestimmen.[105]

Der Beratungserfolg beim internen Outplacement hängt vor allem ab von der Stellung der beratenden Mitarbeiter und der Akzeptanz der Berater bei den ausscheidenden Arbeitnehmern.[106] Nach dem Outplacement-Konzept soll der Berater durch gleichzeitige Wahrnehmung von Mitarbeiter- und Unternehmerinteressen eine spannungsfreie Trennung in gegenseitigem Einvernehmen erreichen. Das Outplacement-Konzept impliziert damit die Neutralität des Beraters, die aber aufgrund der Doppelstellung des unternehmensinternen Beraters angezweifelt werden muß. Ein Interessenkonflikt des Beraters wird nur zu vermeiden sein, wenn er aufgrund einer unabhängigen Stellung tat-

---

103 *Janßen* in: Personalführung 1994, S.336 ; *Wegmann* in: Personalwirtschaft 1993, S.24 (26).

104 Umfassende Bewertung der Organisationsauswirkungen bei der Einrichtung von internen Beratungsstellen bei: *Sauer*, S.143f..

105 *Sauer (1991)*, S.132 ; *Schulz* in: BB 1990, S.1054.

106 Zur Problematik: *Kibler* in: RdA 1996, 336 (337) ; *Sauer (1991)*, S.137 ff..

sächlich als neutraler Dritter zwischen den Parteien agieren kann. Bei einer Outplacement-Beratung durch Mitglieder des Unternehmens erscheint die Neutralität aber allein schon aufgrund der finanziellen Abhängigkeit der Berater beeinträchtigt. Gleichzeitig sind die beratenden Arbeitnehmer auch arbeitsvertraglich zur Wahrnehmung der Unternehmerinteressen verpflichtet. Diese arbeitsvertragliche Treuepflicht ist zwar nicht als besondere persönliche Treuepflicht zu verstehen, verpflichtet den Arbeitnehmer aber, seine Vertragspflichten und die im Zusammenhang mit seinem Arbeitsverhältnis stehenden Interessen des Arbeitgebers so zu wahren, wie dies zumindest nach Treu und Glauben erwartet werden kann.[107] Über das arbeitsvertraglich begründete Weisungsrecht des Arbeitgebers könnte dieser den Ablauf und den Inhalt der Beratungsgespräche einseitig bestimmen. Aus Sicht der ausscheidenden Arbeitnehmer ist damit die Einordnung des beratenden Mitarbeiters als potentieller Interessenvertreter des Arbeitgebers nicht nur nachvollziehbar,[108] sondern auch rechtlich begründbar. Für den internen Outplacement-Berater kann die arbeitsvertragliche Bindung bei der Beratung von langjährigen Mitarbeitern einen Loyalitätskonflikt zur Folge haben.[109] Zusätzlich wird angenommen, daß insbesondere bei ausscheidenden Mitarbeitern aus höheren Hierarchieebenen die Bereitschaft zur Offenlegung von persönlichen Problemen gegenüber beratenden Unternehmensmitarbeitern aus Diskretionsgründen gering ist und der Betreuungsprozeß dadurch schon von Beginn an beeinträchtigt ist.[110]

Zusammenfassend betrachtet, ist es daher nicht überraschend, daß angesichts der besonders sensiblen Stellung des internen Outplacement-Beraters aus der Praxis kaum Berichte über internes Outplacement vorliegen.[111] Die externe Outplacement-Beratung ist die vorherrschende Form der Outplacement-Beratung in der Praxis, obwohl die dargestellten Schwierigkeiten durch Einsatz eines externen Beraters nicht zwangsläufig aufgehoben werden.

1.3.4.2. Externes Outplacement

Beim Einsatz eines unternehmensexternen Outplacement-Beraters ist die Beziehung zwischen Berater und ausscheidenden Mitarbeitern nicht durch eine besondere arbeitsvertragliche Vertrauensstellung des Beraters zum Unternehmer belastet. Die Gefahr der Beeinträchtigung des Beratungsprozesses durch einen Loyalitätskonflikt des Beraters ist nicht gegeben. Für den externen Berater besteht damit die Möglichkeit, gegenüber dem ausscheidenden Mitarbeiter als

---

107 MünArbR-*Blomeyer* § 49-54 ; *Zöllner/Loritz* § 13 III.

108 *Sauer (1991)*, S.138.

109 *Bauer*, RdNr.777.

110 *Sauer (1991)*, S.141.

111 Andererseits vgl. *Janßen* in: Personalführung 1994, S.336.

neutraler Dritter und Vermittler zum Arbeitgeber aufzutreten. Allerdings kann bei der Beurteilung der Stellung des externen Beraters im Beratungsprozeß nicht unberücksichtigt bleiben, daß der externe Outplacement-Berater von der Unternehmerseite beauftragt und bezahlt wird. Aus marktwirtschaftlichen und wettbewerbsorientierten Überlegungen wird sich zumindest ein besonderes Interesse des Beraters an einer erfolgreichen unternehmensbezogenen Beratung – also dem Zustandekommen einer Aufhebungsvereinbarung – gegenüber dem Unternehmer als Auftraggeber nicht vollständig negieren lassen. Der externe Outplacement-Berater ist aus den gleichen Gründen aber auch auf die Zufriedenheit der ausscheidenden Mitarbeiter mit der Beratung angewiesen, um die eigene Markstellung, z.B. durch eine schlechte Leistungsbeurteilung gegenüber dem Unternehmen nicht zu gefährden. Das eigene marktwirtschaftliche Auftreten des Outplacement-Beraters und die fehlende arbeitsrechtliche Pflichtenstellung gegenüber dem Unternehmer werden also eine unabhängige Beratungsstellung des externen Beraters zugunsten des Beratungserfolges fördern. Als Folge der relativen Unabhängigkeit von dem Unternehmen kann der spezialisierte externe Berater zumindest vorbehaltloser von den ausscheidenden Arbeitnehmern als Vertrauensperson und Personalexperte akzeptiert werden.[112]

Im Vergleich zur internen Outplacement-Beratung werden der Beratungserfolg und die Vertrauensbeziehung des Beraters zu dem betroffenen Mitarbeiter damit im wesentlichen durch die Art und Weise der individuellen Betreuung bestimmt. Inwieweit sich der Einsatz eines externen Outplacement-Beraters tatsächlich als eine vorteilhaftere Beratungsform erweist, hängt von der fachlichen Qualifikation des beauftragten Beraters ab. Die fachlichen Anforderungen an einen Outplacement-Berater lassen sich aus den verschiedenen mitarbeiterbezogenen Zielen des Outplacement-Konzeptes ableiten.[113] Es ist zu erwarten, daß der ausscheidende Mitarbeiter in den Beratungsgesprächen seinen Outplacement-Berater zu der Vielzahl von Problemen, die mit dem Ausscheiden aus einem Arbeitsverhältnis in Verbindung stehen, ausführlich befragt. Neben der Beratung bei der beruflichen Neuorientierung wird der Berater mit Fragen zur Gestaltung von Aufhebungsverträgen, Pensionsregelungen, Abfindungszahlungen oder Qualifizierungsmöglichkeiten konfrontiert. Abgesehen von der Fähigkeit zur psychologischen Betreuung ist die Beratung für einen erfolgreichen Positions-

---

[112] *Sauer (1991)*, S.141.

[113] Die Diskussion der fachlichen und persönlichen Anforderungen an einen Outplacement-Berater erfolgt im wesentlichen durch professionelle Beratungsanbieter. Die Beiträge in der personalwirtschaflichen Literatur dienen dem entsprechend gleichzeitig auch der werbewirksamen Bestimmung eigener Qualitätsansprüche. (Vgl. *Norman* in: Personal 1991, S.359 Heft 10 ; *Glasow* in: Personalwirtschaft 1998, S.62 Heft ; *Riechers* in: Personal 1995, Heft 8, S.422; wissenschaftliche Anforderungsformulierung bei: *Sauer (1991)*, S.92f. ; *Schulz/Fritz/Schuppert/Seiwert/Walsh*, S.121ff..)

wechsel daher ohne vertiefte personalwirtschaftliche und arbeitsrechtliche Kenntnisse nur schwer vorstellbar.

1.3.5. Berufsrechtliche Stellung der Berater und Rechtsformwahl

Die berufliche Tätigkeit des Unternehmensberaters ist weder durch besondere Zulassungsvoraussetzungen beschränkt noch durch zwingende Kammergebundenheit oder Berufsrecht reglementiert.[114] Für die Ausübung dieser Tätigkeit bestehen damit keine besonderen fachlichen oder ethischen Standards, aus denen sich für die Berater verschärfte Verhaltenspflichten gegenüber den Klienten ergeben. Bei den Unternehmens- und Personalberatern erscheint diese scheinbare Freistellung von Sorgfaltsanforderungen fragwürdig, da in diesen wirtschaftsnahen Berufen den Beratern ein besonderes Vertrauen hinsichtlich der Fachkompetenz und der verantwortungsbewußten Ausübung der Tätigkeit entgegengebracht wird. Es ist deshalb auch nicht überraschend, daß im Hinblick auf die Anforderungen und Erwartungen des Marktes, viele Berater in den wirtschaftsberatenden Dienstleistungen in der Regel über wirtschaftliche oder juristische Qualifikationen verfügen. Zumindest bei den größeren Personalberatungs- und spezialisierten Outplacement-Beratungsunternehmen setzt sich der Beraterstab zumeist aus langjährig berufserfahrenen Betriebswirten, Ingenieuren, Juristen und Diplompsychologen zusammen.[115] Angesichts der Qualifikationen der Berater und der Markterwartungen wird im folgenden Abschnitt untersucht, inwieweit die Outplacement-Berater den vertrauensschützenden Vorschriften des Handelsrechts unterliegen und in welchen Rechtsformen Outplacement-Berater unternehmerisch tätig werden können.

1.3.5.1. Vor der Handelsrechtsreform von 1998

Bis 1998 billigte § 2 HGB a.F. in Ergänzung zum Katalog der vollkaufmännischen Unternehmen in § 1 II HGB a.F. generalklauselartig die Kaufmannseigenschaft jedem Gewerbetreibenden zu, dessen Unternehmen nach Art und Umfang einen in kaufmännischer Weise eingerichteten Geschäftsbetrieb erforderte und dessen Firma in das Handelsregister eingetragen war. Nach dieser Vorschrift wurden sämtliche gewerblichen Dienstleistungsunternehmen, einschließlich der Unternehmens- und Personalberatungsunternehmen, umfassend dem Handelsrecht unterstellt, sofern sie nicht in Form eines Kleingewerbes betrieben wurden.[116] Anwendungsvoraussetzung war allerdings, daß die Eintragung in das

---

[114] Abgesehen von Selbstverpflichtungen bspw. durch Mitgliedschaft im BDU.

[115] Zu dieser Feststellung führten Nachfragen des Verfassers bei Outplacement-Unternehmen ; siehe auch *Sauer (1991)*, S.93 Fn.53.

[116] MünchKommHGB/*Bokelmann* § 2 RdNr. 2.

Handelsregister tatsächlich vorgenommen wurde. In der Praxis bedeutete dies, daß aufgrund der konstitutiven Wirkung der Handelsregistereintragung ein Unternehmensberater – entsprechend auch der Outplacement-Berater – die Anwendung der handelsrechtlichen Vorschriften zum Vertrauensschutz sowie die Begründung der strengeren Verkehrspflichten eines Kaufmanns selbst bei einem größeren Geschäftsvolumen noch vermeiden konnte, wenn er der Eintragungspflicht schlicht nicht nachkam.[117] Im umgekehrten Fall – dem kleingewerblichen Unternehmensberater, der den Zugang zum Handelsrecht anstrebte – blieb die Gründung von Personenhandelsgesellschaften unmöglich, da der in kaufmännischer Weise eingerichteter Geschäftsbetrieb erforderlich war. Der gewerbliche Outplacement-Berater, der nicht unter den § 1 Abs.2 a.F. HGB fiel, war weder eintragungspflichtig noch eintragungsfähig. Diese Einschränkungen im rechtsgeschäftlichen Verkehr und Umgang mit Unternehmens- oder Personalberatern wurden mit der Handelsrechtsreform und der Beschränkung der Kaufmannseigenschaft auf „Istkaufleute" und „Kannkaufleute" in den §§ 1-5 HGB n.F. erheblich modifiziert.

1.3.5.2. Anwendung und Zugang zum Handelsgesellschaftsrecht

Eine Auswertung der Firmenporträts in dem BDU-Outplacement-Beraterverzeichnis (30 Firmen),[118] der Marktübersicht in der personalwirtschaftlichen Literatur (25 Firmen)[119] und einer führenden Unternehmensdatenbank (58 Firmen)[120] ergibt, daß jeweils über 50 % der Berater als GmbH, ca. 30 % als Einzelkaufleute und ca. 20 % freiberuflich am rechtsgeschäftlichen Verkehr teilnehmen. Der Großteil der Outplacement-Beratung wird also von Kapitalgesellschaften in Form der GmbH angeboten und betrieben. In diesen Fällen findet das Handelsrecht unproblematisch Anwendung, weil diese Kapitalgesellschaften kraft Rechtsform (§ 13 Abs.3 GmbHG, § 3 AktG, § 17 Abs.2 GenG) Kaufleute sind. Sie unterstehen als sog. Formkaufleute gemäß § 6 Abs.2 HGB dem gesamten Handelsrecht, auch wenn als Tätigkeit kein Handelsgewerbe betrieben wird.[121] In den übrigen Fällen beurteilt sich die Kaufmannseigenschaft eines Outplacement-Beraters nach dem Vorliegen eines Handelsgewerbes im Sinne des § 1 Abs.2 HGB, wobei allerdings diese Form der gewerblichen Tätigkeit des Outplacement-Beraters vermutet wird. Das Wort „Handel" ist nach der Neufassung des § 1 Abs.2 HGB ein funktionsloses Tatbestandsmerkmal. Der Begriff

[117] Die Versäumung der registerrechtlichen Anmeldepflicht bleibt allerdings der Sanktion des § 14 HGB ausgesetzt.

[118] Bundesverband Deutscher UnternehmensberaterBDU e.V.: http:\\www.bdu.de

[119] Marktübersicht in: Personalwirtschaft 1998, Heft 4, S.12 ; Personalwirtschaft 1999, Heft 11, S.16.

[120] Hoppenstedt-Groß/Mittelständische Unternehmen: http:\\hoppenstedt.de

[121] HGB-Koller/*Roth*/Morck § 1 RdNr. 28.

des Handelsgewerbes kennzeichnet lediglich diejenigen Gewerbebetriebe, die einen in kaufmännischer Weise eingerichteten Geschäftsbetrieb erfordern. In diesen Fällen besteht die Kaufmannseigenschaft gemäß § 1 Abs.1 HGB kraft Gesetz, ohne daß es auf eine Eintragung in das Handelsregister ankommt. An der gewerblichen Tätigkeit des Outplacement-Beraters bestehen keine Zweifel, weil der einzelne Outplacement-Berater seine Beratungsleistungen entgeltlich interessierten Unternehmen anbietet und das Unternehmensrisiko seiner Tätigkeit trägt.[122] Die Beratungstätigkeit ist nicht als freiberufliche Tätigkeit zu qualifizieren. Die rechtliche Sonderstellung der Freien Berufe bezieht sich nur auf den engen Bereich der historisch tradierten freien Berufsbilder, für die überwiegend auch gesetzlich oder berufsrechtlich angeordnet ist, daß es sich nicht um ein Gewerbe handelt.[123] Ein Kriterium für die Zugehörigkeit zur freiberuflichen Tätigkeit ist die ausgeprägte Kreativität und die höchstpersönliche Leistung aufgrund besonderer – häufig unkaufmännischer – Qualifikation.[124] Eine Einordnung der Personal- und Outplacement-Berater zu dieser Berufsgruppe erscheint insoweit ausgeschlossen, weil die diesen Kriterien zugrundeliegende Annahme von idealistischen Motiven bei der Berufsausübung, selbst bei den historisch anerkannten Freien Berufen kaum noch überzeugen. Außerdem stellt das Handelsrecht bei den wirtschaftsnahen Beratungsberufen mit hohen wirtschaftlichen und juristischen Qualifikationen keine Belastung mehr dar, sondern erweitert die unternehmerischen Möglichkeiten.[125] Die mit der Einordnung verbundene Ausdehnung des nichtgewerblichen Bereichs entgegen den historisch gefestigten Leitbildern wäre daher anachronistisch.[126] Eine Zuordnung der Tätigkeit von Outplacement-Berater zu den Freien Berufen läßt sich auch nicht mit dem Hinweis auf den Katalog der freiberuflichen Tätigkeiten in den § 1 Abs.2 PartGG, § 18 I EstG begründen. Gegenüber dem handelsrechtlichen Begriff der Freien Berufe sind diese Aufzählungen zu weitgehend.[127]

Die Betätigung als Outplacement-Berater kann als eine freiberufliche, gewerbliche Tätigkeit klassifiziert werden, für die der Zugang zum Handelsrecht und Handelsgesellschaftsrecht, sofern nicht § 1 Abs.2 HGB gegeben ist, nach eigener Wahl offen steht. Das heißt, solange die individuelle Leistung eines

---

122 Zu den genauen einzelnen Merkmalen: HK-HGB/*Ruß* § 1 RdNr.28 ; *Schmidt (1999)*, § 9 IV,2 ; BGHZ 63, 32 (33).

123 Vgl. § 2 II BRAO, § 32 StBerG, § 2 II Patentanwaltsordnung, § 130 I WPO, § 1 BundesärzteO, § 2 BnotO.

124 HGB-Koller/*Roth*/Morck § 1 RdNr.13 ; HK-HGB/*Ruß* § 1 RdNr.39.

125 Zur generellen Kritik an der Ausklammerung der freien Berufen aus dem Handelsrecht: *Henssler*, in: ZHF (161) 1997. S. 24f..

126 MünchKommHGB/*Bokelmann* § 1 RdNr. 25 ; vgl. zum Vorschlag der Ablösung der Begriffe Kaufmann und Handelsgewerbe durch Unternehmensträger/Unternehmen: *Schmidt* in: ZIP 1997, S.909 (910 f.).

127 *Schmidt* in: DB 1998, S.61(62) ; HGB-Koller/*Roth*/Morck § 1 RdNr. 13.

Outplacement-Beraters im Vordergrund steht, die keinen in kaufmännischer Weise eingerichteten Geschäftsbetrieb erfordert, ist die Kaufmannseigenschaft gemäß § 2 HGB von der fakultativen Eintragung in das Handelsregister abhängig. Problematisch bleibt dabei die praktische Feststellung, wann ein kaufmännisch eingerichteter Gewerbebetrieb vorliegt.

Zu erwähnen ist, daß für Outplacement-Berater nach § 1 Abs.2 PartGG und entsprechender Qualifikation (z.B. Volks- und Betriebswirte) noch die Möglichkeit besteht, sich zu einer Partnerschaftsgesellschaft zusammenzuschließen. In diesem Fall üben sie gemäß § 1 Abs.1 PartGG kraft Gesetz kein Handelsgewerbe aus, sind also nicht Kaufmann und unterliegen weder der Gewerbe- noch der Körperschaftssteuer.[128] Zudem kann – in engen Grenzen – die persönliche Haftung der Partner beschränkt werden.

1.3.5.3. Zusammenfassung

Zusammenfassend läßt sich festhalten, daß der einzelne Outplacement-Berater nicht der Gruppe der Freien Berufe zuzuordnen ist, sondern im handelsrechtlichen Sinne freiberuflich gewerblich handelt. Das Erfordernis einer kaufmännischen Buchführung wird grundsätzlich unterstellt und damit seine Kaufmannseigenschaft vermutet. Jeder Outplacement-Berater ist daher automatisch Kaufmann, sofern er nicht bloß Kleingewerbetreibender ist und im Zivilprozeß die Kaufmannseigenschaft widerlegt. Eine der wichtigsten Rechtsfolgen daraus ist, daß ihm die ordnungsgemäße Buchführung und Bilanzierung seiner Unternehmung von Gesetzes wegen (§§ 238 ff. HGB) zur Pflicht gemacht wird. Für die Anwendung der handelsrechtlichen Vorschriften hinsichtlich der Rechtsformwahl bedeutet dies, daß Outplacement-Berater neben der Partnerschafts- und Kapitalgesellschaft (GmbH, AG) auch in den gewerblichen Varianten der Personengesellschaften (OHG u. KG) tätig werden können, was ihnen – im Vergleich zu BGB-Gesellschaften – eine einfachere Einrichtung von Haftungsbeschränkungen ermöglicht.

Für den Fall einer ausschließlich kleingewerblichen Outplacement-Beratungstätigkeit kann die Kaufmannseigenschaft und der Zugang zum Handelsgesellschaftsrecht durch die fakultative Eintragung in das Handelsregister erlangt werden.

[128] HK-HGB/*Ruß* § 1 RdNr.26 ; HGB-Koller/*Roth*/Morck § 1 RdNr. 13.

2. Die individualvertraglichen Rechtsbeziehungen der beteiligten Parteien

Im folgenden Abschnitt werden die individualvertraglichen Rechtsbeziehungen – unter Berücksichtigung der inhaltlichen Ausgestaltung der Leistungspflichten – bei der Vereinbarung einer Outplacement-Beratung näher untersucht. Den Anlaß für die rechtliche Erörterung der Rechtsbeziehungen der beteiligten Parteien bilden zwei Faktoren.

Erstens sind an dem Prozeß der Outplacement-Beratung insgesamt drei Parteien beteiligt, was zu der Frage führt, wie die jeweiligen Leistungsbeziehungen rechtlich begründet werden. Dies ist vor allem deshalb interessant, weil die Outplacement-Beratung schwerpunktmäßig zwischen Outplacement-Berater und ausscheidenden Mitarbeiter erfolgt, aber zu Beginn des Beratungsprozesses sich auch direkt an den Arbeitgeber richtet. Zudem trägt der Arbeitgeber die Kosten für die Beratung.

Zweitens ist aus den bisherigen Ausführungen zu erkennen, daß es sich hier um eine Beratungsleistung handelt, bei der ein erfolgreicher Abschluß wesentlich von der tatsächliche Ausführung und der Fachkenntnis des Beraters abhängt. Die Qualität und der genaue Leistungsgegenstand der Outplacement-Beratung werden durch die Person des Outplacement-Beraters bestimmt. Damit stellt sich die Frage, wie das Angebot der Outplacement-Beratung für den ausscheidenden Arbeitnehmer inhaltlich formuliert wird. Diese Frage ist für den ausscheidenden Arbeitnehmer insoweit von besonderer Bedeutung, als zwischen ihm und dem Outplacement-Berater in der Regel keine unmittelbar vertraglich vereinbarte Rechtsbeziehung besteht. Für den Mitarbeiter bedeutet das, daß er auf den Umfang und die Modalitäten der Outplacement-Beratung nur im Rahmen der Verhandlungen über die Beendigung seines Arbeitsverhältnisses Einfluß nehmen kann. Dies führt zu der Frage, welche Rechtsfolgen sich ergeben, wenn die zuvor angekündigten Beratungsleistungen nicht der Vereinbarung, bzw. den Erwartungen entsprechen oder der Outplacement-Berater die Leistung nicht erbringt.

2.1. Die vertragliche Rechtsbeziehung zwischen Arbeitgeber und Berater

Die Outplacement-Beratung wird von den Beratern konzeptionell als eine unternehmensorientierte Dienstleistung angesehen, weil die Motive und der Anlaß für das Angebot und den Einsatz von Outplacement betriebswirtschaftlich und unternehmenspolitisch begründet sind.[129] Im Mittelpunkt der beratenden Tätigkeit steht zwar der einzelne betroffene Arbeitnehmer, als Adressat des Dienst-

[129] Vgl. Kapitel: II.1.2.3. (S.41).

leistungskonzepts wird aber das Unternehmen angesehen. Einzelne Arbeitnehmer, deren Trennungsvorgang bereits abgeschlossen ist, werden von den Outplacement-Beratern nicht als Zielgruppe gesehen, weil der Kontakt zum Unternehmen – vorrangig aus Wettbewerbsgründen – angestrebt wird.

Die Untersuchung der Rechtsbeziehungen zwischen den beteiligten Parteien beginnt infolgedessen mit der Erörterung der Vertragsbeziehung zwischen dem Outplacement-Berater und dem Arbeitgeber, weil der leistungsbegründende Beratungsauftrag fast ausschließlich zwischen dem Unternehmen und dem Outplacement-Berater vereinbart wird. Abgesehen von der unternehmensorientierten Ausrichtung der Beratung, beruht dies vor allem auf steuerrechtlichen Gründen, weil beim Arbeitnehmer die einkommenssteuerliche Erfassung der Beratung vermieden werden soll.[130] Dazu wird zwischen Arbeitgeber und Berater der Outplacement-Beratungsvertrag vereinbart – in Einzelfällen werden in den Beratungsverträgen die unternehmensbezogenen Beratungsbausteine zusätzlich besonders hervorgehoben –, um die Beratung beim Arbeitgeber als Betriebsausgaben – in Form einer Unternehmensberatung – steuerlich absetzen zu können.

Bei der Untersuchung dieser Rechtsbeziehung wird zwischen der Individual-Beratung und einem Gruppen-Outplacement differenziert, da bei der Erörterung der Rechtsverhältnisse im Rahmen der Durchführung eines Gruppen-Outplacements die regelmäßig vorhandene kollektivrechtliche Anspruchsgrundlage mit berücksichtigt werden soll.

2.1.1. Individual-Outplacement

Der Zeitpunkt des Abschlusses des Beratungsvertrages richtet sich danach, wann dem betroffenen Mitarbeiter die Entlassungsentscheidung mitgeteilt und das Beratungskonzept vorgestellt wurde. Wenn der Outplacement-Berater das Entlassungsvorhaben auf Unternehmerseite bereits betreut hat, erfolgt das erste Gespräch zwischen ihm und dem ausscheidenden Arbeitnehmer meist direkt im Anschluß oder am darauffolgenden Tag. In diesem ersten Informationsgespräch wird dem Mitarbeiter der Beratungsablauf sowie die inhaltliche Gestaltung vorgestellt. Vereinzelt bestehen zwischen den Beratern und den Unternehmen Rahmenverträge, die vorsehen, daß an erster Stelle die Beratung dieses Outplacement-Beraters dargestellt und angeboten wird. Für den Fall eines erfolgreichen Informationsgespräches und der Übernahme der Beratung sehen diese Rahmenverträgen häufig Honorarrabatte oder -staffelungen vor. Grundsätzlich besteht für den betroffenen Arbeitnehmer jedoch die Möglichkeit, sich noch bei anderen Outplacement-Beratern über das Beratungsprogramm zu informieren.

---

130 Vgl. zur steuerrechtlichen Behandlung von Outplacement-Beratungen Kapitel: V.(S.197).

Sobald sich sowohl der Arbeitnehmer als auch der Outplacement-Berater auf die Übernahme der Beratung geeinigt haben, vereinbart der Berater mit dem Arbeitgeber den leistungsbegründenden Outplacement-Beratungsvertrag.

2.1.1.1. Inhalt des Beratungsvertrages

In der Praxis unterscheiden sich die Beratungsverträge in formaler und inhaltlicher Hinsicht. Soweit ersichtlich, bestehen die wesentlichen Unterschiede in der genauen Definition der Beratungsleistungen. Daneben ergeben sich auch Unterschiede bei der ausdrücklichen Aufnahme von vertraglichen Nebenpflichten (z.B. Datenschutz) und Absprachen über die vorzeitige, einseitige Beendigung (Kündigung) der Beratung. In Abhängigkeit vom Umfang dieser Regelungsabreden variiert die Vertragsfassung. Zum Teil beschränkt sich der Beratungsvertrag auf eine halbseitige Absprache, zum Teil erstrecken sich die Konditionen über mehrere Seiten. Häufig erfolgt die rechtsverbindliche Beauftragung des Outplacement-Beraters auch über ein Schreiben mit der Zustimmung zu einem zuvor ausgearbeiteten und vorliegendem Beratungskonzept.

Aufgrund der Vielzahl inhaltlicher Gestaltungsvarianten wird nachfolgend beispielhaft die Gestaltung und Formulierung einer Absprache zwischen Outplacement-Berater und Arbeitgeber in einem Outplacement-Beratungsvertrag wiedergegeben. Es handelt sich dabei um einen ausführlicheren Beratungsvertrag, so daß wesentliche Vertragsbestandteile und Nebenabsprachen aufgezeigt werden können. Auf mögliche, zusätzliche Abreden oder abweichende Regelungen wird im Anschluß eingegangen.

Outplacement-Beratungsvertrag

zwischen

<Arbeitgeber>

und

<Berater>

*über eine **Beratung zur beruflichen Neuorientierung** von <ausscheidendem Arbeitnehmer – Klient>*

1. Vertragsgegenstand

1.1 Der Auftraggeber beauftragt die Beratungsgesellschaft, den Klienten im Rahmen seiner beruflichen Neuorientierung zu beraten.

1.2 Die Beratungsleistung besteht im wesentlichen aus folgenden Bausteinen:

1. Erwartungen der Beratung gegenüber
- *Aktuelle Situation*
- *Rechtliche / Steuerliche / Finanzielle Aspekte*
- *Zeitplan/Ablauf*

2. Lebensinterview
- *Biographie*
- *Ausbildung*
- *Berufliche Wunschvorstellung / Lebensplanung*

3. Analyse des beruflichen Werdegangs
- *Arbeitgeber*
- *Verantwortungsbereiche / Position / Kompetenzen*
- *Selbst-/Fremdeinschätzung*
- *Stärken & Schwächen*

4. Einzel-Assessment
- *Leistungstests / Persönlichkeitstest*
- *Einschätzung der sozialen Kompetenz*

5. Ziele definieren
- *Berufliche Zielsetzungen festlegen*
- *Bestimmung der Zielgruppe*
- *Informationsquelle*

6. Aufarbeitung der Unterlagen
- *Erstellung des Lebenslaufs*
- *Erarbeitung des Zeugnisses / Einholung von Referenzen*

7. Kommunikationstraining
- *Eigenpräsentation*
- *Telefon-Leitfaden*
- *Interviewfragen / Eigene Fragen*
- *Videotraining*

8. Selbstvermarktung
- *Strategie und Zielgruppenorientierung*
- *Die richtigen Methoden / Marketingplan:*
  - *-Stellenangebote / Stellengesuche*
  - *-Direktansprache*
  - *-Staatliche/private Arbeitsvermittlung*
  - *-Personalberater*
  - *-Kontaktnetz*

9. Bewerbungskampagne
- *Bewerbungsmanagment*
- *Gesprächsvor- und nachbereitung*
- *Qualitätskontrolle und –optimierung*
- *Angebotsanalyse*
- *Vertragsverhandlungen / Vertragsabschluß*

10. Coaching
- *Vorbereitung auf die neue Position*
- *Einarbeitungsplan*
- *Beendigung der Probezeit*

Die individuellen Bedürfnisse und Ansprüche des Klienten im Hinblick auf die Vorgehensweise und die Detailinhalte werden berücksichtigt.

1.3 Die Beratungsgesellschaft leistet für die Dauer des Beratungsvertrages Unterstützung durch Büro- und Sekretariatsservice, ohne daß Anspruch auf einen persönlichen Büroarbeitsplatz besteht.

1.4 Der bis zum Abschluß der Beratung anfallende Beratungsaufwand bleibt das Risiko der Beratungsgesellschaft.

Das Beratungsverhältnis endet, wenn der Klient in einer neuen Position reüssiert, bzw. 6 Monate nach Aufnahme einer selbständigen Tätigkeit. Im Falle des Nicht-Reüssierens nimmt die Beratungsgesellschaft die Beratung noch einmal unentgeltlich auf.

1.5 Absolute Vertraulichkeit und die Beachtung einschlägiger Rechtsvorschriften (z.B. Datenschutzgesetz) werden zugesichert.

1.6 Der Auftraggeber versichert der Beratungsgesellschaft, daß keine Probleme des Klienten (z.B. Krankheiten) einer erfolgreichen Neuorientierung entgegenstehen.

2. *Konditionen der Beratung*

2.1 Das Honorar der Beratungsgesellschaft beträgt ... % des aktuellen Bruttojahreseinkommens des Klienten.

2.2 Für administrative Aufwendungen im Rahmen der Beratungsarbeit wird eine Pauschale von DM <Betrag> erhoben. Darüber hinausgehende Spesenberechnung entfällt.

2.3 Auf sämtliche Honorare wird die gesetzliche Mehrwertsteuer von 16 % erhoben.

2.4 Der Rechnungsbetrag ist in einer Summe nach Aufnahme der Beratungsarbeit und Rechnungsstellung fällig.

3. Gerichtsstand

> *Für eventuelle Streitigkeiten aus diesem Vertrag gilt <Stadt> als Gerichtsstand vereinbart.*

<Ort, Datum>

______________________	______________________
<Berater>	<Arbeitgeber>

Bei dieser Vertragsgestaltung sind für den ausscheidenden Mitarbeiter der Vertragsgegenstand und der Leistungsumfang weitgehend erkennbar. Die Schwierigkeiten bei der Definition der Leistungspflichten für eine Beratungsleistung werden durch die fast vollständige chronologische Wiedergabe des Beratungsablaufs unter Aufgliederung der einzelnen Beratungsbausteine überwunden. Der genaue Inhalt und Umfang von einzelnen Beratungsschritten erschließt sich zwar nicht immer klar aus der sprachlichen Diktion (z.B. Bestimmung der Zielgruppen, Interviewfragen), die vertragliche Leistungspflicht für den einzelnen Beratungsbaustein wird durch die Untergliederung und den Kontext der einzelnen Beratungsphasen aber enger definiert. Eine im Einzelfall denkbare, weitergehende Definition des Inhalts oder Umfangs der Beratungsbausteine kann sich im Verlauf der Beratung auch als Handikap erweisen. Dies ist der Fall, wenn der vertraglich vorgesehene Umfang und Inhalt einer Beratungsphase den Defiziten oder vorhandene Kenntnissen des betroffenen Mitarbeiters nicht in der erforderlichen Weise gerecht wird. Aus diesem Grund sieht dieser Vertrag ausdrücklich vor, daß

> *„die Bedürfnisse und Ansprüche des Klienten bezüglich der Vorgehensweise und der Detailinhalte berücksichtigt werden."*

Da grundsätzlich davon ausgegangen werden kann, daß der Outplacement-Berater an der einvernehmlichen Durchführung der Beratung interessiert ist, stellt das vorangestellte Beispiel für einen Outplacement-Vertrag eine sachgerechte Möglichkeit zur vertraglichen Definition der Leistungspflichten dar.

2.1.1.1.1. Leistungspflichten des Beraters

Die Leistungspflichten des Beraters umfassen die Beratungsleistungen[131] der einzelnen Beratungsphasen, die im Zusammenhang mit der Darstellung des

---

[131] Vgl. Kapitel: II.1.3.1. (S.43)

Beratungskonzepts aufgezeigt wurden.[132] Um diese Beratungsleistungen rechtsverbindlich in einem Vertrag zu vereinbaren, müssen die einzelnen Beratungsschritte als Leistungspflichten in die Absprache aufgenommen werden. Auf die ausführliche Aufnahme der einzelnen Beratungsbausteine – wie in dem vorangestellten Vertragsbeispiel – wird jedoch häufig verzichtet. Anstelle einer umfangreichen Aufschlüsselung der einzelnen Beratungsleistungen in den verschiedenen Beratungsphasen wird oft eine allgemeine Vereinbarung über den Zweck der Beratungsleistungen formuliert. Dies gibt dem Outplacement-Berater die Möglichkeit die Durchführung der Beratung weitgehend allein festzulegen. Für den betroffenen Arbeitnehmer führt die vage Formulierung der vertraglichen Leistungspflichten dazu, daß er die Erfüllung der konzeptionell vorgesehenen Beratungsleistungen kaum beurteilen kann. Nur ein detaillierter Beratungsvertrag erlaubt es dem betroffenen Arbeitnehmer, die aktuelle Beratungsphase und die vorgesehenen Beratungsleistungen genau zu erkennen. Ohne eindeutig definierte Leistungspflichten besteht die Gefahr, daß der Outplacement-Berater den Arbeits- und Zeitaufwand für die Outplacement-Beratung zugunsten eigener wirtschaftlicher Interessen disponiert.

Es ist daher nicht überraschend, daß nach Kenntnis des Verfassers zum Teil sehr abstrakte Formulierungen der Beratungsleistungen von Seiten der Berater verwendet werden. Diese beschränken sich zum Teil darauf, daß in den Verträgen die vertragliche Beratungspflicht allein durch den Zweck der Beratung definiert wird; z.B.:

> *„den Klienten umfassend bei der Suche nach einer neuen Arbeitsstelle zu beraten und zu unterstützen"*

In diesem Fall ist zweifelhaft, ob die bloße Wiedergabe des Beratungszwecks einen rechtlich wirksamen Beratungsvertrag begründen kann. Die Vertragsparteien müssen zwar nicht bereits bei Vertragsschluß alle Einzelheiten der Leistungspflicht festlegen – die Leistungsbestimmung kann gemäß § 315 ff. BGB noch nachträglich einer der Parteien obliegen – die Bestimmbarkeit der Leistungspflichten gehört aber zu den *essentialia negotii* einer Vertragsabsprache. Eine wirksame Einigung und Bindung ist abzulehnen, wenn eine eindeutige

[132] Neben den einzelnen Beratungsbausteinen ist von besonderer Bedeutung – inbesondere Hinblick auf eine Wiederaufnahmepflicht – die Absprache über die Dauer der Beratung. Hierzu wurde bereits ausgeführt (S.58/62), daß die Leistungspflicht häufig bis zur beruflichen Neupositionierung unbefristet ist. Oftmals dauert die Beratungspflicht – in Form einer Coaching-Beratung – noch für eine Zeitspanne zur Eingliederung in das neue Arbeitsfeld an. Deshalb läßt sich eine generelle Aussage zu der Dauer der Beratungsleistung nicht treffen, weil die Beratungsverträge sowohl bei der Frage der Befristung (Höchstfristen) als auch bei der Frage der Wiederaufnahme (eimalig/unbegrenzt) variieren.

Bestimmbarkeit des Inhalts der Leistungen nicht möglich ist.[133] Diese Bestimmbarkeit der Leistung ist eine Auslegungsfrage im Einzelfall. Problematisch bei der allgemeinen Formulierung des Beratungsgegenstandes ist, daß sich daraus keine Anhaltspunkte ergeben, wie die Beratung in Wirklichkeit zu erbringen ist.[134] Die Fachgruppe Outplacement des BDU e.V. hat für die vertragliche Vereinbarung der Leistungspflichten Mindestanforderungen benannt. Neben der Verpflichtung zur eindeutigen Vereinbarung über den Inhalt und Umfang der Beratungsleistungen und über die Höhe der Honorarforderungen, wird dazu auf einzelnen Leistungsbedingungen (Büroservice, Beratungsdauer, Wiederaufnahme der Beratung) bestanden.[135] Die Selbstverpflichtungen der Berater im BDU e.V. spiegelt die Bemühung der Outplacement-Berater wider, die Leistungen und die eigene Tätigkeit einsichtiger zu machen, um unseriöser Beratung vorzubeugen und das Ansehen der Berater-Branche zu fördern.

Bei der vertraglichen Gestaltung der Leistungspflichten sind jedoch noch weitergehende Regelungen denkbar, die für die Durchführung der Beratung (Abschluß von Arbeits- und Wegeunfallversicherung) für den betroffenen Mitarbeiter von besonderer Bedeutung sein können.[136] Zum Teil betrifft dies auch die Frage von zusätzlichen Nebenpflichten (z.B. Verschwiegenheitspflichten, Verbot von entgeltlicher Arbeitsvermittlung), auf die noch gesondert eingegangen wird.[137] Für den Arbeitnehmer stellt sich vor allem die Frage, welche Regelungen in dem Vertrag vorgesehen sind, die die Erbringung der Beratungsleistung gefährden oder gewährleisten. Dies betrifft in ersten Linie die Regelung über rechtliche Konsequenzen für den Arbeitnehmer, wenn es zwischen ihm und dem Berater zu Komplikationen kommt. In diesem Fall sind insbesondere vertraglich eingeräumte Rücktritts- oder Kündigungsrechte des Beraters fragwürdig, wenn für die ausscheidenden Arbeitnehmer keine Ersatz- oder Entschädigungsregelungen aufgenommen werden. So überläßt beispielsweise ein Outplacement-Beratungsvertrag mit der Klausel, daß der

> *„Berater das Recht hat, den Vertrag zu kündigen und die Beratung abzubrechen, wenn der Klient ein Verhalten zeigt, das den Erfolg seiner Aktivitäten wenig wahrscheinlich werden läßt“*,

dem Berater eine unbegrenzte Einschätzungsprärogative, die es ihm ermöglicht, sich jederzeit von einem aussichtslosen – und damit unwirtschaftlichen Bera-

---

133 RG v.30.09.1914 in: RGZ 85, 291 ; Palandt-*Heinrichs* Einf.§ 241 RdNr.3.

134 So auch LG Stuttgart v. 10.09.1990 in: MDR 1981, S.140 (Kurs zur Persönlichkeitsstabilisierung) ; LG Duisburg v.06.10.1980 in: MDR 1981, S.315 (Nachilfe).

135 Vgl. den entsprechenden 3. Grundsatz der BDU e.V. Fachgruppe Outplacement.

136 Zu den Mindestanforderungen nach belgischen Kollektivrecht: *Kibler* in: RdA 1996, S.366(370).

137 Vgl. Kapitel: II.2.1.1.1.2. (S.78).

tungsauftrag – zu lösen. Soweit ersichtlich, enthalten die Outplacement-Beratungsverträge in Deutschland auch keine Regelungen, die Einwendungen des Beraters gegen die Beratungspflicht wegen Nichterfüllung des Vertrages (§ 334 BGB) von Seiten des Arbeitgebers ausschließen.[138]

Die fakultative Etablierung von Vertragsklauseln, die eine einseitige Aufrechterhaltung der Leistungsverpflichtung vorsehen, kann auf individualvertraglicher Ebene kaum erwartet werden. Angesichts der von den vertragsschließenden Parteien zuvor erklärten Übernahme von sozialer Verantwortung für den ausscheidenden Mitarbeiter – Angebot der Outplacement-Beratung einerseits und Übernahme der Betreuung andererseits – würden weitergehende Regelungen zum Interessenschutz des betroffen Mitarbeiters den Anspruch des Outplacement-Konzepts allerdings deutlich unterstreichen.

2.1.1.1.2. Nebenpflichten des Beraters

Die meisten Outplacement-Beratungsverträge betonen die vertraglichen Nebenpflichten im Verhältnis zwischen auftraggebendem Arbeitgeber und Outplacement-Berater. Unstreitig haben die unmittelbar vertragsschließenden Parteien sich bei der Abwicklung eines Schuldverhältnisses so zu verhalten, daß Rechtsgüter des anderen Teils nicht verletzt werden.[139] Der Berater und der Arbeitgeber haben aber nicht nur alles zu unterlassen, was den erfolgreichen Abschluß der Beratung gefährdet, sondern es ergeben sich aufgrund der Vertragsbeziehung weitergehende Schutzpflichten. Entsprechend der Natur eines Beratungsvertrages ist besonders die Verschwiegenheit des Vertragspartners über Kenntnisse aus seiner Beratungstätigkeit für den anderen Teil von großer Bedeutung. Der Outplacement-Berater erlangt in den verschiedenen Beratungsphasen betriebliche und persönliche Informationen von den beteiligten Parteien. So kann der Berater in der Phase der unternehmensbezogenen Beratung vertieften Einblick in gegenwärtige oder zukünftige Umstrukturierungspläne oder sonstige betriebliche Angelegenheiten erhalten, die aus unternehmenspolitischen oder Wettbewerbsgründen nicht weiter nach außen dringen sollen. In der Regel wird in die Beratungsverträge daher die Pflicht zur Verschwiegenheit über geschäftliche und betriebliche Kenntnisse noch einmal ausdrücklich aufgenommen.

Nur in wenigen Outplacement-Beratungsverträgen werden hingegen Nebenpflichten des Beraters gegenüber dem betroffenen Arbeitnehmer aufgenommen. So sind Abreden über die Vertraulichkeit der Informationen im Verhältnis zwi-

---

[138] Im belgischen Kollektivvertrag ist ein solcher Einwendungsverzicht vorgesehen: vgl. *Kibler* in: RdA 1996, S.366(370).

[139] Allgemeiner Grundsatz aus § 242 BGB ; vgl. Palandt-*Heinrichs* § 242 RdNr.23.

schen Berater und Arbeitnehmer nur ausnahmsweise in Beratungsverträgen wiederzufinden.[140] Dabei sind die vertraglichen Nebenpflichten aus dem Outplacement-Vertrag in Bezug auf den vertraulichen Umgang mit Informationen aus der Durchführung der Beratungsleistungen nicht auf das Verhältnis der vertragschließenden Parteien beschränkt.[141] Vielmehr ist die Pflichtenstellung des Beraters um das Verhältnis zum Arbeitnehmer erweitert, weil der Hauptteil der vertraglichen Leistungspflicht die arbeitnehmerbezogene Beratung bildet. Zwischen dem Berater und dem Arbeitnehmer besteht aufgrund des eigentlichen Leistungsvollzugsverhältnisses ein vertragsähnliches Vertrauensverhältnis.[142] Wie dargestellt,[143] ergeben sich für den Berater sowohl für den Zeitraum der Datenspeicherung als auch für den Umgang mit den persönlichen Daten seiner Klienten gesetzliche Vorgaben aufgrund datenschutzrechtlicher Bestimmungen. Der Outplacement-Berater befindet sich dementsprechend in einer doppelten Pflichtenstellung und ist zur vertraulichen Behandlung der persönlichen Angaben des Arbeitnehmers und des Arbeitgebers verpflichtet. Für den Berater bedeutet dies vor allem, daß er persönliche Daten über seine Klienten, die im Zuge der Beratungsgespräche angelegt wurden, nicht ohne dessen Zustimmung weitergeben darf. Die Pflicht zur vertraulichen Behandlung der persönlichen Daten seiner Klienten hat der Berater insbesondere zu beachten, wenn er den auftraggebenden Arbeitgeber über den Fortgang der Beratung regelmäßig informiert. Der festzustellende Verzicht auf entsprechend klarstellende Klauseln in den meisten Beratungsverträgen läßt die unternehmensorientierte Ausrichtung der Outplacement-Dienstleistung erkennen.

In der personalwirtschaftlichen Literatur[144] wird teilweise ausgeführt, daß sich aus den nebenvertraglichen Vertrauens- und Treuepflichten weitere Verhaltenspflichten für den Outplacement-Berater ergeben. In erster Linie wird diskutiert, ob der Berater Arbeitsvermittlungsaufträge annehmen darf oder ob diese Tätigkeiten im Widerspruch zu den Zielen von Outplacement stehen und für den Berater zu einem Interessenkonflikt führen.[145] Hier ist zunächst festzustellen, daß die Vornahme von Vermittlungsmaßnahmen ein wirkungsvoller Bestandteil der Outplacement-Beratung – insbesondere beim Gruppen-Outplacement – ist und von vielen Outplacement-Beratern auch praktiziert wird. Allerdings birgt eine entgeltliche Vermittlungstätigkeit für einen künftigen Arbeitgeber die Gefahr, daß die eigentliche Outplacement-Beratung reduziert wird und der Berater sich des Klienten – entgegen den zuvor erarbeiteten beruflichen

140 Dies wird im 1. Grundsatz der Fachgruppe Outplacement im BDU aber gefordert.
141 BGH 9, 318 ; Palandt-*Heinrichs* Einf.§ 328 RdNr.5.
142 Vgl. Kapitel: II.2.3. (S.100).
143 Vgl. §§ 27 BDSG ; siehe auch S.52.
144 Vgl. *Stoebe* in: Personalführung 1993, S.426 ff..
145 Dagegen wendet sich *von Rundstedt* in: Personalwirtschaft 1999, Heft 11, S.53.

Zielsetzungen – mit der Zuweisung einer freien Stelle schnell entledigen wird. Dieser praxisnahen Annahme kann schwerlich entgegengehalten werden, daß sich die Outplacement-Tätigkeit von einer entgeltlichen Arbeitsvermittlungstätigkeit in der Praxis trennen läßt, insbesondere bei kleineren Personalberatungsfirmen werden sich die Kenntnisse von Suchanfragen und Beratungsklienten immer überschneiden.

Außerdem beeinflußt die Kombination von Outplacement und entgeltlicher Arbeitsvermittlung sowohl die Ausführung der Vermittlungsaufträge als auch die Outplacement-Beratung in unredlicher Weise, wenn sich die Suche auf die vorhandenen Beratungsklienten bzw. auf Suchaufträge beschränkt. Wegen der Möglichkeit der doppelten Honorarberechnung (Outplacement-Honorar und Vermittlungshonorar) werden hier gehobene Ansprüche an die Integrität des Beraters gestellt. Eine originäre vertragliche Nebenpflicht aus § 242 BGB zum Outplacement-Vertrag auf die generelle Unterlassung entgeltlicher Arbeitsvermittlung wird sich deswegen aber noch nicht begründen lassen. Von einem ununterbrochenen Gleichlauf von Beratungs- und Suchaufträgen kann nicht ausgegangen werden. Bei den bestehenden vertraglichen Treuepflichten erscheint es allerdings naheliegend, daß wegen der möglichen Auswirkungen der Verbindung von Outplacement-Beratung und entgeltlicher Vermittlungstätigkeit auf die Durchführung der jeweils vertraglich vereinbarten Dienstleistung zumindest eine Aufklärungspflicht gegenüber den Klienten und Auftraggebern über die Tätigkeit in beiden Branchen besteht.

Letztendlich liegt die Berücksichtigung dieser Verhaltensanforderungen – unter Wettbewerbsgesichtspunkten – im eigenen Interesse des Outplacement-Beraters, weil sich sowohl die Outplacement-Beratung als auch die entgeltliche Personalvermittlung nur bei einer interessengerechten Durchführung der Beratungs- und Suchaufträge dauerhaft praktizieren läßt.

2.1.1.1.3. Leistungspflichten des Arbeitgebers

Die vertragliche Leistungspflicht des Arbeitgebers besteht in der Übernahme der fälligen Kosten für die Beratungsleistung. Als unternehmensbezogene Beratungsleistung wird die Übernahme von Beratungsaufträgen auf Kosten des einzelnen Bewerbers von Outplacement-Beratern vermieden. Wie die Kostenübernahme im einzelnen vereinbart wird – Aufteilung oder vollständige Übernahme durch den Arbeitgeber – ist Gegenstand der Vereinbarung zwischen Arbeitgeber und ausscheidendem Arbeitnehmer und wird in diesem Zusammenhang erörtert.[146] Neben die Pflicht zur Vergütung des Beraters tritt gegebenenfalls noch die Erklärung, daß der Arbeitgeber den Arbeitnehmer für die

---

[146] Vgl. Kapitel: II.2.2.1.1.1.(S.91).

Beratung von seiner bisherigen Tätigkeit freistellt. Diese Abrede wird aber ebenfalls zwischen Arbeitgeber und Arbeitnehmer getroffen und ist nicht Bestandteil des Outplacement-Vertrages zwischen Arbeitgeber und Berater.

2.1.1.2. Rechtsnatur des Beratungsvertrages

Auf der Grundlage der Darstellung des Inhalts des Outplacement-Beratungsvertrages und der vorgesehenen Beratungsleistungen kann die Rechtsnatur des Beratungsvertrages bestimmt werden. Unter Berücksichtigung der Zielsetzung des Outplacement-Konzepts – den Klienten beruflich neu zu positionieren – kommen als mögliche Vertragstypen vornehmlich der Dienstvertrag oder der Werkvertrag in Frage. Eine Qualifizierung des Vertrages als Maklervertrag läßt sich mit dem zugrundeliegenden Konzept der vorgesehenen vertraglichen Leistungspflichten offensichtlich nicht vereinbaren, da an erster Stelle die Beratung und Unterstützung bei der Eigenbewerbung steht und der Outplacement-Berater sich eben nicht zur Vermittlung eines Arbeitsplatzes verpflichtet.[147]

Angesichts der verschiedenen Beratungsphasen und -schritte kann auf den ersten Blick nicht bestimmt werden, ob der Vertrag überwiegend werk- oder dienstvertraglichen Charakter besitzt. Grundsätzlich sehen beide Vertragstypen die Erbringung von Leistungen gegen Entgelt vor. Dies ist beim Outplacement-Vertrag eindeutig gegeben, da der Berater nur gegen Honorar die Beratung zur beruflichen Neuorientierung übernimmt. Das Wesensmerkmal des Werkvertrages ist darüber hinaus die Herbeiführung eines bestimmten Arbeitsergebnisses, bzw. Erfolges im Austausch gegen die Vergütung. Dieser Erfolg kann sich sowohl in einem körperlichen als auch in einem unkörperlichen Arbeitsergebnis ausdrücken. Dies führt zu der Frage, ob bereits der Gegenstand von einzelnen Beratungsschritten (Erarbeitung der beruflichen Zielvorstellung, Erstellung von Bewerbungsunterlagen, Steigerung der Kommunikationsfähigkeiten) die Outplacement-Vereinbarung als Werkvertrag qualifiziert. Zudem werden diese Beratungsschritte mit der Zielsetzung unternommen, den Abschluß eines neuen Arbeitsvertrages für den Arbeitnehmer zu ermöglichen. Vor diesem Hintergrund ist es nicht abwegig, den Abschluß des Arbeitsvertrages quasi als geschuldetes, zentrales Beratungsergebnis anzusehen. Dafür würde auch sprechen, daß die meisten Beratungsverträge vorsehen, daß die Beratungspflicht erst mit dem Abschluß des Arbeitsvertrages endet, teilweise sogar erst daran anknüpft (Coaching, Wiederaufnahmepflicht).

Den Abschluß des neuen Arbeitsvertrags als geschuldetes Leistungsergebnis aus dem Outplacement-Vertrag zu betrachten, geht aber insofern an der Realität vorbei, als der Abschluß des neuen Arbeitsvertrages nicht allein von den Bemü-

[147] So auch *Kibler* in: RdA 1996, S.366(369).

hungen des Beraters abhängt.[148] Unter dem Wesensmerkmal der Herbeiführung eines Erfolges kann jedoch nur ein Ergebnis verstanden werden, das unmittelbar durch die Tätigkeit des Unternehmers herbeigeführt wird, nicht aber noch der nach dem Zweck erhoffte endgültige Erfolg.[149] Das bedeutet, daß als geschuldetes Ergebnis des Outplacement-Vertrages vorrangig die fortgesetzte Betreuung und Beratung als solche anzusehen ist. Dies wird auch dadurch deutlich, daß das Honorar des Beraters mit der Aufnahme der Beratungstätigkeit fällig wird und es an dem erkennbaren Willen der Parteien fehlt, daß die Erfüllung der Beratungspflicht – deren Dauer teilweise einer Beratungshöchstfrist unterliegt – von der Erlangung einer neuen Beschäftigungsposition abhängt. Aus diesen Gründen sind die Leistungen in den einzelnen Beratungsschritten nur als Bestandteile einer insgesamt dienstvertraglichen Verpflichtung des Beraters anzusehen. Lediglich dann, wenn sich die Vertragspflicht atypisch auf die Erteilung eines einzelnen Rats oder der bloßen Anfertigung der Bewerbungsunterlagen beschränken würde, müßte man die Vereinbarung als werkvertragliche Absprache qualifizieren.[150] Im Hinblick darauf, daß der Berater selbst unternehmerisch tätig ist und über besonderes Fachwissen verfügt, ist der Outplacement-Vertrag folglich als sog. freier Dienstvertrag einzustufen.[151] Für die Annahme eines besonderen Geschäftsbesorgungscharakters dieses Dienstvertrages gibt es keinen Anlaß,[152] da es sich um eine dauerhafte beratende und überwachende Dienstleistung handelt.[153]

Zur abschließenden rechtlichen Qualifizierung des Outplacement-Vertragstyps ist festzustellen, daß die Beratungspflichten aus dem Vertrag vom Outplacement-Unternehmen unmittelbar gegenüber dem betroffenen Mitarbeiter zu erbringen sind. Es handelt sich bei dem Outplacement-Vertrag folglich um einen freien Dienstvertrag, der rechtlich als Dienstvertrag zugunsten eines Dritten ausgestaltet ist. Auf die Frage, ob es sich um einen echten oder unechten Vertrag zugunsten des ausscheidenden Arbeitnehmers handelt, wird im Zusammenhang mit der Erörterung der Rechtsbeziehung zwischen Arbeitnehmer und Berater eingegangen.[154]

---

148 So auch OLG Köln v. 05.07.1996 in: BB 1996, S.1889 (bzgl. Personalberatungsverträgen).

149 Palandt-*Heinrichs* Einf.§ 631 RdNr.1 ; *Medicus* SR BT § 99 I,2b).

150 Vgl. *Kibler* in: RdA 1996, S.366(369).

151 Siehe auch HansOLG Hamburg v.03.12.1970 in: MDR 1971, S.216 (zu Lehrgangsunternehmen) ; OLG Nürnberg v. 23.09.1971 in: BB 1972, S.61 (zu Sprachkurse).

152 So aber *Kibler* in: RdA 1996, S.366(369).

153 Vgl. Palandt-*Putzo* Einf.§611 RdNr.21 (zu Rechtsanwaltsberatungsverträgen).

154 Vgl. Kapitel: II.2.3. (S.100).

2.1.2. Gruppen-Outplacement

Die Rechtsbeziehung zwischen Arbeitgeber und Outplacement-Berater unterscheidet sich bei der Vereinbarung eines Gruppen-Outplacement in ihrer rechtlichen Begründung nicht von der Vereinbarung eines Individual-Outplacement-Programms. Allerdings werden die Regelungen über den genauen Inhalt und die Durchführung des Beratungsprogramms meist sehr viel detaillierter schriftlich vereinbart als dies beim Individual-Beratungsvertrag der Fall ist. Dies hängt damit zusammen, daß aufgrund der Teilnehmerzahl und des Seminarcharakters der Beratung neben den Beratungsbausteinen auch der organisatorische Ablauf (zeitlicher Rahmen/Veranstaltungsort) im vorhinein festgelegt werden müssen. Für den Inhalt einer solchen Vereinbarung kann auf die obigen Ausführungen verwiesen werden.[155] Die Vereinbarung ist rechtlich aus den gleichen Gründen, die für die rechtliche Qualifizierung des Individual-Outplacement-Vertrages maßgeblich waren, als sog. freier Dienstvertrag zugunsten der betroffenen und stets namentlich bekannten Arbeitnehmer einzustufen. Ein weiterer Grund dafür, weshalb die Beratungsleistungen in einem Gruppen-Outplacement-Vertrag ausführlicher aufgenommen werden, ist darin zu sehen, daß der Durchführung eines Gruppen-Outplacements regelmäßig eine umfangreichere Personalmaßnahme zugrunde liegt, an der auch der Betriebsrat beteiligt ist. Den an dieser Vereinbarung beteiligten Arbeitnehmervertretern wird das ausgearbeitete Beratungsprogramm regelmäßig vorgestellt. Die Beauftragung des Outplacement-Beraters durch den Arbeitgeber erfolgt dann aufgrund der verpflichtenden kollektivrechtlichen Vereinbarung.

In dem folgenden Abschnitt wird daher erörtert, welche Möglichkeiten bestehen, eine Outplacement-Beratung kollektivrechtlich für die Arbeitnehmer anspruchsbegründend festzulegen. Als kollektivrechtliche Grundlage eines Anspruchs auf Durchführung eines Gruppen-Outplacement kommen Tarifvertrag und Betriebsvereinbarungen, insbesondere ein Sozialplan, in Frage. In Belgien wurde bereits versucht, durch einen allgemeingültigen Kollektivvertrag rechtliche Rahmenbedigungen für eine Outplacement-Betreuung zu statuieren.[156] Es stellt sich die Frage, ob eine Outplacement-Vereinbarung auch nach deutschem Tarifvertragsrecht Gegenstand einer tarifvertraglichen Regelung sein kann.

2.1.2.1. Tarifvertraglicher Normtyp einer Outplacement-Regelung

Die Outplacement-Betreuung kann nur Gegenstand der Rechtsnormen des normativen Teils des Tarifvertrages sein, der den Inhalt, den Abschluß und die

---

155 Vgl. Kapitel: II.2.1.1.1.(S.72).

156 Belgischer Kollektivvertrag v. 10.02.1992 CCT N° 51 ; vgl. *Kibler* in: RdA 1996, S.366.

Beendigung des Arbeitsverhältnisses sowie betriebliche und betriebsverfassungsrechtliche Fragen regelt. Die genaue Zuordnung einer tarifvertraglichen Outplacement-Regelung zu dem konkreten Normtyp hat bis auf die Abgrenzung gegenüber den betrieblichen Normen, aufgrund der weiten Tarifbindung nach § 3 II TVG, keine praktischen Konsequenzen. Nach § 4 I TVG gelten sowohl die *Inhalts-* und *Abschlußnormen* als auch die *Beendigungsnormen* unmittelbar und zwingend für die vom Tarifvertrag erfaßten Arbeitsverhältnisse. Die Differenzierung zwischen den Normtypen kennzeichnet aber die Grenzen der Tarifautonomie. Nach Art. 9 Abs. 3 GG erstreckt sich die Tarifautonomie allgemein auf die Arbeits- und Wirtschaftsbedingungen. Die begrifflichen Normtypen sind dementsprechend nicht statisch zu verstehen, sondern unterliegen inhaltlich dem sozioökonomischen Wandel.[157] Bei der Untersuchung der Regelungsbefugnis der Tarifvertragsparteien für eine tarifvertragliche Regelung zum Outplacement kann von einem weiten Spielraum für tarifliche Regelungen ausgegangen werden.

2.1.2.1.1. Betriebs- und Betriebsverfassungsrechtliche Norm

Eine Regelung über die Betreuung von ausscheidenden Arbeitnehmern steht in keinem Zusammenhang mit dem Gegenstand von betriebsverfassungsrechtlichen Regelungen. Eine tarifvertragliche Regelung der Outplacement-Beratung kann auch nicht Gegenstand einer betrieblichen Norm sein. Gegenstand von betrieblichen Normen können nur einheitliche Maßnahmen zur Ordnung des Betriebes oder Konstituierung von notwendige Regelungen für die gesamte Belegschaft sein.[158] Diese Rechtswirkung der betrieblichen Normen für die gesamte Belegschaft wird bei einer tarifvertraglichen Einführung einer Outplacement-Beratung aber weder erwünscht sein, noch ist sie zur Durchführung erforderlich. Die Gewährung einer Outplacement-Beratung war immer Inhalt von individualvertraglichen Regelungen und erfordert auch bei einer kollektivrechtlichen Verpflichtung des Arbeitgebers keine betriebseinheitliche Geltung.

---

[157] *Gamillscheg*, S.539 ; *Weyand* in: AuR 1991, 65ff. ; BAG v. 03.04.1990 AP Nr.56 zu Art 9 GG ; **a.A:** Für eine Begrenzung der Regelungsbefugnis ausschließlich auf die arbeitsrechtlichen Gegenstände: MünArbR-*Löwisch* § 239 RdNr.43 ; *Zöllner/Loritz* § 38 I ; *Löwisch/Rieble* § 2 RdNr. 23.

[158] MünArbR-*Löwisch* § 254 RdNr.6 ; *Kempen/Zachert* § 1 RdNr.36 ; *Löwisch/Rieble* § 2 RdNr. 80.

2.1.2.1.2. Inhalts-, Abschluß- und Beendigungsnorm

Zweifellos handelt es sich bei einer tarifvertraglichen Regelung über die Beratung von ausscheidenden Arbeitnehmern nicht um eine Abschlußnorm über das Zustandekommen eines Arbeitsverhältnisses. Die Abgrenzung zwischen Inhalts- und Beendigungsnormen sind allerdings fließend, wenn man nicht ohnehin davon ausgeht, daß die Beendigungsnormen zum Inhalt des Arbeitsverhältnisses gehören.[159] Die Einordnung einer Outplacement-Regelung zu dem Typ der Beendigungsnormen erscheint der Sache nach naheliegend und begründet die Tarifmacht für eine solche Regelung. Früher wurde angenommen, daß die Tarifmacht auf das aktuelle Arbeitsverhältnis beschränkt ist.[160] Wie bei den meisten Schuldverhältnissen des Privatrechts sind aber auch vor- und nachvertragliche Rechte und Pflichten Inhalt des Arbeitsverhältnisses.[161] Diese nachvertraglichen Pflichten wirken über die Beendigung des Arbeitsverhältnisses hinaus. Die Tarifmacht für Arbeitsverhältnisse umfaßt dementsprechend auch Regelungen im Zusammenhang mit Begründung und Beendigung eines Arbeitsverhältnisses.[162] Es ist anerkannt, daß nicht nur die Ausgestaltung des Ruhearbeitsverhältnisses,[163] sondern auch die arbeitsvertraglichen Abwicklungspflichten (Zeugniserteilung, Wettbewerbsverbote, Verschwiegenheitspflichten, Vorstellungskosten, Rationalsierungsschutzabkommen)[164] der Tarifmacht der Tarifvertragsparteien unterliegen.[165] Nun stellt die ausführliche Betreuung und Beratung der Arbeitnehmer vor oder nach einer Kündigung oder Aufhebung des Arbeitsverhältnisses zwar keine originäre nachvertragliche Nebenpflicht dar, sie steht aber konzeptionell mit der Beendigung des Arbeitsverhältnisses in unmittelbarem Zusammenhang.[166] Mit der Begründung einer kollektivrechtlichen Verpflichtung zum Angebot einer Outplacement-Beratung werden die Umstände für das Ausscheiden des Arbeitnehmers aus dem Arbeitsverhältnis genauer festgelegt. Die Anforderungen an die Art und Weise der Abwicklung des Arbeitsverhältnisses werden erweitert. Die tarifvertragliche

159 *Zöllner/Loritz* § 35 I ; *Gamillscheg*, S.541/577.

160 *Hueck/Nipperdey*, Bd. II/1 S.405/406 ; RAG 12.11.1930 ARS 11, 35(37/)

161 *Zöllner/Loritz* § 13 VII2, ErfK-*Schaub* § 1 TVG Rn.95 ; MünArbR-*Richardi* § 42 RdNr. 41.

162 MünArbR-*Löwisch* § 253 RdNr.31 ; ErfK-*Schaub* § 1 TVG Rn.95.

163 BAG v. 17.05.1988 AP Nr.27 zu § 5 BetrAVG ; *Däubler* RdNr. 327.

164 *Wiedemann/Stumpf* § 1 RdNr. 191 ; *Kibler*, in: RdA 1996, S.366 (373) ; BAG AP Nr. 103 zu § 1 TVG: Tarifverträge: Metallindustrie ; BAG AP Nr.10 zu § 1 TVG: Tarifverträge: Banken.

165 MünArbR-*Löwisch* § 254 RdNr.30, Bd.3 ; *Gamillscheg*, S.581/582.

166 Vgl. die zulässigen Regelungen zur Abfindung: BAG, AP Nr.10 zu § 1 TVG Tarifverträge: Banken, zu Beendigungsgesprächen: BAG, AP Nr.44 zu § 611 BGB Bühnenengagementsvertrag, Überbrückungs- :BAG, AP Nr.9 zu§ 1 TVG Tarifverträge: DDR oder Anpassungsgeld: BAG AP Nr.19 zu § 1 TVG Tarifverträge: DDR.

Regelung einer Outplacement-Beratung modifiziert damit inhaltlich die Rahmenbeziehung zwischen Arbeitgeber und Arbeitnehmer. Die Pflicht zum Beratungsangebot stellt zwar keine direkte Bedingung für die wirksame Beendigung des Arbeitsverhältnisses – im Sinne von Kündigungsform- oder Fristvorschriften – dar, begründet für den Arbeitgeber aber zusätzliche Leistungspflichten bei der Beendigung des Arbeitsverhältnisses. Ausschlaggebend für die tarifvertragliche Regelungslegitimation ist also der enge Regelungszusammenhang zur Beendigung des Arbeitsverhältnisses. Als zusätzliche Verpflichtung des Arbeitgebers könnte die Outplacement-Regelung auch als Inhaltsnorm angesehenen werden. Begreift man aber als Inhaltsnormen nur diejenigen Regelungen, die unmittelbar Inhalt des Arbeitsverhältnisses werden, wie die Lohn- und Arbeitsbedingungen,[167] erlangt die Outplacement-Regelung demgegenüber erst mit der Beendigung überhaupt Bedeutung für das Arbeitsverhältnis. Die tarifvertragliche Regelung einer Outplacement-Leistungspflicht bzw. die Aufnahme von Rahmenbedigungen haben auf die inhaltliche Ausgestaltung der Hauptleistungspflichten des Arbeitsverhältnisses keinen Einfluß.

Zusammenfassend betrachtet würde eine tarifvertragliche Outplacement-Regelung daher als tarifvertragliche Beendigungsnorm zu qualifizieren sein, zu deren Regelung die Tarifvertragsparteien aufgrund ihrer Tarifmacht nach § 1 I TVG legitimiert sind.

2.1.2.2. Zulässigkeit einer kollektivrechtlichen Outplacement-Regelung nach den §§ 112 ff. BetrVG

Die gesetzliche Regelungsbefugnis der Betriebsparteien, in einer Betriebsvereinbarung Regelungen für die Arbeitnehmer des Betriebes zu treffen, umfaßt nach überwiegender Ansicht alle durch Tarifvertrag regelbaren Angelegenheiten.[168] Unterstellt man diese weitgehend uneingeschränkte Regelungszuständigkeit der Betriebsparteien, unterliegt auch die Vereinbarung zur Gewährung einer Outplacement-Beratung ihrer Regelungsbefugnis. Für die weitergehende dogmatische Begründung der Regelungsbefugnis der Betriebsparteien für eine Outplacement-Beratung wird auf die Ausführungen im Rahmen der Diskussion

---

167 BAG v. 20.12.1957 AP Nr.1 zu § 399 BGB.

168 BAG GS v. 07.11.1989 in: ZIP 1990,1153 (1154) ; BAG v. 09.04.1991 in: NZA 1991, 734 (735) ; GK-*Kreutz* § 77 RdNr.70 ; ErfK-*Hanau/Kania* § 77 BetrVG RdNr. 3 ; *Nikisch*, Bd. III, S.277 ; *Weiss* § 77 RdNr.9 ; D/K/K-*Berg* § 88 RdNr.2 ; einschränkend auf die funktionale Zuständigkeit des Betriebsrates: H/S/G-*Hess* § 77 RdNr.15 ; *Richardi* § 77 RdNr.62 ; MünArbR-*Matthes* § 318 RdNr.50 ; *Fitting/Kaiser/Heither/Engels* § 77RdNr.42.

von möglichen Rahmenregelungen in freiwilligen Betriebsvereinbarungen zur Durchführung von Outplacement verwiesen.[169]

An dieser Stelle soll dagegen untersucht werden, ob eine anspruchsbegründende Outplacement-Regelung zulässiger Inhalt eines Sozialplanes sein kann. Im Gegensatz zum Interessenausgleich sind gemäß § 112 Abs.1 Satz 2 BetrVG für den Sozialplan inhaltlich Vereinbarungen vorgesehen, die „einen Ausgleich oder die Milderung der wirtschaftlichen Nachteile, die den Arbeitnehmern infolge der geplanten Betriebsänderung *entstehen*", bezwecken. Bisher wurden darunter hauptsächlich finanzielle Leistungen des Arbeitgebers, insbesondere die Gewährung von Abfindungen verstanden.[170] Solche Maßnahmen konnten nicht Gegenstand eines Interessenausgleichs sein, weil mit den Regelungen im Interessenausgleich der Eintritt der wirtschaftlichen Nachteile *verhindert* werden soll.[171] Zwischen Interessenausgleich und Sozialplan wurde insofern ein Ausschließlichkeitsverhältnis angenommen. Eine Regelung, die vorsieht, daß die Arbeitnehmer zunächst noch im Rahmen einer Outplacement-Schulung auf die Situation nach der Entlassung vorbereitet werden, müßte daher der Sache nach als Gegenstand von Verhandlungen über einen Interessenausgleich angesehen werden.[172] Das Ziel der Outplacement-Maßnahme ist es schließlich, den wirtschaftlichen Nachteilen infolge der drohenden Entlassung für die Arbeitnehmer vorzubeugen und mit der erfolgreichen Durchführung der beruflichen Neupositionierung auch weitgehend auszuschließen.

In der Praxis wird allerdings die genaue systematische Aufteilung der Regelungsmaterien zwischen Sozialplan und Interessenausgleich häufig nicht durchgehalten, sondern der Sozialplan einvernehmlich um weitergehende Regelungen ergänzt.[173]

Von der Beantwortung der Frage nach der systematischen Zuordnung der Outplacement-Regelung hängt jedoch ab, ob Outplacement Gegenstand eines von der Einigungsstelle beschlossenen Sozialplans sein kann, weil die Einigungsstelle – entsprechend dem Regelungszweck in § 112 Abs.1 Satz 2 BetrVG – nicht befugt ist, dem Arbeitgeber Maßnahmen vorzuschreiben, die wirtschaftliche Nachteile bei betroffenen Arbeitnehmern *verhindern*.[174] Für die Zulässigkeit der Auferlegung von Outplacement-Pflichten des Arbeitgebers durch die Einigungsstelle spricht jedoch, daß mit den Regelungen in den §§ 254

[169] Vgl. Kapitel: IV.1. (S.185).
[170] *Schaub* § 244 V.1.c) ; *Richardi* § 112 RdNr.80ff./89.
[171] *Richardi* § 112 RdNr.25/49 ; ErfK-*Hanau/Kania* §§ 112,112a BetrVG RdNr.1.
[172] a.A. *Kibler* in: RdA 1996, S.366(373).
[173] Bspw. Sozialplan zu BAG v. 24.03.1981 in: BAGE 35, 160 ff. ; davon geht auch BAG v. 17.09.1991in: BAGE 68, 277(287) aus.
[174] *Richardi* § 112 RdNr.108 ; BAG v. 17.09.1991 in: BAGE 68, 277(287).

ff. SGB III die Rechtsfigur eines „beschäftigungsfördernden" Sozialplanes geschaffen wurde. Vor dem Hintergrund, daß nach diesen Vorschriften ausdrücklich auch beschäftigungsfördernde Maßnahmen in Sozialpläne aufgenommen werden können, scheint die ursprüngliche systematische Trennung der Regelungsmaterien in Interessenausgleich und Sozialplan aufgehoben.[175] Dieser Annahme kann zwar entgegengehalten werden, daß der Gesetzgeber mit den Vorschriften der §§ 254 ff. SGB III keine Veränderung der rechtssystematischen Regelung zum Interessenausgleich und Sozialplan anstrebte,[176] sondern lediglich einen weiteren Anreiz schaffen wollte, um die „Betriebsparteien" anzuhalten, in Sozialplänen verstärkt beschäftigungswirksame Maßnahmen einzusetzen.[177] Danach wäre es jedoch widersprüchlich, wenn eine Outplacement-Maßnahme im Rahmen eines erzwingbaren Sozialplanes nicht zulässig wäre, obwohl es dem Gesetzgeber wichtig ist, daß – mit Blick auf die gängige Praxis – der Einsatz von konstruktiven Leistungen für Arbeitnehmer bedrohter Arbeitsplätze in den bestehenden Instrumentarien stattlich gefördert wird.

Für die Frage der Zulässigkeit der Aufnahme einer Regelung über eine Outplacement-Beratung im Sozialplan bedeutet dies, daß eine Outplacement-Maßnahme sowohl Gegenstand eines von einer Einigungsstelle beschlossenen Sozialplanes als auch Gegenstand einer einvernehmlichen Sozialplanvereinbarung sein kann.

In der Praxis wird eine solche Vereinbarung meist unter dem Abschnitt „Sonstige Leistungen", wie nachstehend aufgenommen:

> *„Alle Mitarbeiter, die aufgrund der im Interessenausgleich beschriebenen Maßnahme ausscheiden, erhalten zur Verbesserung ihrer Bewerbungschancen auf dem Arbeitsmarkt die Möglichkeit, an einer sogenannten Outplacement-Beratung der Firma <Name> auf Kosten des Arbeitgebers teilzunehmen. Hierbei handelt es sich um 5tägige Seminare à 15 Teilnehmer, die u.a. das Angebot für intensives Interviewtraining mit Videounterstützung und die Erarbeitung von Bewerbungsunterlagen beinhalten sowie im Anschluß die Aufnahme von Arbeitsvermittlungsmaßnahmen vorsehen. Diese Leistungen erfolgen während der Arbeitszeit.*"

Entsprechend dieser Verpflichtung schließt der Arbeitgeber mit dem zu beauftragenden Outplacement-Unternehmen einen Outplacement-Beratungsvertrag ab und beantragt gegebenenfalls die Förderung dieser Maßnahme durch staatliche Zuschüsse gemäß §§ 254, 255 Abs.1 Nr.4 SGB III bei dem betreffenden Landesarbeitsamt.

---

175 Aus diesem Grund wohl für die Aufnahme von Umschulungs- und Fortbildungsmaßnahmen in erzwingbare Sozialpläne: ErfK-*Hanau/Kania* § 112,112a BetrVG RdNr.1.

176 So *Matthes* in: RdA 1999, S.178(181).

177 Vgl. Begründung zum RegierungsE BT-Drs.13/4941 S.149/197.

2.2. *Die vertragliche Rechtsbeziehung zwischen Arbeitgeber und Arbeitnehmer*

Der Abschluß eines Outplacement-Beratungsvertrages zwischen Arbeitgeber und Outplacement-Berater erfolgt in der Regel, weil der Arbeitgeber sich zuvor rechtsverbindlich gegenüber dem Arbeitnehmer zum Angebot einer Outplacement-Beratung verpflichtet hat. In Amerika wird dieses Angebot vielfach bereits in den Anstellungsvertrag aufgenommen, um den Arbeitnehmern – im Vergleich zu der kündigungsschutzrechtlichen Stellung der Arbeitnehmer in Deutschland – mehr Sicherheit für den Fall des Arbeitsplatzverlustes zu geben.[178] In Deutschland dagegen wird die Beratung in den meisten Fällen erst zum Zeitpunkt der Beendigung des Arbeitsverhältnisses zwischen Arbeitgeber und Arbeitnehmer vereinbart. Die Rechtsgrundlagen für den Anspruch auf Durchführung einer Individual-Outplacement-Beratung unterscheiden sich deshalb danach, wie das Arbeitsverhältnis rechtlich beendet wird.

Beendet der Arbeitgeber das Arbeitsverhältnis durch eine Kündigung, kann das Abgebot der Outplacement-Beratung in einen Abwicklungsvertrag aufgenommen werden. Nach Kenntnis des Verfassers wird dieser Weg in der Praxis jedoch kaum gewählt. Häufig wird dem betroffenen Arbeitnehmer zunächst nur die Entlassungsabsicht mitgeteilt. Der Arbeitgeber spricht formal keine Kündigung aus, sondern unterrichtet den Arbeitnehmer von der Trennungsabsicht und bietet ihm gleichzeitig eine Outplacement-Beratung an. In diesem Fall wird die Durchführung des Outplacement-Programms nicht rechtsverbindlich zwischen Arbeitnehmer und dem Arbeitgeber vereinbart, sondern der Arbeitgeber beauftragt unmittelbar das Outplacement-Unternehmen. Der betroffene Arbeitnehmer wird für die Dauer der Beratung von seiner Arbeitspflicht teilweise oder auch vollständig freigestellt. Erst wenn der Arbeitnehmer einen neuen Arbeitsplatz in Aussicht hat, wird das Arbeitsverhältnis mit dem bisherigen Arbeitgeber formal beendet.

In der überwiegenden Anzahl der Fälle wird das Angebot der Outplacement-Beratung – im Rahmen einer einvernehmlichen Beendigung des Arbeitsverhältnisses – in den Aufhebungsvertrag aufgenommen. Oft wird die Outplacement Vereinbarung auch neben dem Aufhebungsvertrag in einem sog. „sideletter" vereinbart.

Diese beiden vorrangig genutzten Möglichkeiten, eine Outplacement-Beratung für den Arbeitnehmer rechtsverbindlich zu begründen, werden im folgenden beschrieben und auf die dogmatische Einordnung dieser zusätzlichen Verpflichtung des Arbeitgebers eingegangen.

---

178 Vgl. *von Lützow* in: Personal 1995, S.412(413).

2.2.1. Outplacement-Vereinbarung im Aufhebungsvertrag

Grundsätzlich stellt der Aufhebungsvertrag das arbeitsrechtliche Instrument zur einvernehmlichen Auflösung des Arbeitsverhältnisses dar und entspricht damit konzeptionell einem Ziel der Anwendung von Outplacement. Zudem bietet der Aufhebungsvertrag, gerade bei der beabsichtigten Freisetzung von langjährigen Führungskräften, häufig die einzige Möglichkeit zur Trennung. Es ist demzufolge nicht verwunderlich, daß der Abschluß eines Aufhebungsvertrages und die Vereinbarung der Outplacement-Beratung oft zusammenfallen und die Outplacement-Berater als „Spezialisten" zur Vorbereitung und Abschluß der Aufhebungsverträge gelten.[179] Die Aufhebungsvereinbarung bedarf grundsätzlich keiner bestimmten Form, es sei denn, es existieren in Tarifverträgen, Betriebsvereinbarungen oder dem Einzelarbeitsvertrag genaue Formvorschriften.[180] Entsprechend der Form- und Vertragsfreiheit (§ 241, § 305 BGB, Art 2. GG) sind die Vertragsparteien bei der inhaltlichen Gestaltung der Vereinbarung weitgehend frei. Neben der Kernregelung über die Beendigung des Arbeitsverhältnisses enthalten die Aufhebungsverträge regelmäßig weitergehende Nebenabreden, die sich zweckmäßigerweise auf diejenigen Rechte aus dem früheren Arbeitsverhältnis beziehen, die möglicherweise später zu Streitigkeiten führen können (z.B. Provisions-, Urlaubsansprüche, Zeugnisausstellung, Rückgabepflichten).[181] Diesen Nebenabreden im Aufhebungsvertrag ist gleichsam der Hauptzweck der Aufhebungsvereinbarung immanent, weil sie der umfassenden Beendigung der Rechtsbeziehung zum Arbeitgeber dienen. Die Vereinbarung einer Outplacement-Beratung im Aufhebungsvertrag ist insoweit atypisch, als im Vergleich zu den typischen Nebenabreden des Aufhebungsvertrages die Vereinbarung eines Outplacements eine Fortsetzung und Erweiterung der Rechtsbeziehung zum Arbeitgeber begründet. Mit der Outplacement-Vereinbarung wird der Aufhebungsvertrag folglich um eine Regelung erweitert, die dem Charakter des Aufhebungsvertrages als Beendigungstatbestand für das Arbeitsverhältnis widerspricht. Die daran anknüpfende Frage, wie sich die Aufnahme einer solchen Regelung auf das herrschende Verständnis vom arbeitsrechtlichen Aufhebungsvertrag als Beendigungsvereinbarung auswirkt, wird an dieser Stelle nicht vertieft, weil die Eingliederung der Outplacement-Absprache im Aufhebungsvertrag verbreitete Praxis ist und deswegen – neben der Darstellung der anspruchsbegründenden Vereinbarung – vor allem die rechtlichen Auswirkungen von Leistungsstörungen bei der Abwicklung der Aufhebungsvertragsverpflichtungen untersucht werden sollen.

179 *Bengelsdorf* in: NZA 1994, S.193 ; *Pauly* in: ZRP 1997, S.228 ; *Pauly* in: MDR 1995, S.1081(1082).

180 MünArbR-*Wank*, § 112 RdNr.5 ; *Schaub* § 122 II.

181 Vgl. Kasseler-HandB/*Welslau* Kap.1.2 B. RdNr.57 ; MünArbR-*Wank*, § 112 RdNr.18.

2.2.1.1. Inhalt

Der Umfang der Outplacement-Vereinbarung im Aufhebungsvertrag variiert je nach Einzelfall. Bei der Vereinbarung der Outplacement-Maßnahme verdienen die Regelungen über die Restlaufzeit, die Höhe der Abfindung und die Wahl des Outplacement-Beraters besondere Beachtung. Bei der Einigung über die Restlaufzeit muß berücksichtigt werden, wann die Outplacement-Beratung vorgenommen wird und ob der Arbeitnehmer gegebenenfalls von der Arbeitspflicht freigestellt wird. In die Verhandlungen über die Höhe der Abfindung fließt die Entscheidung mit ein, ob der Arbeitnehmer an den Kosten der Outplacement-Maßnahme mittelbar beteiligt wird.

Vor diesem Hintergrund kann das Angebot der Outplacement-Beratung in den Aufhebungsvertrag wie folgt aufgenommen werden:[182]

> *„Die Parteien sind sich darüber einig, daß das Arbeitsverhältnis einvernehmlich zum <Datum> endet.*
>
> *Bis zum <Datum> wird der Arbeitgeber zugunsten des Arbeitnehmers einen Outplacement-Beratungsvertrag zugunsten des Arbeitnehmers gemäß § 328 BGB mit dem gemeinsam zwischen den Parteien ausgewählten Outplacement-Unternehmen <Name> vereinbaren.*
>
> *Die Outplacement-Beratung beginnt mit Abschluß des Outplacement-Beratungsvertrags. Der Arbeitnehmer wird für die Zeit der Teilnahme an der Beratung von der Arbeitspflicht freigestellt.*
>
> *Als Leistungsumfang zugunsten des Arbeitnehmers werden dort folgende Leistungsbausteine beinhaltet sein:*
>
> *a)... b)... c)...*
>
> *Die Beratungsleistung erfolgt bis zum Abschluß des Arbeitsvertrages mit einem neuen Arbeitgeber. Dabei wird seitens des zu beauftragenden Outplacement-Unternehmens nicht der Erfolg eines Arbeitsplatzes geschuldet, sondern ausschließlich die professionelle Durchführung der vorstehend definierten Beratungsdienstleistungen.*
>
> *Über Inhalte der Outplacement-Beratung wird das zu beauftragende Beratungsunternehmen gegenüber dem Arbeitgeber Stillschweigen bewahren.*
>
> *Die Kosten für diese Outplacement-Beratung werden laut Kostenvoranschlag des Beratungsunternehmens DM <Betrag> betragen. Diese*

---

182 Mit Anlehnung an *Schließmann* in: Personalwirtschaft 1999, Heft 11, S.46(50).

Kosten werden direkt vom Arbeitgeber an das beauftragte Outplacement-Unternehmen gezahlt."

In einigen Aufhebungsverträgen wird die Variante gewählt, die Kosten für die Beratung an den Arbeitnehmer zu überweisen und ihm die Entscheidung über die Beauftragung eines Outplacement-Beraters freizustellen. In diesem Fall besteht die Gefahr, daß der Arbeitnehmer deutlich schlechter gestellt ist, weil viele Outplacement-Berater Vorbehalte gegen die Übernahme der Beratung im Auftrag des ausgeschiedenen Arbeitnehmers haben und die Auszahlung einkommenssteuerlich erfaßt wird.[183]

2.2.1.2. *Verpflichtungsgeschäft und Abstraktheit der Aufhebungsverfügung*

Um rechtliche Auswirkungen von Leistungsstörungen bei der Abwicklung der Aufhebungsvertragspflichten begründen zu können, wird zunächst auf die Rechtsnatur der Vereinbarungen im Aufhebungsvertrag eingegangen. Der Gegenstand des arbeitsrechtlichen Aufhebungsvertrages ist dadurch gekennzeichnet, daß die Vertragsparteien das Arbeitsverhältnis einvernehmlich auflösen und damit eine gemeinsame Verfügung über das bestehende Schuldverhältnis treffen.[184] Der arbeitsrechtliche Aufhebungsvertrag wird dementsprechend auch einhellig als schuldrechtliches Verfügungsgeschäft qualifiziert.[185] Mit der Vereinbarung der Outplacement-Beratung im Aufhebungsvertrag wird jedoch der Aufhebungsvertrag um eine Verpflichtung, um einen Anspruch ergänzt. Die Begründung des neuen Anspruchs stellt keine Verfügung über ein Recht aus dem bestehenden Arbeitsverhältnis dar. Mit der Aufnahme einzelner Verpflichtungen als Nebenabreden wird der Aufhebungsvertrag zugleich Verfügungs- und Verpflichtungsgeschäft.[186] Für Verfügungsgeschäfte gilt grundsätzlich, daß sie von jeder Rechtsgrundvereinbarung rechtlich unabhängig sind.[187] Die Frage der Abstraktheit des Aufhebungsvertrages wird allerdings nicht einheitlich beur-

---

183 Die Vorbehalte richten sich im wesentlichen – im Hinblick auf mögliche Komplikationen wegen eines enttäuschenden Bewerbungsverlaufs – gegen die Stellung des Arbeitnehmers als unmittelbaren Vertragspartner. Darin wird das erhöhte Risiko gesehen, daß es möglicherweise zu einer Verweigerung der Vertragserfüllung (Honorarzahlung) kommt. Zu der umstrittene Frage der steuerlichen Behandlung der Outplacement-Beratung vgl. Kapitel: V. (S.197).

184 Allg. zur Verfügung: *Medicus*, AT § 19 II ; *Wolf*, § 17 III ; *Brox*, AT RdNr.102.

185 *Müller*, S.41 ; MüKom/*Thode*, § 305 RdNr. 8/28 ; *Gernhuber (1994)*, § 17, 2a ; *Larenz* § 19 IIb) ; Palandt-*Heinrichs* Überbl. § 104 RdNr.17.

186 *Müller*, S.52 ; *Gernhuber (1994)*, § 17, 2a ; *Ernst*, S.51.

187 Ausnahmsweise anerkannte kausale Verfügungsgeschäfte: § 780 BGB (Schuldversprechen), § 781 BGB (Schuldanerkenntnis), § 784 BGB (Annahme der Anweisung).

teilt.[188] Zum Teil wird die Abstraktheit mit der Begründung abgelehnt, daß die Aufhebung des Arbeitsverhältnisses immanenter Vertragszweck des Aufhebungsvertrages ist. Die Aufhebungsverfügung demnach selbst kausal ist und der rechtfertigende Grund nicht durch ein vorgeschaltetes Verpflichtungsgeschäft begründet wird.[189] Es erscheint fraglich, ob allein die weitgehende Inhaltsgleichheit zwischen Verfügungsgeschäft und Vertragszweck die Durchbrechung des Abstraktionsprinzips rechtfertigt. Das BAG[190] hat sich der Gegenmeinung angeschlossen und geht auch für den Aufhebungsvertrag davon aus, daß regelmäßig neben dem Verfügungsgeschäft eine kausale Aufhebungsverpflichtung eingegangen wird. Dieser Annahme ist zuzustimmen. Zu Recht ist davon auszugehen, daß der Arbeitnehmer einen Aufhebungsvertrag aufgrund seiner kündigungsschutzrechtlichen Stellung in der Regel nur gegen die Zusage einer Abfindungszahlung abschließt. Es ist daher lebensnah anzunehmen, daß die Erklärung der Einwilligung in das Aufhebungsangebot kausal mit der gleichzeitigen Vereinbarung der Zahlungsverpflichtung verknüpft ist. Nur in den seltenen Fällen, in denen es den Parteien ausschließlich um eine schnelle Beendigung des Arbeitsverhältnisses geht und keine weiteren Leistungspflichten an die Beendigung geknüpft sind, ist nur die Aufhebung zugleich Zweck des Vertrages. In den übrigen Fällen wird sich der Rechtsgrund für die Aufhebungsvereinbarung nicht auf die Beseitigung des Schuldverhältnisses beschränken und sich dementsprechend von dem Verfügungsgeschäft abstrahieren lassen.

2.2.1.3. Synallagma

Folgt man der Auffassung, daß die Aufhebungsverfügung infolge einer kausalen Aufhebungsverpflichtung erklärt wird, stellt sich die Frage, ob die schuldrechtliche Verpflichtung zur Aufhebung des Arbeitsverhältnisses synallagmatisch mit einer Gegenleistung verknüpft ist. Das BAG nimmt zwischen der Verpflichtung zur Einwilligung in die Aufhebung des Arbeitsverhältnisses und der Zusage einer Abfindung eine synallagmatische Verknüpfung an.[191] Verpflichtet sich der Arbeitgeber nun nicht nur zu einer Abfindungszahlung, sondern vereinbart im Aufhebungsvertrag zusätzlich noch eine Outplacement-Beratung, könnte diese Verpflichtung zur Outplacement-Beratung ebenfalls in das Synallagma mit einbezogen sein. Die Konsequenz wäre, daß die Verpflichtung zur Gewährung der Outplacement-Beratung dem Leistungsstörungsrecht der §§ 320 ff. BGB, ein-

---

188 Gegen die Abstraktheit: Staudinger-*Kaduk* § 397 RdNr. 90 ; *Ernst*, S.52f. ; *Fikentscher* § 39 V RdNr. 298 ; vermittelnd: *Gernhuber (1994)*, § 17, 3 ; für Abstraktheit: *Müller*, S.43ff. ; MüKom/*Thode* § 305 RdNr.8a/28.

189 *Ernst*, S.53.

190 BAG v. 25.06.1987 in: NZA 1988, S.466(467) = BB 1988, S.1392 = DB 1988,S.864.

191 BAG v. 25.06.1987 in: NZA 1988, S.466(467) = BB 1988, S.1392 = DB 1988,S.864.

schließlich der weitreichenden Rechtsfolgen des § 326 BGB, unterläge. Wesentliches Kennzeichen einer synallagmatischen Leistungsverknüpfung ist die konditionelle und funktionelle Abhängigkeit der ausgetauschten Leistungen bei der Durchführung und Abwicklung des Vertrags.[192] Die vertraglichen Leistungen und Gegenleistungen sind zum Austausch derart final aufeinander bezogen, daß Leistungsstörungen auf einer Seite zugleich Auswirkungen auf der anderen Seite des Schuldverhältnisses haben. Von einer solchen gegenseitigen Abhängigkeit kann nicht ausgegangen werden, wenn es sich bei der Outplacement-Vereinbarung lediglich um eine einseitige Verpflichtung des Arbeitgebers handelt, die Abrede demnach zwar einen Erfüllungsanspruch begründet, diese Leistungsverpflichtung aber nicht in einem Austauschverhältnis mit einer Verpflichtung des Arbeitnehmers steht. Als solche einseitigen Leistungsverpflichtungen des Arbeitgebers sind im Aufhebungsvertrag die typischen Nebenabreden z.B. die Zeugniserteilung, das Arbeitgebereigentum und Verschwiegenheitspflichten anzusehen. Diese Verpflichtungen sind letztendlich nur Konkretisierungen von gesetzlichen oder arbeitsvertraglichen einseitigen Nebenpflichten.[193] Die Nichterfüllung einer solchen Verpflichtung begründet eine Klage des Gläubigers auf Leistung, hat aber keine Folgen für die Abwicklung des Vertrages. Zwischen diesen Leistungspflichten, die außerhalb des Synallagmas stehen und den Leistungspflichten in gegenseitiger Abhängigkeit, muß differenziert werden. Als Kennzeichen einer gegenseitigen Leistungsverpflichtung kann nicht die Äquivalenz der wechselseitigen Leistungsverpflichtungen angesehen werden.[194] Gerade bei einem arbeitsrechtlichen Aufhebungsvertrag bereitet die Einordnung der Leistungsbeziehung anhand dieses Merkmals erhebliche Schwierigkeiten. Das Fehlen eines objektiven Maßstabes für die Bestimmung der Gleichwertigkeit des Leistungsaustausches wird am Inhalt des Aufhebungsvertrages besonders deutlich. Die Einwilligung in den sozial und finanziell folgenreichen Verlust des Arbeitsplatzes läßt sich wertmäßig nicht quantifizieren. Eine Abfindung oder eine besondere Beratung kann nicht als objektives Äquivalent für den Arbeitsverlust begriffen werden. Ebensowenig läßt sich die Gegenseitigkeit der Leistungsvereinbarung mit einer subjektiven Gleichbewertung der Leistungen durch die Parteien begründen.[195] Selbstverständlich werden sich die Vertragsparteien in der Regel nur auf einen zumindest subjektiv gleichwertig empfundenen Leistungsaustausch einlassen, dies ist aber kein zwingendes Charakteristikum eines synallagmatischen Vertra-

---

192 MüKom/*Emmerich* vor§320 BGB RdNr.14f. ; Staudinger-*Otto*, Vorbem§ 320-322 RdNr. 10.

193 *Zöllner/Loritz* § 26 I,1 ; *Strätz* in: FS Bosch, 1976, S.699.

194 *Gernhuber (1989)*, § 13III 3 ; Staudinger-*Otto* Vorbem§ 320-322 RdNr.7.

195 MüKom/*Emmerich* vor§320 BGB RdNr.6 ; *Gernhuber (1989)*, § 13III 3 ; **a.A.** *Larenz* § 15 I.

ges, da die Parteien aus unterschiedlichsten Motiven auch bewußt einen wirtschaftlich unausgewogenen Leistungsaustausch vereinbaren können.[196] So wird für den Arbeitnehmer die Abfindung und die zusätzliche Outplacement-Beratung weder objektiv noch subjektiv eine gleichwertige Leistung für den Verlust des Arbeitsplatzes darstellen, sondern lediglich als Mittel zur Reduzierung der überwiegend negativen Folgewirkungen. Aus diesem Grund kann die Beurteilung der Gegenseitigkeit von Verpflichtungen, speziell bei einem Aufhebungsvertrag, nicht an die Feststellung einer subjektiven oder objektiven Äquivalenz der Leistungen geknüpft werden. Vielmehr entscheiden die Vertragsparteien im Rahmen ihrer Vertragsfreiheit, welche Leistungen für sie so wichtig sind, daß sie in einem gegenseitigen Austauschverhältnis stehen.[197] Zur Kennzeichnung des Gegenseitigkeitsverhältnisses spricht man daher meist von den vertraglich vereinbarten Hauptpflichten.[198] Welche Pflichten als vertragliche Hauptpflichten in einem Gegenseitigkeitsverhältnis stehen, hängt von dem Parteiwillen ab, für den die Ausgestaltung des Vertrages und die Interessenlage Anhaltspunkte geben.[199] Die Kennzeichnung der gegenseitigen Pflichten als Hauptpflichten ist insofern zu spezifisch, weil die Parteien jederzeit auch Nebenleistungspflichten in den Rang von Hauptpflichten erheben können, wenn einer solchen Leistungspflicht wesentliche Bedeutung beigelegt wird. Das Synallagma bezieht sich daher vielmehr insgesamt auf diejenigen primären Leistungspflichten, die nach dem Willen der Parteien die Gegenleistungen für die des anderen darstellen.[200] Die Vertragsparteien bestimmen die Breite der gegenseitigen Leistungsverknüpfung selbst. Es ist insoweit unerheblich, ob die Outplacement-Vereinbarung eine Hauptleistungspflicht des Arbeitgebers im Rahmen der Aufhebungsverpflichtung ist. Entscheidend ist allein, ob nach dem Parteiwillen die Verpflichtung des Arbeitnehmers zur Einwilligung in die Aufhebung des Arbeitsverhältnisses nur im Austausch für die Gewähr einer Outplacement-Beratung sowie einer Abfindungszahlung eingegangen wurde. Bei der Beantwortung dieser Frage ist zunächst zu berücksichtigen, daß die Zusage einer Outplacement-Beratung meistens mit einer gleichzeitigen Reduzierung der Abfindungszahlung verbunden ist.[201] Geht man davon aus, daß die Abfindungszahlung Kernelement der Verhandlungen über den Aufhebungsver-

[196] Staudinger-*Otto*, Vorbem§ 320-322 RdNr.7 ; *Gernhuber (1989)*, § 13III 3.

[197] *Medicus*, AT § 40 II ; ,MüKom/*Emmerich* § 320 BGB RdNr.40 ; Staudinger-*Otto*, § 326 RdNr.34.

[198] Staudinger-*Otto*, § 326 RdNr.34 ; *Esser*, § 6 III,2 ; Palandt-*Heinrichs* Einf.§ 320 RdNr.10.

[199] MüKom/*Emmerich* § 326 BGB RdNr.29 ; Palandt-*Heinrichs* Einf § 320 RdNr. 10 ; Staudinger-*Otto*, § 326 RdNr.38.

[200] *Gernhuber (1989)*, § 13III 3.

[201] *Lingenfelder/Walz* in: RKW-Handbuch Führungstechnik und Organisation, Kap. 2589, S.13.

trag ist, indiziert schon die Hinnahme einer solchen finanziellen Einschränkung die Bedeutung der Beratungsvereinbarung für den Arbeitnehmer. Der Arbeitnehmer, der mit erheblichen Schwierigkeiten beim Wiedereinstieg in das Erwerbsleben konfrontiert ist, wird die finanzielle Existenzabsicherung nicht aufgrund einer – nach seiner Einschätzung – unwesentlichen Beratung hinnehmen. In diesem Fall würde er vielmehr auf einer unverminderten Abfindung bestehen und auf die Beratung ganz verzichten. Vereinbart der Arbeitnehmer aber eine zusätzliche Beratung, wird er an die Beratung die nachvollziehbare Hoffnung knüpfen, die Zeit bis zur Erlangung einer neuen beruflichen Stellung erheblich zu verkürzen. In diesem Zusammenhang stellt die Outplacement-Beratung aus Sicht des Arbeitnehmers also mindestens ein gleichwertiges Äquivalent für den Differenzbetrag zur eigentlichen Abfindung dar. Bei einem Verzicht auf einen Teil der finanziellen Entschädigung für den Arbeitsplatzverlust zugunsten einer Outplacement-Beratung kommt dieser Leistungsverpflichtung somit für den Arbeitnehmer eine wichtige Bedeutung zu, um die Folgen und Risiken des Arbeitsplatzverlustes zu minimieren. Für den Arbeitnehmer wird der Entschluß zur Einwilligung in den Aufhebungsvertrag mit verminderter Abfindungszahlung daher von der Zusage einer Outplacement-Beratung mit abhängig sein.

Auch der Arbeitgeber wird in der Outplacement-Beratung stets ein wichtiges Instrument sehen, um dem Arbeitnehmer die Zustimmung zum Aufhebungsvertrag zu erleichtern. Der Arbeitgeber wird sich durchaus bewußt sein, daß ein unkündbarer Arbeitnehmer sich auf Grund der zugesicherten Betreuung leichter entschließen wird, den Schritt zur beruflichen Neuorientierung zu wagen. Für beide Seiten des Aufhebungsvertrages stellt die Vereinbarung über eine Outplacement-Beratung demzufolge eine wesentliche Pflichterweiterung dar, die für den Abschluß des Aufhebungsvertrages von Bedeutung ist. Sowohl der Arbeitgeber als auch der Arbeitnehmer würden die finanziellen Nachteile der Outplacement-Beratung nicht übernehmen, wenn nicht in der Beratungsleistung ein entscheidender Faktor zur Wahrung der eigenen Interessen bei der Aufhebung und Abwicklung des Arbeitsverhältnisses gesehen würde. Sicherlich garantiert die Beratung keinen sofortigen Einstieg in das Berufsleben. Die Unterstützung, die sich der Arbeitnehmer bei Vertragsabschluß davon verspricht, wird die Einwilligungsentscheidung aber erheblich mit tragen. Bei Berücksichtigung des Zwecks und der finanziellen Auswirkungen der Vereinbarung für den Arbeitnehmer ist es nur schwer vorstellbar, daß sich der Arbeitnehmer ohne Hilfe bei der beruflichen Neuorientierung zu ähnlichen Konditionen zur Aufhebung des Arbeitsverhältnisses verpflichtet.

Der unmittelbare Zusammenhang zwischen Outplacement-Beratung und Abfindungszahlung sowie die einheitliche Vereinbarung im Rahmen eines Aufhebungsvertrages rechtfertigen die Annahme, daß für die Vertragsparteien die Outplacement-Vereinbarung eine zentrale Bedingung für die eigene Verpflichtung ist. Die Verpflichtung zur Outplacement-Beratung kann daher nicht bloß als ein sekundärer Bestandteil des Aufhebungsvertrages angesehen werden, sondern stellt eine primäre Leistungsverpflichtung des Arbeitgebers dar. Die Verpflichtung des Arbeitgebers zur Outplacement-Vereinbarung ist in wechselseitiger Verknüpfung mit der Verpflichtung des Arbeitnehmers zur Aufhebung des Arbeitsverhältnisse zu sehen.

2.2.1.4. Zusammenfassung

Danach kann festgehalten werde, daß bei einem Aufhebungsvertrag mit arbeitgeberseitiger Verpflichtung zur Zahlung einer Abfindung und eines Outplacements nicht nur die Abfindungszusage in gegenseitiger Abhängigkeit zur Einwilligung des Arbeitnehmers in die Aufhebung des Arbeitsverhältnisses steht, sondern auch die noch zur erbringenden späteren Durchführung der Outplacement-Beratung.

2.2.2. Outplacement-Nebenabsprache zum Aufhebungsvertrag

Neben der unmittelbaren Aufnahme des Angebots einer Outplacement-Beratung in den Aufhebungsvertrag wird in den übrigen Fällen meistens eine zusätzliche schriftliche Vereinbarung getroffen. Wenn es sich um eine Trennung handelt, die in Form einer einseitigen Kündigung erfolgen soll, wird auf eine schriftliche Abrede zwischen Arbeitgeber und Arbeitnehmer allerdings zum Teil ganz verzichtet.[202] Den Hintergrund für die bloße mündliche oder zusätzliche schriftliche Absprache neben dem Aufhebungsvertrag bilden in erster Linie steuerrechtliche Gründe. Auf Seiten des Arbeitgebers können die Kosten für die Outplacement-Beratung als Betriebsausgaben – für Unternehmensberatung – in Ansatz gebracht. Auf Seiten des ausscheidenden Arbeitnehmers hingegen kann die Gewährung der Outplacement-Beratung gegenüber dem Finanzamt verborgen bleiben. Mit der Ausgliederung aus dem Aufhebungsvertrag verhält sich die Outplacement-Beratung für den Arbeitnehmer über diesen Weg einkommenssteuerrechtlich neutral.

Aus arbeitsrechtlicher Sicht ist mit der Ausgliederung der Outplacement-Vereinbarung aus dem Aufhebungsvertrag die Frage interessant, ob damit beide Absprachen als rechtlich selbständige Verträge anzusehen sind oder ob es sich um einen zusammengesetzten Vertrag handelt, mit der Folge daß auch die synallagmatische Verknüpfung von Einwilligung in die Arbeitsvertragsauflösung und Gewährung der Outplacement-Beratung fortbesteht und Leistungsstö-

[202] Vgl. Kapitel: II.2.2.1. (S.90).

rungen immer im Zusammenhang mit beiden Vereinbarungen zu untersuchen sind.

2.2.2.1. Inhalt

Die gesonderte Vereinbarung über die Gewährung einer Outplacement-Beratung wird in der Praxis oft in einer kurzen Vereinbarung oder nur in einem Bestätigungsschreiben des Arbeitgebers gegenüber dem Arbeitnehmer rechtsverbindlich zugesagt. Der Inhalt einer solchen Absprache oder Bestätigung entspricht weitgehend der Formulierung für einen Aufhebungsvertrag,[203] so daß sich bei der inhaltlichen Gestaltung des Outplacement-Angebots zwischen Arbeitgeber und Arbeitnehmer hier keine Besonderheiten ergeben.

2.2.2.2. Vertragsverbindung

Grundsätzlich sind getrennte Absprachen zwischen denselben Parteien voneinander unabhängig und rechtlich selbständig. Der Grundsatz von Treu und Glauben und der Parteiwillen können aber begründen, daß zwischen Vereinbarungen eine rechtliche Verbindung besteht.[204] Es wurde bereits dargestellt, daß bei der Aufnahme des Outplacement-Angebots in den Aufhebungsvertrag die Einwilligung in die Beendigung des Arbeitsverhältnisses und die Outplacement-Zusage in einem synallagmatischen Verhältnis stehen. Es erscheint nun zweifelhaft, ob die Ausgliederung der Outplacement-Absprache aus dem Aufhebungsvertrag aufgrund steuerrechtlicher Motive dazu führt, daß die gegenseitige Abhängigkeit der beiden Leistungen aufgehoben wird. Die schriftliche Trennung der Absprache über die Beendigung des Arbeitsverhältnisses von der Outplacement-Zusage indiziert auf den ersten Blick, daß es sich um zwei selbständige Verträge handelt. Für die rechtliche Beurteilung ist der äußere Eindruck aber nicht ausschlaggebend, sondern nur der Wille der Parteien.[205] Aus diesem Grund können auch mehrere Verträge nach dem Willen der Parteien derart zu einem Gesamtvertrag zusammengefaßt sein, daß sie rechtlich eine Einheit bilden und voneinander abhängig sind.[206] Ob der Aufhebungsvertrag und die Absprache über die Gewährung der Outplacement-Beratung einen solchen Gesamtvertrag bilden, ist eine Auslegungsfrage des Einzelfalls. Es liegt jedoch nahe, daß in der Regel zumindest ein erkennbarer Wille des ausscheidenden Arbeitnehmers zur Annahme eines rechtlich einheitlichen Vertrages vorliegt. Dafür sprechen zwei

---

203 Vgl. Kapitel: II.2.2.1.1. (S.91).

204 BGH v.06.12.1979 in: 76, 43(49) ; BGH v.06.11.1980 in: 78, 346(348) ; Staudinger/*Löwisch* § 305 RdNr.44 ; MüKom/*Thode* § 305 RdNr.40.

205 BGH v.22.05.1970 in: NJW 1970, S.1414(1415) ; Staudinger/*Löwisch* § 305 RdNr.45.

206 Palandt-*Heinrichs* Einf.§ 305 RdNr.16 ; MünKom/*Thode* § 305 RdNr.41.

Gründe. Zum einen ändert sich mit der Ausgliederung der Outplacement-Vereinbarung aus dem Aufhebungsvertrag nichts an dem Umstand, daß die Zusage der Outplacement-Beratung für den Arbeitnehmer einen gewichtigen Grund darstellt, sich überhaupt auf den Abschluß des Aufhebungsvertrages einzulassen. Es kommt aber zum anderen noch hinzu, daß auch der Inhalt des Aufhebungsvertrages von dem Abschluß der Outplacement-Absprache mitbestimmt ist. Ein Kernelement der Aufhebungsvereinbarung bildet die Abrede über die Höhe der finanziellen Abfindung. In den meisten Fällen reduziert sich die Abfindung zumindest teilweise, wenn der Arbeitgeber im Gegenzug die Kosten der Outplacement-Beratung übernimmt. Eine der wichtigsten Abreden aus Arbeitnehmer und Arbeitgebersicht im Aufhebungsvertrag wird damit in der genauen inhaltlichen Festlegung von einer gesonderten Leistungsvereinbarung bestimmt. Die Einigung über die Modalitäten der Aufhebung des Arbeitsverhältnisses kann deshalb nur im Zusammenhang mit der gleichzeitigen Zusage zur Gewährung der Outplacement-Beratung gesehen werden.

Vor diesem Hintergrund wird man davon auszugehen haben, daß nach dem Willen des Arbeitnehmers der Aufhebungsvertrag nur zusammen mit der Outplacement-Absprache stehen und bei Vertragsstörungen auch fallen soll. Im Rahmen der einheitlichen Verhandlungen über die Modalitäten bzw. Bedingungen zur Aufhebung des Arbeitsverhältnisses wird diese Abhängigkeit dem Arbeitgeber regelmäßig bewußt sein, da die Ausgliederung eben vorrangig nur steuerrechtlich motiviert ist.

Danach ist grundsätzlich anzunehmen, daß eine selbständige Outplacement-Vereinbarung neben dem Aufhebungsvertrag keine Auswirkungen auf die synallagmatische Verknüpfung von Outplacement-Gewährung und der Einwilligung in Beendigung des Arbeitsverhältnisses hat. Es besteht eine Vertragsverbindung zwischen dem Aufhebungsvertrag und der Outplacement-Zusage, so daß sich Rechtsfolgen aus möglichen Unwirksamkeitsgründen oder Leistungsstörungen stets auf diese vertraglichen Beziehungen zwischen Arbeitgeber und Arbeitnehmer in ihrer Gesamtheit auswirken.

2.2.3. Gruppen-Outplacement

Beim Gruppen-Outplacement besteht zwischen dem Arbeitgeber und den betroffenen Arbeitnehmern in aller Regel keine individualvertragliche Rechtsbeziehung. Entscheidet sich der Arbeitgeber zur Durchführung eines Gruppen-Outplacements, erfolgt diese Maßnahme vorherrschend nur im Zusammenhang mit umfangreicheren Personalabbaumaßnahmen. Das Gruppen-Outplacement-Programm richtet sich deshalb vor allem an Mitarbeiter unterer Hierarchieebenen, bzw. Tarifmitarbeiter. In der Mehrzahl der Fälle handelt es sich um Personalmaßnahmen, die im Zuge unternehmerischer Maßnahmen erfolgen, die eine Aufstellung eines Interessenausgleichs und Sozialplan gemäß §§ 111, 112a

BetrVG erfordern. Die Outplacement-Maßnahme bildet dann einen Leistungsbestandteil des Sozialplans.[207] Der Sozialplan hat gemäß § 112 Abs.1 BetrVG die Wirkung einer Betriebsvereinbarung und begründet normativ den Anspruch der betroffenen Arbeitnehmer auf die zwischen Arbeitgeber und Betriebsrat vereinbarte Outplacement-Maßnahme.

2.3. Die Rechtsbeziehung zwischen Arbeitnehmer und Berater

In den meisten Fällen besteht zwischen dem ausscheidenden Arbeitnehmer und dem Outplacement-Berater keine vertragliche Rechtsbeziehung. In der Regel werden die Outplacement-Beratungsleistungen ausschließlich zwischen Arbeitgeber und Berater in dem Outplacement-Beratungsvertrag rechtsverbindlich begründet. Diese vertragliche Rechtsbeziehung zwischen Arbeitgeber und Outplacement-Berater wurde rechtlich als sog. freier Dienstvertrag zugunsten des ausscheidenden Arbeitnehmers qualifiziert.[208] Da die Outplacement-Beratungsverträge vorsehen, daß die Beratungsleistung unmittelbar an den betroffenen Arbeitnehmer erbracht wird, haben die Vertragsparteien jedoch nicht nur ihre eigene Rechtsbeziehung ausgestaltet, sondern auch eine Leistungsbeziehung zwischen Arbeitnehmer und Outplacement-Berater rechtlich begründet. Diese Leistungsbeziehung des Outplacement-Beraters gegenüber dem begünstigtem Arbeitnehmer kann durch die vertragschließenden Parteien allerdings unterschiedlich gestaltet sein. Die Bestimmung der Rechtsposition des begünstigten Arbeitnehmers hängt davon ab, ob der Beratungsvertrag als echter oder unechter Vertrag zugunsten des ausscheidenden Arbeitnehmers ausgestaltet ist. Bei einem echten Vertrag zugunsten des betroffenen Arbeitnehmers erwirbt der Arbeitnehmer gemäß § 328 Abs.1 BGB unmittelbar einen eigenen Leistungsanspruch gegen den Outplacement-Berater. Im Gegensatz dazu wird bei einem unechten Vertrag zugunsten des Arbeitnehmers lediglich der Outplacement-Berater ermächtigt, mit befreiender Wirkung an den Arbeitnehmer zu leisten. Die Bestimmung der genauen Vertragsvariante ist von besonderer Bedeutung, weil davon abhängt, ob dem begünstigten Arbeitnehmer als Inhaber des primären Leistungsanspruchs auch die gesetzlichen Sekundäransprüche zustehen, – insbesondere – wenn es zu Leistungsstörungen auf Seiten des Outplacement-Beraters kommt.

Gemäß § 328 Abs.2 BGB hat die Unterscheidung zwischen den möglichen Vertragsvarianten grundsätzlich nach dem Willen der vertragschließenden Parteien zu erfolgen. In den Outplacement-Beratungsverträgen ist allerdings meist kein ausdrücklicher Parteiwille darüber niedergelegt, wonach der ausscheidende Arbeitnehmer ein unmittelbares Forderungsrecht durch den Beratungsvertrag

[207] Zum Inahlt einer solchen Vereinbarung Kapitel: II.2.1.2.2.(S.88).
[208] Vgl. Kapitel: II.2.1.1.2. (S.81).

erwerben soll. Nach der Auslegungsregel des § 328 Abs.2 BGB können jedoch neben dem objektiv erkennbaren Parteiwillen zusätzlich der Zweck der Vereinbarung und alle sonstigen Umstände des Einzelfalls zur Bestimmung des Vertragsinhaltes herangezogen werden.

Im Mittelpunkt der Leistungspflichten des Outplacement-Beratungsvertrages steht die Beratung des ausscheidenden Arbeitnehmer. Aus diesem Grund richtet sich auch der konkrete Ablauf vor allem nach den Bedürfnissen des betroffenen Arbeitnehmers. Der Outplacement-Berater vereinbart mit dem Arbeitnehmer die Beratungstermine und legt die Beratungsschritte fest. Die Erfüllung der Beratungspflicht erfolgt – wenn man von einzelnen Informationsgesprächen über den Verlauf absieht – ohne jede weitere Beteiligung des Arbeitgebers. Der Arbeitgeber hat selbst kaum eine Beurteilungsmöglichkeit, ob die Beratungsleistung qualifiziert und vertragsgemäß durchgeführt wird. Für den Arbeitgeber ist die Realisierung der Outplacement-Maßnahme mit dem Abschluß des Aufhebungs- und des Outplacement-Vertrages weitgehend abgeschlossen. Eine Einbeziehung in die tatsächliche Durchführung der Beratung ist weder möglich noch wird sie angestrebt, schließlich bildet die Trennung von dem Mitarbeiter den Anlaß der Zuwendung. In vielen Fällen wird der Arbeitnehmer auch vor der Aufnahme der Beratung bereits aus dem Unternehmen ausgeschieden sein, so daß zwischen Arbeitnehmer und Arbeitgeber kein Kontakt mehr besteht. Deshalb kann man davon ausgehen, daß der Arbeitgeber auch ein beachtliches Interesse daran hat, dem ausscheidenden Arbeitnehmer eine möglichst feste Rechtsposition, vornehmlich einen eigenen Anspruch zu verschaffen, um selbst aus der Abwicklung der Beratungsleistung und möglichen Konflikten zwischen Berater und Arbeitnehmer herausgehalten zu werden. Nach den äußeren Umständen und dem Zweck der Outplacement-Beratung ist daher anzunehmen, daß es dem Parteiwillen entspricht, daß dem betroffenen Arbeitnehmer selbst ein Forderungsrecht auf die Beratungsleistung zukommt. Die Rechtsprechung nimmt bei ähnlich gelagerten Verträgen mit Versorgungscharakter[209] regelmäßig ein Forderungsrecht des Dritten an, weil an der Erbringung der Leistung primär der Dritte ein starkes persönliches Interesse besitzt. Es liegt nahe, die Outplacement-Beratungsverträgen im Zweifel ebenfalls als berechtigende Verträge zugunsten der Arbeitnehmer einzustufen.

Zur Rechtsbeziehung zwischen dem ausscheidenden Arbeitnehmer und dem Outplacement-Berater läßt sich somit sagen, daß zwar regelmäßig kein vertragliches Rechtsverhältnis besteht, dem Arbeitnehmer allerdings ein abgespaltenes Forderungsrecht auf die Beratungsleistung aus dem Vertrag zwischen Arbeitgeber und Outplacement-Berater zusteht. Aufgrund dieser Leistungsbeziehung ist

---

[209] BGH v.16.10.1990 in: NJW 1991, S.2209 ; BGH v.17.01.1985 in: BGHZ 93,271 ; BGH v.09.11.1966 in: BGHZ 46, 198.

die Beziehung zwischen dem Arbeitnehmer und Outplacement-Berater auch als sog. Leistungsvollzugverhältnis[210] zu bezeichnen. Wichtig ist, daß aufgrund der Leistungsbeziehung zwischen dem Schuldner und dem Dritten ein vertragsähnliches Vertrauensverhältnis[211] besteht. Die Rechtsbeziehung zwischen Outplacement-Berater und Arbeitnehmer ist deshalb – wie bereits erwähnt[212] – dadurch gekennzeichnet, daß aufgrund der Gläubigerstellung des begünstigten Arbeitnehmers sowohl dem Outplacement-Berater als auch den Arbeitnehmern alle vertraglichen Nebenpflichten (einschließlich Schutz-, Sorgfaltspflichten) bei der Erfüllung der Beratungsleistung obliegen.[213]

2.4. Leistungsstörungen in den einzelnen Rechtsbeziehungen

Die Beteiligung von drei verschiedenen Parteien an Outplacement-Maßnahmen erhöht das Risiko, daß es im Einzelfall in den verschiedenen Leistungsbeziehungen der Parteien zu Komplikationen bei der Erfüllung der jeweils bestehenden Pflichten kommt. Vor dem Hintergrund der Dreiecksbeziehung bei der Abwicklung der Outplacement-Maßnahme ist aus arbeitsrechtlicher Sicht interessant, wie sich die Nichterfüllung von vertraglichen Leistungspflichten auf die Durchführung der geplanten Beratung zugunsten des betroffenen Arbeitnehmers auswirkt und welche rechtlichen Reaktionsmöglichkeiten er besitzt. In dem folgenden Abschnitt wird daher vorrangig untersucht, welche Komplikationen die Beratungsleistung gegenüber dem Arbeitnehmer gefährden können und welche Rechte dem betroffenen Arbeitnehmer zustehen, um sein Erfüllungsinteresse zu wahren.

2.4.1. Leistungsstörungen im Verhältnis zwischen Arbeitnehmer und Outplacement-Berater

Die Rechtsbeziehung zwischen Arbeitnehmer und Outplacement-Berater birgt als eigentliches Leistungsvollzugsverhältnis die meisten Risiken von Komplikationen bei der Erfüllung des Beratungsvertrages. Die Beratung erfordert, daß zwischen Berater und Arbeitnehmer ein vertrauensvolles Beratungsklima besteht. In der Praxis ist der Berater daher sehr darauf bedacht, den Verlauf und den Inhalt einvernehmlich mit dem Arbeitnehmer nach dessen Bedürfnissen auszurichten. Dies schließt aber nicht aus, daß es während der einzelnen Beratungsschritte zu Enttäuschungen über den tatsächlichen Beratungsinhalt kom-

---

210 Soergel-*Hadding* § 328 RdNr.20 ; *Medicus* SR AT § 66 I.3.b)cc).

211 Palandt-*Heinrichs* Einf.§ 328 RdNr.5.

212 Vgl. S.78.

213 MünKom/*Gottwald* § 328 RdNr.25 ; BGH v.29.04.1953 in: BGHZ 9, 318 ; Palandt-*Heinrichs* Einf.§ 328 RdNr.5.

men kann. Es besteht auch die Gefahr, daß der tatsächliche Inhalt der Beratungsleistungen nicht dem zuvor vorgestellten Beratungskonzept und -umfang entspricht und im wesentlichen aus Vermittlung von „Allgemeinheiten" besteht. Angesichts der unbeschränkten Möglichkeit, sich als Outplacement-Berater niederzulassen, ist das Risiko einer unseriösen Beratung im Hinblick auf die hohen Honorarsätze der Berater nicht unterzubewerten. Die Gefahr von ernsthaften Leistungsstörungen im Verhältnis zwischen Berater und Arbeitnehmer betrifft deshalb überwiegend Komplikationen, – abgesehen von möglichen persönlichen Abneigungen zwischen Arbeitnehmer und Berater – die dadurch ausgelöst werden, daß der Berater seine Leistung nicht vertragsgemäß erfüllt. Vor dem Hintergrund, daß die Spezifizierung der vertraglichen Leistungspflicht in den Outplacement-Verträgen zum Teil sehr allgemein gehalten ist, wird die Beurteilung der vertraglichen Beratungsleistung als mangelhaft allerdings immer mit Schwierigkeiten verbunden sein. Ob es sich um eine bloße Schlechterfüllung des Beratungspflicht oder um einen Totalausfall im Sinne einer vertraglichen Nichterfüllung handelt, wird sich deshalb nur aus den genauen Umständen des konkreten Einzelfalls näher bestimmen lassen.

Ausgehend davon, daß aus Sicht des Arbeitnehmers die Beratungsleistung z.B. nicht dem zuvor angekündigten Konzept und den vertraglich vorgesehenen Inhalten entspricht oder weitgehend unqualifiziert durchgeführt wurden, stellt sich die Frage, welche Rechte der Arbeitnehmer besitzt, um angesichts seiner sozialen und beruflichen Situation auf Leistungsdefizite des Outplacement-Beraters zu reagieren. Die Beantwortung dieser Frage – nach den Ansprüchen des Arbeitnehmers bei Leistungsstörungen auf Seiten des Beraters – betrifft die heftig umstrittene Frage, ob bei einem Vertrag zugunsten eines Dritten die Rechtsstellung des Dritten die eigenständige Wahl unter den gesetzlichen Sekundäransprüchen umfaßt und ob der Dritte auch Gestaltungsrechte geltend machen kann, die auf den Bestand der Vereinbarung zwischen den vertagsschließenden Parteien Einfluß haben.

Nach der Rechtsprechung[214] und der vorherrschenden Meinung in der Literatur[215] besitzt der begünstigte Arbeitnehmer zwar ein eigenes Forderungsrecht auf die Beratungsleistung, er erlangt deswegen jedoch noch keine, der vertragschließenden Partei vergleichbare Rechtsstellung. Dem Dritten werden deshalb diejenigen Gestaltungsrechte versagt, die Auswirkungen auf das Rechtsverhältnis der Vertragsparteien haben. Nach dieser Ansicht würden dem betroffenen Arbeitnehmer nur Schadensersatzansprüche nach den §§ 280, 281, 283, 286 BGB und Ersatzansprüche für mögliche Nebenpflichtverletzungen (positive

214 BGH v.09.04.1970 in: BGHZ 54, 145(147).

215 *Larenz* § 17 I.b) ; Palandt-*Heinrichs* § 328 RdNr.5 ; *Gernhuber (1989)* § 20 IV 5.a),b) ; Staudinger-*Jagmann* § 335 RdNr.11 mit weiteren Nachweisen.

Vertragsverletzungen) zustehen. Diese Rechte sind für den betroffenen Arbeitnehmer aber nur von sehr begrenztem Nutzen. Den Fall, daß der Berater zu der Beratungsleistung nicht in der Lage ist, wird es in der Praxis kaum geben. Die Gefahr, daß der Berater unmittelbar nach der Übernahme der Beratung insolvent wird, ist aufgrund der gängigen Praxis – die Honorarforderung des Outplacement-Beraters mit Aufnahme der Beratung zu erfüllen – vornehmlich theoretischer Natur.

Für den Arbeitnehmer sind im Grunde nur diejenigen Rechte interessant, die ihm im Falle der vertragswidrigen oder unprofessionellen Beratung zustehen und bewirken, daß der Beratungsvertrag zwischen Arbeitgeber und Berater aufgehoben wird, um dadurch einen Wechsel des Beraters zu ermöglichen. Ein bloßer Schadensersatzanspruch des Arbeitnehmers in Höhe der Beratungskosten ist für den betroffenen Arbeitnehmer wenig wert. Ein effektiver Wechsel des Beraters ist nur möglich, wenn erneut der Arbeitgeber einen Outplacement-Berater beauftragt, um nicht dem Risiko zu unterliegen, daß potentielle seriöse Berater die Übernahme eines Privatauftrages ablehnen. Der Arbeitnehmer wird deshalb ein Interesse an der vollständigen Rückabwicklung des ersten Beratungsauftrages mit anschließender einvernehmlich wiederholter Beauftragung eines neuen Outplacement-Beraters haben. Diesen Weg der Regulierung von Leistungsstörungen kann der Arbeitnehmer jedoch nur gehen, wenn ihm die Erklärung des Rücktritts vom Beratungsvertrag eröffnet ist.

Nach der herrschenden Ansicht in Literatur und Rechtsprechung steht dieses Gestaltungsrecht allerdings nur dem vertragsschließenden Arbeitgeber zu.[216] Als einzige Einschränkung – die in diesem konkreten Fall keine wirkliche Einschränkung ist – wird zugestanden, daß der Gläubiger eines Vertrages zugunsten eines Dritten, dieses Recht nur nach Zustimmung des Dritten ausüben darf, wenn der Forderungsanspruch dem Dritten nach der Vertragsauslegung nicht mehr entziehbar ist.[217] Diese Lösung erscheint aber – insbesondere in Bezug auf die Situation bei Outplacement-Verträgen – kaum vertretbar. Der Inhaber des eigentlichen Leistungsanspruchs ist der Arbeitnehmer und nur dieser kann als Leistungsempfänger auch beurteilen, ob die Beratungsleistung aus seiner Sicht inhaltlich den vertraglichen Anforderungen entspricht. Wie bereits erwähnt, will der Arbeitgeber mit der Beauftragung eines externen Beraters in die konkrete Durchführung der Beratung auch regelmäßig nicht mehr eingeschaltet werden. Eine Pflicht zum gemeinsamen Handeln – vor allem, wenn der Arbeitnehmer bereits das Unternehmen verlassen hat – ist unter diesem Umständen nahezu undurchführbar und läßt sich kaum begründen.[218]

---

216 Vgl. Fn. 214/215.

217 *Medicus* SR AT § 66 III.4 ; Palandt-*Heinrichs* § 328 RdNr.68.

218 Vgl. MünKom/*Gottwald* § 335 RdNr.8.

Entgegen der herrschenden Meinung sind zur Beurteilung der Rechte des Dritten als eigentlichem Inhaber des Leistungsanspruchs deshalb nicht die §§ 280 ff. BGB anzuwenden, sondern die §§ 320 ff. BGB heranzuziehen. Entscheidend ist, daß die hier befürwortete Gegenmeinung[219] es dem Dritten zubilligt, daß er mit der Ausübung der Rechte aus §§ 320 ff. BGB die Rechtsbeziehung zwischen den vertragschließenden Parteien umgestalten kann. Dies wird damit begründet, daß die Leistungspflicht des Versprechenden gegenüber dem Dritten und die Gegenleistung des Versprechensempfängers synallagmatisch verknüpft sind und der Dritte kraft seiner Stellung als eigentlicher Leistungsgläubiger nur Rechte geltend macht, die durch die Nichterfüllung seiner Forderung durch den Versprechenden ausgelöst werden. Bei diesem Anlaß muß der Versprechensempfänger es hinnehmen, daß sich Leistungsstörungen des von ihm als Leistungsmittler eingesetzten Versprechenden auf seine Rechtsbeziehung auswirken.[220] Allein dem Versprechensempfänger die Zuständigkeit für die Erklärung von Gestaltungsrechten zu geben, ist – wie zuvor aufgezeigt – impraktikabel und wird der Interessenlage nicht gerecht. Aus der Anwendung der §§ 320 ff. BGB folgt, daß der Dritte neben den gesetzlichen Ansprüchen aus den §§ 320 ff. BGB auch die Sekundäransprüche bei Schlechterfüllung geltend machen kann und zwar insofern, als auch diese Einfluß auf die Rechtsbeziehung zwischen Arbeitgeber und Arbeitnehmer nehmen. Dem Dritten obliegt das umfassende Wahlrecht zwischen den Sekundäransprüchen, so daß es dem betroffenen Arbeitnehmer möglich ist, durch Erklärung des Rücktritts vom Beratungsvertrag (aus positiver Vertragsverletzung wegen Schlechterfüllung)[221] das Vertragsverhältnis zwischen dem Arbeitgeber und Outplacement-Berater in ein Rückgewährschuldverhältnis umzugestalten. Das hat für den Arbeitgeber die Konsequenz, daß der Versuch, mit der Beauftragung des konkreten Beraters als Leistungsmittler dem Grund im Valutaverhältnis (Zusage einer Outplacement-Beratung) zu genügen, fehlgeschlagen ist. In diesem Fall muß der Arbeitgeber gemeinsam mit dem Arbeitnehmer erneut einen zu beauftragenden Berater auswählen, um seiner Verpflichtung aus dem Aufhebungsvertrag auf Gewährung der Outplacement-Beratung nachzukommen.

Im Falle von gravierenden Leistungsstörungen im Verhältnis zwischen Berater und Arbeitnehmer ist es dem betroffenen Arbeitnehmer – nach der hier vertretenen Auffassung – also möglich, durch die uneingeschränkte Auswahl zwischen Sekundäransprüchen (Schadensersatz, Rücktritt, etc.) seine Interessen an einer

---

219 *Hadding* in: FS Gernhuber S.153(163ff.); *Dörner*, S.306(312ff.) ; MünKom/*Gottwald* § 335 RdNr.14.

220 *Hadding* in: FS Gernhuber S.164.

221 Palandt-*Heinrichs* § 276 RdNr.109 ; BGH v.04.03.1982 in: NJW 1983, S.1188 ; *Ulrich* in: NJW 1984, S.585.

vertragsgemäßen Outplacement-Beratungsleistung – gegebenenfalls mit einem Wechsel des Beraters – zu erhalten.

2.4.2. Leistungsstörungen im Verhältnis zwischen Arbeitgeber und Outplacement-Berater

Die am nächsten liegende Leistungsstörung in der vertraglichen Rechtsbeziehung zwischen Arbeitgeber und Outplacement-Berater ist die Nichterfüllung der Honorarforderung des Outplacement-Beraters durch den Arbeitgeber. Der Rechtsbeziehung zwischen Arbeitgeber und Arbeitnehmer liegt ein Dienstvertrag als gegenseitiger Vertrag zugrunde, so daß sich in diesem Fall für den Outplacement-Berater die gewöhnlichen Rechte aus den §§ 320 ff. BGB sowie positiver Vertragsverletzung ergeben. Im umgekehrten Fall – der Leistungsstörung durch den Outplacement-Berater – muß aufgrund der Ausgestaltung des Dienstvertrages als Vertrag zugunsten des ausscheidenden Arbeitnehmers entschieden werden, inwieweit der Arbeitgeber die einem Gläubiger zustehenden Sekundärrechte aus den §§ 320 ff. BGB geltend machen kann.[222]

Eine Leistungsstörung auf Seiten des bisherigen Arbeitgebers stellt den ausgeschiedenen Arbeitnehmer vor ein erhebliches Problem. Unterbleibt die Vergütung des Outplacement-Beraters oder erfolgt sie nur teilweise, wirkt sich dies immer auch zu Lasten der vorgesehenen Beratung bzw. der folgenden Beratungsschritte aus. Der Anspruch des Dritten auf die Beratungsleistung beruht ausschließlich auf der vertraglichen Beziehung zwischen Arbeitgeber und Outplacement-Berater. In Ergänzung zu § 328 BGB zieht § 334 BGB aus dieser Konstellation die selbstverständliche Konsequenz, daß der Schuldner nicht schlechter gestellt werden darf, nur weil er an einen Dritten und nicht an den Versprechensempfänger leisten muß. Dem Outplacement-Berater stehen deshalb gemäß § 334 BGB alle Einwendung aus der vertraglichen Beziehung zum Arbeitgeber auch gegenüber dem Arbeitnehmer zu. Der Berater kann bei einem Zahlungsverzug des Arbeitgebers die Aufnahme oder Fortsetzung der Beratung verweigern oder gegebenenfalls die Rechte aus den §§ 323 ff. BGB geltend machen und seine Leistungspflicht zum Erlöschen bringen. Dies ist besonders problematisch, wenn einerseits der Arbeitgeber die Honorarforderung des Beraters nicht erfüllt, andererseits der Arbeitnehmer – was regelmäßig der Fall sein wird – bereits der Aufhebungsvereinbarung zugestimmt hat. Eine berechtigte Leistungsverweigerung des Beraters wird zwar regelmäßig auch zu einer vom

---

[222] Vor dem Hintergrund der Angaben auf S.103 befürwortet die Rechtsprechung und Literatur dies weitgehend, zum Teil wird eine Abhängigkeit von der Zustimmung des Dritten als erforderlich angesehen: vgl. Fn. 214/215 ; oder auch BGH in: NJW-RR 1993, 770 ; MünKomm/*Gottwald* § 328 RdNr.8 ; einschränkend: Palandt-*Heinrichs* § 328 RdNr.6.

Arbeitgeber zu vertretenen Störung des Valutaverhältnisses führen. Für den ausgeschiedenen Arbeitnehmer stellt die möglicherweise notwendige gerichtliche Inanspruchnahme des bisherigen Arbeitgebers – angesichts der besonderen sozialen und finanzielle Situation – allerdings eine besondere Belastung dar. Zudem wird die Situation der arbeitgeberseitigen Nichterfüllung der Honorarforderungen vornehmlich bei einer Insolvenz des Arbeitgebers eintreten. In diesem Fall wird es dem Arbeitnehmer kaum noch möglich sein, vom Arbeitgeber die vollständige Erfüllung der Honorarforderungen gemäß der Vereinbarung im Aufhebungsvertrag zu erlangen.

In Belgien wurde dieses Problem gesehen und kollektivrechtlich festgelegt, daß sich die Outplacement-Berater gegenüber dem Arbeitnehmer auf Nichterfüllung des Vertrages durch den Arbeitgeber nicht berufen dürfen.[223] Die gesetzliche Regelung in § 334 BGB ist dispositiv und könnte von den Vertragsparteien eingeschränkt werden. Die Annahme, daß es zur Abrede einer Einschränkung oder einer selbstgewählten Übernahme der Leistungsgefahr durch den Outplacement-Berater kommt, wäre aber wirklichkeitsfremd. Insoweit könnte nur eine kollektivrechtliche Regelung – gegebenenfalls eine Betriebsvereinbarung[224] – vorsehen, daß wenigstens von Seiten des Arbeitgebers der Abschluß eines Outplacement-Beratungsvertrages nur unter Aufnahme einer solchen Klausel zugunsten des Arbeitnehmers erfolgen darf. Der Outplacement-Berater wird dann aus eigenem Interesse sicherstellen, daß es nur zur Übernahme des Beratungsauftrages kommt, wenn gewährleistet ist, daß der Arbeitgeber zuvor die Gegenleistung für die Beratung erfüllt hat oder zumindest erfüllen kann.

2.4.3. Leistungsstörungen im Verhältnis zwischen Arbeitgeber und Arbeitnehmer

Die gegenseitigen Leistungspflichten zwischen Arbeitgeber und ausscheidendem Arbeitnehmer sind im Aufhebungsvertrag begründet. Für den Arbeitnehmer beschränkt sich die vertragliche Leistungspflicht im wesentlichen darauf, daß er der Beendigung des Arbeitsverhältnisses zustimmt. Diese Vertragspflicht erfüllt der Arbeitnehmer unmittelbar, indem er im Aufhebungsvertrag zugleich eine Aufhebungsverfügung hinsichtlich des bestehenden Arbeitsverhältnisses vornimmt.[225] Demgegenüber verpflichtet sich der Arbeitgeber im Aufhebungsvertrag noch zu weiteren primären Leistungen, die er zusätzlich erbringen muß. In erster Linie betrifft dies die Zahlung einer Abfindung. Mit der Aufnahme einer Outplacement-Regelung werden die Vertragspflichten dahingehend erweitert, daß der Arbeitgeber sich verpflichtet, einen Outplacement-Berater zu beauftragen und die Kosten für diese Beratung zu übernehmen. Wie zuvor begründet ist

---

[223] Vgl. dazu *Kibler* in: RdA 1996, S.366(372).

[224] Vgl. Kapitel: IV.2.2. (S.188).

[225] Zur Abstraktheit des Aufhebungsvertrages: Kapitel II.2.2.1.2.(S.92).

davon auszugehen, daß die Einwilligung in die Aufhebung des Arbeitsverhältnisses sowohl mit der Pflicht zur Zahlung einer Abfindung als auch mit der Regelung zur Gewährung einer Outplacement-Beratung synallagmatisch verknüpft ist. Gerät der Arbeitgeber mit der Abfindungszahlung in Verzug oder kommt er seiner Verpflichtung zur Beauftragung eines Outplacement-Beraters (einschließlich der Honorarübernahme) nicht nach, stehen dem Arbeitnehmer folglich die Rechte aus den §§ 320 ff. BGB zu.

Allerdings sind die Handlungsmöglichkeiten des bereits ausgeschiedenen Arbeitnehmers insoweit eingeschränkt, als daß er seine Arbeitsleistung nicht mehr zurückbehalten kann. Das wichtigste Recht des Arbeitnehmers aus den §§ 320 ff. BGB ist deshalb sein Recht auf Rücktritt vom Aufhebungsvertrag gemäß § 326 BGB. Der Ausübung des Rücktrittsrechts kann nicht entgegengehalten werden, der Arbeitnehmer habe zuvor mit dem Aufhebungsvertrag konkludent sein gesetzliches Rücktrittsrecht abbedungen.[226] Der Arbeitnehmer hat nur unter der Voraussetzung einer Abfindungszahlung und Outplacement-Beratung seinen Arbeitsplatz aufgegeben. Erfüllt der Arbeitgeber nicht seine vertraglichen Gegenleistungspflichten besteht für den Arbeitnehmer kein Anlaß an dem Vertrag weiter festzuhalten. Die Annahme eines konkludenten Verzichts auf das Rücktrittsrecht ist angesichts der sozialen und finanziellen Risiken, die mit der Aufgabe des Arbeitsplatzverlustes verbunden sind, abwegig. Mit dem wirksamen Rücktritt vom Aufhebungsvertrag gemäß § 326 BGB entfällt der Beendigungsgrund und das Arbeitsverhältnis besteht fort. Allerdings schneidet sich der Arbeitnehmer mit dem Rücktritt vom Aufhebungsvertrag auch die Möglichkeit ab, seine Abfindung als Erfüllung des Aufhebungsvertrages weiter einzubehalten bzw. zu beanspruchen.[227]

Es ist davon auszugehen, daß sich die Frage des Rücktritts vom Aufhebungsvertrag selten allein in Folge der Nichtgewährung der Outplacement-Beratung stellt. Angesichts der finanziellen Konsequenzen des wirksamen Rücktritts vom Aufhebungsvertrag – Wiederaufleben von Gehaltsansprüchen –, wird die Nichtgewährung der Outplacement-Beratung voraussichtlich mit der Nichterfüllung der Abfindungsforderung immer zusammenfallen. Eine andere Situation als eine Insolvenz des Arbeitgebers ist als Anlaß für die (teilweise) Nichterfüllung der Leistungspflichten aus dem Aufhebungsvertrag kaum vorstellbar. In vielen Fällen wird der Rücktritt vom Aufhebungsvertrag im Vergleich zu einer Leistungsklage auf Erfüllung der Outplacement-Verpflichtung deshalb finanziell noch am aussichtsreichsten sein, wenn nur noch geringe Vermögenswerte beim früheren Arbeitgeber vorhanden sind. Davon ist auszugehen, obwohl nach der

[226] So aber LAG Köln v. 05.01.1996 in: BB 1996, S.907(908).

[227] Zur Problematik des Rücktritts von arbeitsrechtlichen Aufhebungsverträgen: *Bauer/ Haußmann* in: BB 1996, S.901(902).

Insolvenzrechtsreform vom 01.01.1999 Ansprüche auf rückständiges Arbeitsentgelt als einfache Insolvenzforderungen und nicht mehr als Masseschulden behandelt werden. Ohne auf die Einzelheiten des Lohnschutzes in der Insolvenz des Arbeitgebers einzugehen, stellt der Anspruch auf Zahlung einer ausstehenden Abfindung nur eine einfache Insolvenzforderung dar.[228] Wenn der Arbeitnehmer wirksam vom Aufhebungsvertrag zurücktritt, kann das fortbestehende Arbeitsverhältnis vom Insolvenzverwalter gemäß § 113 Abs.1 InsO im Rahmen der insolvenzrechtlichen Kündigungsfrist (Höchstfrist) von 3 Monaten gekündigt werden. Unabhängig davon, ob das Arbeitsverhältnis für die Insolvenzmasse von Nutzen ist, bleibt er für diesen Zeitraum gemäß § 55 Abs. 1 InsO noch zur Zahlung verpflichtet.[229] Diese Ansprüche sind Masseverbindlichkeiten. Sieht der Arbeitsvertrag des betroffenen Arbeitnehmers eine längere Kündigungsfrist oder Laufzeit vor, entsteht für den Arbeitnehmer zudem ein Schadensersatzanspruch gemäß § 113 Abs. 1 Satz 3 InsO für entgangenen Verdienst bis zum regulären Beendigungstermin. Unter Berücksichtigung dieser Auswirkungen des wiederauflebenden Arbeitsverhältnisses ist der Rücktritt vom Aufhebungsvertrag also möglicherweise finanziell günstiger.

2.4.4. Zusammenfassung

Bei Leistungsstörungen auf Seiten des Outplacement-Beraters kann – nach der hier vertretenen Auffassung – der betroffene Arbeitnehmer selbständig alle Sekundäransprüche gegenüber dem Berater geltend machen und anstelle einer vertragswidrigen oder unprofessionellen Beratung diese Beratung bei einem anderen, seriösen Outplacement-Berater rechtlich durchsetzen. Problematischer ist die Situation bei Leistungsstörungen auf Seiten des Arbeitgebers. In diesen Fällen ist der Arbeitnehmer sowohl bei Leistungsstörungen in der Rechtsbeziehung zum Outplacement-Berater als auch in der eigenen Vertragsbeziehung zum Arbeitgeber relativ schlecht gestellt. Eine Störung der Rechtsbeziehung zum Berater wirkt sich über § 334 BGB unmittelbar auf den Beratungsanspruch des Arbeitnehmers aus, ohne daß er wirksam gegen den Arbeitgeber vorgehen kann. Der Arbeitnehmer kann zwar in beiden Fällen vom Aufhebungsvertrag gemäß § 326 BGB zurücktreten, die Notwendigkeit rechtlich seine Vertragsansprüche wahren zu müssen, wird aber vorwiegend bei einem Sachverhalt – Insolvenz des Arbeitgebers – auftreten, der eine erfolgreiche Durchsetzung von finanziellen Ansprüchen erheblich beeinträchtigt. Im Hinblick darauf, daß der Outplacement-Berater regelmäßig im Vorfeld die Trennung zwischen Arbeitgeber und Arbeitnehmer mit einleitet und gestaltet, erscheint eine kollektivrechtliche Regelung zum Schutz des Arbeitnehmers vor Leistungsstörungen – insbesondere bei

---

228 FK-InsO/*Mues* Anh.§ 113 RdNr.273.

229 *Häsemeyer*, RdNr.23.08.

Nichterfüllung der Honorarforderungen – aus der Rechtsbeziehung zwischen Arbeitgeber und Arbeitnehmer bzw. Outplacement-Berater ein guter Ansatz, um die Verantwortung des Outplacement-Beraters für die berufliche Entwicklung des betroffen Arbeitnehmers zu unterstreichen. Die Outplacement-Beratung wird immer ein wichtiger Bestandteil des Leistungspakets sein, auf dessen Grundlage der Arbeitnehmer der Beendigung seines meist kündigungsschutzrechtlich gesicherten Arbeitsverhältnisses zustimmt. Eine individualvertragliche oder kollektivrechtliche[230] Abrede über den Verzicht von Einwendungen gegenüber dem Arbeitnehmer würde dem Anspruch und Konzept des Outplacements entsprechen.

2.5. Die Störung der Vertragsparität

Die unternehmensbezogene Outplacement-Beratung findet im Vorfeld der geplanten Trennungsmaßnahmen, namentlich vor dem Entlassungsgespräch statt. In der Regel erarbeitet der Berater mit dem Verantwortlichen aus der Unternehmensleitung zwar den genauen Ablauf dieses Gesprächs und optimiert gegebenenfalls die Kommunikationstechniken, er nimmt aber selbst nicht an den Gesprächen teil. In der Praxis wird diese strikte Trennung zwischen praktischer Vorbereitung auf das Entlassungsgespräch und Durchführung nicht immer konsequent durchgehalten. Möglicherweise nimmt der Outplacement-Berater zuerst nicht an den Gesprächen zur Übermittlung der Trennungsentscheidung teil, partizipiert aber an den anschließenden Aufhebungsvertragsverhandlungen. Diese Variante ist nicht unwahrscheinlich, wenn im zeitlichen Zusammenhang mit der Übermittlung der Trennungsentscheidung der Outplacement-Berater sein Beratungskonzept vorstellt und der Arbeitgeber diese Situation nutzen möchte, um gegen die Zusage einer Abfindung den Abschluß der Aufhebungsvereinbarung zu beschleunigen. In der Praxis sind die Übergänge zwischen „passiver" Teilnahme an den Gesprächen über die Aufhebungsvereinbarung und „aktiver" Einflußnahme auf die Modalitäten der Trennung sowie der Entscheidungsfindung des Arbeitgebers sicher fließend. Hier dürfen die eigenen wirtschaftlichen Interessen des Outplacement-Beraters nicht übersehen werden. Das genaue Verhalten des Beraters bestimmt sich in dieser Situation wesentlich nur nach dessen individueller Auffassung zur Berufsethik. Vor diesem Hintergrund ist es überlegenswert, ob wegen einer Teilnahme eines Outplacement-Beraters an Verhandlungen zu einem Aufhebungsvertrag das Ergebnis der Vertragsverhandlungen zum Schutz des Arbeitnehmers einer späteren gerichtlichen Inhaltskontrolle unterliegen kann.

---

230 Zur Aufnahme einer solchen Regelung in einer freiwilligen Betriebsvereinbarung: S.193.

Grundsätzlich ist die Vertragsfreiheit eine der wichtigsten Formen der Privatautonomie und Ausdruck der allgemeinen Handlungsfreiheit.[231] Ausnahmsweise setzt das Gesetz der Gestaltungsfreiheit aber zwingende Grenzen (§ 134 BGB) oder wirkt durch wertausfüllungsbedürftiges, billiges Recht (§ 157, § 242 BGB, § 138 BGB) einschränkend. Die Entscheidungsfreiheit der Arbeitsvertragsparteien zur Beendigung des Arbeitsverhältnisses durch einen Aufhebungsvertrag wird nicht durch zwingende Rechtsnormen eingeschränkt. Die Rechtsordnung bietet über die zivilrechtlichen Generalklauseln der §§ 138, 242, 315 BGB aber unter der Berücksichtigung der objektiven Wertordnung des Grundgesetzes und der mittelbaren Drittwirkung der Grundrechte[232] die Möglichkeit, auf inhaltliche Vertragsgestaltungen korrigierend Einfluß zu nehmen. In diesem Zusammenhang hat das BVerfG in einer viel beachteten Entscheidung darauf hingewiesen, daß Gesetzgeber und Rechtsprechung die Privatrechtsordnung so auszugestalten haben, daß auch für eine wirtschaftlich unterlegene Vertragspartei zumindest ein Grundbestand an Privatautonomie gewährleistet ist.[233] Mit Rücksicht auf die verfassungsrechtlich gewährleistete Privatautonomie ist die Vertragsfreiheit demzufolge beschränkt, wenn von einer Vertragspartei vertragliche Regelungen faktisch einseitig gesetzt werden können. In Folge dieser Entscheidung wurde kontrovers diskutiert, inwieweit auch arbeitsrechtliche Aufhebungsverträge über § 138 I BGB einer umfassenden Inhaltskontrolle unterliegen.[234] Im Ergebnis wird die Inhaltskontrolle bei Aufhebungsverträgen mit der Begründung abgelehnt, daß aufgrund der kündigungsschutzrechtlichen Stellung des Arbeitnehmers ein Verhandlungsgleichgewicht besteht.[235] Es erscheint zweifelhaft, ob allein eine gesicherte Rechtsposition die Selbstbestimmung des Arbeitnehmers gewährleistet, wenn man berücksichtigt, daß subjektive und – von dem Arbeitgeber zu vertretende – objektive Einflüsse denkbar sind, die eine Willensentschließung des Arbeitnehmers erheblich beschränken können.[236] Die Hinzuziehung des Outplacement-Beraters zu den Aufhebungsvertragsverhandlungen könnte im Hinblick auf die verfassungsrechtlichen Anforderungen an die Gewährleistung einer unabhängigen Entscheidungsfindung eine Fallgestaltung darstellen, die eine nachträgliche Inhaltskontrolle der Vereinbarung begründen kann.

---

[231] BVerfGE 8, 274 (328) ; Palandt-*Heinrichs* Einf.§ 145 RdNr.3 ; *Brox* AT RdNr.73.

[232] BAG AP § 87 BetrVG 1972 Überwachung Nr.15 ; BAG AP § 611 BGB Berufssport Nr.6 ; *Zöllner/Loritz*, Arbeitsrecht, § 7 I 1 ; BAG AP § 611 BGB Haftung des Arbeitnehmers Nr.109.

[233] BVerfGE v.19.10.1993 in: NJW 1994, S.36 (38).

[234] Zustimmend: *Zwanziger* in: DB 1994, S.982 ; ablehnend: *Bauer/Diller* in: DB 1995, S.1811 ; *Bengelsdorf* in: ZfA 1995, 229.

[235] BAG v.14.02.1996 in: NZA 1996, 811 = EzA § 611 BGB Aufhebungsvertrag Nr. 21; *Bauer/Diller* in: DB 1995, S.1811.

[236] *Germelmann* in: NZA 1997, S.236(240).

Das BVerfG hat in seiner Entscheidung einschränkend festgestellt, daß eine Inhaltskontrolle privatrechtlicher Vereinbarungen auf diejenigen typisierbaren Fallgestaltungen beschränkt ist, bei denen die Vereinbarung die Folge einer strukturellen Unterlegenheit eines Vertragsteils ist.[237] Für die Beurteilung, wann eine solche strukturelle Ungleichbehandlung vorliegt, fehlen genaue Kriterien. Der Hinweis des BVerfG, daß das Vertragsergebnis für eine Seite ungewöhnlich belastend sein muß, hat insofern nur indizierende Bedeutung.

Betrachtet man die Situation des Arbeitnehmers bei den Verhandlungen zum Aufhebungsvertrag, wird es regelmäßig der Fall sein, daß der betroffene Mitarbeiter erstmalig mit dem Outplacement-Konzept konfrontiert wird. Der Arbeitnehmer wird dementsprechend kaum Informationen über den Inhalt des Konzepts besitzen und den möglichen praktischen Nutzen nicht unmittelbar beurteilen können. Dem Outplacement-Berater kommt in dieser Phase also eine besondere Bedeutung zu, da er bei den Vertragsverhandlungen oder zusätzlichen Informationsgesprächen die Gestaltung der Trennungsberatung ausführlich erläutern muß, um dem Arbeitnehmer überhaupt eine Abwägung zwischen den Vorteilen der einvernehmlichen Trennung mit Outplacement-Beratung und den Ansprüchen und Konsequenzen einer möglichen Kündigung zu ermöglichen. Der Mitarbeiter unterliegt damit bei seiner Willensbildung dem Einfluß von Dritten, die selbst am Abschluß des Aufhebungsvertrages besondere Interessen haben, die sich wiederum nicht ausschließlich mit den Interessen des ausscheidenden Mitarbeiters decken.[238] Entscheidet sich der Mitarbeiter für eine Outplacement-Beratung, wird dies zudem mit der Minderung einer möglichen Abfindung verbunden sein. Der Ablauf der Vertragsverhandlungen und die Vereinbarung der Outplacement-Beratung sind für den Arbeitnehmer also von besonderer Bedeutung, da die getroffenen Regelungen erhebliche Auswirkungen auf andere wichtige Regelungstatbestände des Aufhebungsvertrages haben. Berücksichtigt man noch, daß die Beendigung des Arbeitsverhältnisses keinen Routinevorgang darstellt und der Arbeitnehmer sich in einer psychischen Drucksituation befindet, erscheint es nicht abwegig anzunehmen, daß die objektive Beurteilungsfähigkeit des Arbeitnehmers eingeschränkt ist. Das bedeutet, daß der Abschluß eines Aufhebungsvertrages unter Hinzuziehung des Beraters zu den Vertragsverhandlungen, die autonome Entscheidungsfindung des Arbeitnehmers zumindest gefährden kann.

Gleichwohl bleibt es fraglich, ob durch die bloße Beteiligung Dritter an den Vertragsverhandlungen und durch die Erweiterung der Verhandlungsgegenstände sich eine Beschränkung der Selbstbestimmung des Arbeitnehmers be-

---

237 BVerfGE v.19.10.1993 in: NJW 1994, S.36 (38).

238 Zur lediglich formalen Neutralität des Outplacement-Beraters: Kapitel: II.1.3.4.1.(S.63) und Kapitel: II.1.3.4.2.(S.64).

gründen läßt. Aus verfassungsrechtlicher Sicht wird sich eine Aufhebung der Privatautonomie nur dort annehmen lassen, wo der einzelne tatsächlich nicht mehr selbstverantwortlich handeln kann. Nach der Argumentation des BAG[239] hat die Teilnahme weiterer Personen keinen Einfluß auf die Verhandlungs- und Entscheidungsfreiheit des Arbeitnehmers. Selbst bei einer einseitigen, arbeitgeberseitigen Interessenwahrnehmung des beteiligten Beraters, kann der Arbeitnehmer aufgrund der Bestandsschutzvorschriften nicht als schwächere Vertragspartei angesehen werden.[240] Dem BAG kann soweit zugestimmt werden, daß auch die Beteiligung Dritter nicht zu einer generellen Störung der Vertragsparität führt. Der Arbeitnehmer kann weiterhin den Vertragsabschluß oder Vertragsinhalt durch Ablehnung seiner Einwilligung mitentscheiden und gestalten. Angesichts der zusätzlichen Einflußnahme von Dritten auf die Vertragsgestaltung und -verhandlung bleibt es aber zweifelhaft, ob der Arbeitnehmer tatsächlich unabhängig nach eigener Überzeugung entscheiden kann.

Ebenso wie das BAG die Voraussetzungen für eine strukturelle Störung der Verhandlungsparität ablehnen, lehnen auch die Instanzengerichte eine Inhaltskontrolle von Aufhebungsverträgen weitgehend ab.[241] Die Inhaltskontrolle wird nur in Erwägung gezogen, wenn der Arbeitnehmer die strukturelle ungleiche Verhandlungsstärke im Einzelfall nachweist oder mit unlauteren Mitteln zum Abschluß des Aufhebungsvertrages gedrängt wurde.

Überträgt man diese Auffassung auf den besonderen Fall der Vertragsverhandlungen unter Beteiligung des Outplacement-Beraters, so bedeutet dies, daß der Arbeitnehmer die Möglichkeiten seiner Verhandlungsposition nutzen muß, um die inhaltliche Gestaltung des Aufhebungsvertrages, einschließlich der Modalitäten des Outplacements, selbst zu bestimmen. In diesem Zusammenhang muß er sich eigenverantwortlich über den persönlichen Nutzen, den Umfang und die Modalitäten der Outplacement-Beratung ausführlich informieren. Das Verhandlungsergebnis unterliegt aber grundsätzlich nicht der nachträglichen gerichtlichen Inhaltskontrolle, zumal ein wertender Vergleich zwischen der Leistung des Arbeitnehmers und der Gegenleistung des Arbeitgebers in Form einer Beratung kaum möglich ist. Die individuelle Beurteilung des Wertes der persönlichen Beratung durch den Arbeitnehmer kann schwer durch eine Einschätzung eines Gerichts dahingehend ersetzt werden, daß es sich um eine treuewidrige Vereinbarung oder offensichtlich unangemessene Leistung handelt.

---

239 BAG v.14.02.1996 in: NZA 1996, 811 = EzA § 611 BGB Aufhebungsvertrag Nr. 21.

240 *Bauer/Diller* in: DB 1995, S.1810 (1812) ; Kasseler-HandB/*Welslau*, Kap. 1.2 B. RdNr.68 ; *Bauer*, RdNr.12 ; *Bengelsdorf* in: BB 1995, S. 978(984).

241 Vgl. LAG Hamm v. 24.02.1995 LAGE § 611 BGB Inhaltskontrolle Nr.2 ; LAG Mecklenburg-Vorpommern v. 06.07.1995 LAGE § 611 BGB Aufhebungsvertrag Nr. 18.

3. Fazit

Es ist die freie Entscheidung des Arbeitnehmers, ein Outplacement-Angebot des Arbeitgebers anzunehmen. Da das Outplacement-Angebot aber den Arbeitsplatzverlust impliziert und die ernsthafte Trennungsabsicht unterstreicht, befindet sich der Arbeitnehmer in einer Situation, in der er in naher Zukunft meistens die gleichen Maßnahmen ergreifen muß, die Gegenstand der Outplacement-Beratung sind. Hier muß der Arbeitnehmer sich darüber klar werden, inwieweit er nach seinen Kenntnissen selbst dazu in der Lage ist, die notwendigen Schritte zur beruflichen Wiedereingliederung zu unternehmen. Angesichts der hohen Erfolgsquote der Outplacement-Berater ist anzunehmen, daß die nach dem Outplacement-Konzept vorgesehenen umfangreichen Beratungsleistungen zwar schwer meßbare, aber doch wahrscheinlich positive Auswirkungen auf die Aussicht haben, schneller eine den eigenen Wünschen und Berufszielen entsprechende Beschäftigungsposition wiederzuerlangen. Zumindest bestehen gegen die Teilnahme an Outplacement-Maßnahmen keine Bedenken – auch nicht gegen eine Verbreitung dieser Dienstleistung, z.B. durch die standardisierte Aufnahme eines Outplacement-Angebots im Arbeitsvertrag, weil die Beratung eine zusätzliche Chance bietet, daß bei der beruflichen Neuorientierung keine beruflichen Perspektiven verkannt oder durch Defizite beim Bewerbungsverfahren Beschäftigungsmöglichkeiten vereitelt werden. Berücksichtigt man den Konkurrenzdruck in Zeiten hoher Arbeitslosigkeit – der mit zunehmendem Alter des Arbeitsuchenden zunimmt – ermöglicht die Outplacement-Beratung eine Optimierung der Chancen am Arbeitsmarkt. Der Arbeitsmarkt wird dadurch zwar nicht direkt entlastet, für den einzelnen Arbeitnehmer kann die Beratung aber – zur Verkürzung der Zeit der Arbeitslosigkeit – große soziale Bedeutung haben. Das Instrument der Outplacement-Beratung bietet sich zumindest an, um die gängige Praxis von Entlassung plus Abfindung, bzw. Entschädigung auf der Grundlage von Sozialplänen um eine Maßnahme zu ergänzen, die nicht auf Kompensation des Arbeitsplatzverlustes, sondern auf aktive Zukunftsgestaltung ausgerichtet ist.

Nach der Untersuchung der Rechtsbeziehungen zwischen den beteiligten Parteien und deren vertraglicher Gestaltung zeigen sich aufgrund der Dreiecksbeziehung – Arbeitgeber-Berater-Arbeitnehmer – einige Problemfelder, wenn es zu Komplikationen bei der Abwicklung der jeweiligen Leistungspflichten kommt. Nach der hier durchgeführten Untersuchung verwenden die größeren (führenden) Outplacement-Beratungsunternehmen in der Regel Beratungsvertragsformulare, die die Leistungspflicht – also die einzelnen Beratungsbausteine – inhaltlich genauer definieren, was zur Rechtssicherheit über den Beratungsgegenstand beiträgt. Ein einheitliches Bild hat sich hier aber noch nicht durchgesetzt – zum einen wird sich dies wegen des individuellen Charakters der Beratungsleistungen im Einzel-Outplacement auch nicht erreichen lassen, zum anderen werden aus steuerrechtlichen Gründen unterschiedliche Gestaltungsvarianten gewählt.[242] Dies erfordert, daß der Arbeitnehmer – im eigenen Interesse – auf eine möglichst genaue Definition der mitarbeiterbezogenen Beratungsbausteine achtet, um bei Komplikationen, z.B. bei Leistungsdefiziten des Beraters, die Beratungspflichten darlegen zu können. Besonders aufmerksam muß der Arbeitnehmer den Beratungsvertrag zwischen Arbeitgeber und Berater darauf prüfen, ob Regelungen über einseitige Rücktrittsmöglichkeiten enthalten sind, die sich ausschließlich auf die Beratungspflicht auswirken und somit die Leistungserfüllung gefährden. Grundsätzlich, beinhaltet die Ausgestaltung der Vertragsbeziehung als Vertrag zugunsten des Arbeitnehmers ein gewisses Risiko für den Arbeitnehmer – insbesondere mit Blick auf § 334 BGB – und erschwert im Zweifel[243] auch die Ausübung von Sekundärrechten, insbesondere die Möglichkeit zur Erklärung des Rücktritts vom Vertrag, um den Berater zu wechseln. Aufgrund der gängigen Praxis, den Outplacement-Vertrag als Vertrag zugunsten Dritter auszugestalten – was ebenfalls steuerrechtlich motiviert ist[244] – sind alternative Vertragsgestaltungen kaum realisierbar, wenn man von dem seltenen Fall absieht, daß sich der Arbeitnehmer von sich aus – nach erfolgloser Arbeitsplatzsuche – um eine Beratung bemüht. Aus diesem Grund scheint die ergänzende Regelung der Rechtsbeziehungen der beteiligten Parteien, durch kollektivrechtliche Rahmenbedingungen oder die objektive Mitwirkung von betrieblichen Vertretern der Arbeitnehmer, die einzige Möglichkeit zu sein, um Risiken aus den aufgezeigten Problemfeldern zu minimieren und auf die Modalitäten der Durchführung einer Outplacement-Maßnahme Einfluß zu nehmen. Diese Möglichkeiten werden daher im folgenden Abschnitt untersucht.

---

[242] Oftmals werden einseitig die unternehmensbezogenen Beratungselemente betont, um – aus steuerlichen Gründen – den Charakter der Unternehmensberatung zu unterstreichen. Vgl. Kapitel: II.2.1. (S.70).

[243] Nach der Rechtsprechung ist die Ausübung der Sekundärrechte den Vertragsparteien vorbehalten. Vgl. Fn. 103.

[244] Diese Form der Vertragsgestaltung weist ebenfalls auf die unternehmensbezogene Ausrichtung der Beratung hin. Vgl. Kapitel: II.2.1. (S.70).

III. Outplacement im Kontext des Betriebsverfassungsrechts

Für eine unternehmerische Entscheidung ist immer von Bedeutung, ob die Einführung und Durchführung einer betrieblichen Maßnahme im freien Ermessen des Arbeitgebers steht oder ob kollektivrechtliche Vorschriften die Beteiligung der Arbeitnehmer – in Gestalt des Betriebsrates als Repräsentativorgan – vorsehen. Die betriebsverfassungsrechtlich eingeräumten Mitwirkungs- und Mitbestimmungsrechte des Betriebsrates begrenzen die freie Regelungsbefugnis des Arbeitgebers. Aus arbeitsrechtlicher Sicht stellt sich die Frage, welche Elemente des Outplacement-Konzepts eine Zuordnung dieses Personalinstruments zu bestehenden betriebsverfassungsrechtlichen Mitwirkungstatbeständen begründen können und damit die Einbeziehung des Betriebsrates in die Entscheidungsfindung des Arbeitgebers bei dem Einsatz von Outplacement erfordern.

Die in dieser Arbeit angestrebte Untersuchung der verschiedenen Bezugspunkte einer Outplacement-Maßnahme zu möglichen Informations-, Mitwirkungs- oder Mitbestimmungstatbeständen im Betriebsverfassungsgesetz, ist nicht nur von akademischen Interesse, sondern im Hinblick auf die herrschenden auftraggebenden Unternehmenstypen überaus praxisrelevant. Ausgehend von der Mitarbeiterzahl gehören die meisten Unternehmen, die eine Outplacement-Beratung anbieten, zu Unternehmen, die voraussichtlich einen Betriebsrat haben.

Nach einer Umfrage (1998)[245] erfolgte die Beratungstätigkeit der Outplacement-Berater zu 22,3 % für Unternehmen mit 100 bis 499 Mitarbeitern, zu 17,6 % für Unternehmen mit 500 bis 999 Mitarbeitern sowie für 26,6 % für Unternehmen mit 1.000 bis 4.999 Mitarbeitern und zu 12,2 % für Konzerne mit über 10.000 Mitarbeitern. Eine allgemeine Aussage zu Branchenschwerpunkten läßt sich nur schwer treffen, weil die Beratungstätigkeit der Outplacement-Berater in den einzelnen Wirtschaftsbereichen häufig mit ihrem – der Beratertätigkeit vorausgegangenem – Berufsweg zusammenhängt. Entsprechend den Umfrageergebnissen werden Outplacement-Beratungen aber vornehmlich im „verarbeitenden Gewerbe" (49,1 %), im Kredit- und Versicherungsgewerbe (12,7 %) sowie in der Dienstleistungs- und Informationstechnologiebranche (14,2 %) angeboten.[246]

Für diese Unternehmen – mit bestehendem Betriebsrat – ist die Beurteilung der betriebsverfassungsrechtlichen Relevanz einer Outplacement-Maßnahme wichtig, wenn Mitwirkungsrechte – deren Mißachtung sanktioniert ist[247] – an der Entscheidungsfindung des Arbeitgebers bestehen, die es dem Betriebsrat ermöglichen, die Anwendung von Outplacement-Maßnahmen mitzugestalten.

245 Vgl. BDU-Studie OPC in Deutschland 1998, Nr.8.

246 Vgl. Jahresbericht 1999 v.Rundstedt & Partner ; BDU-Studie OPC in Deutschland 1998, Nr.7.

247 Vgl. § 23 Abs.2, § 98 Abs.5 BetrVG.

Grundsätzlich steht eine obligatorische Beteiligung der Arbeitnehmerseite an der inhaltlichen Gestaltung einer Outplacement-Maßnahme nicht im Widerspruch zu den Zielen des Betriebsverfassungsgesetzes. Der Gesetzeszweck des Betriebsverfassungsrechts beschränkt sich nicht auf die Organisation des Betriebes, sondern umfaßt auch die Wahrung von individuellen Interessen einzelner Mitarbeiter.[248] Hier ist zu berücksichtigen, daß ein arbeitgeberseitiges Outplacement-Angebot vorrangig auf der Wahrnehmung konkreter Unternehmensinteressen beruht. Die konzeptionelle Berücksichtigung von Arbeitgeber- und Arbeitnehmerinteressen im Outplacement-Konzept darf nicht darüber hinweg täuschen, daß die Beratungsmaßnahmen zur Unterstützung des Arbeitnehmers vor allem notwendige Bestandteile des Konzepts sind, um konkrete Unternehmensinteressen bei der Personalfreisetzung zu verwirklichen. Eine Zugehörigkeit von Outplacement-Maßnahmen zu dem betriebsverfassungsgesetzlichen Aufgabenbereich des Betriebsrates drängt sich daher sogar auf, wenn man anerkennt, daß insbesondere im Bereich der Personalfreisetzung der Schutz von Individualinteressen der Arbeitnehmern Bestandteil der betriebsverfassungsgesetzlichen Regelungstatbestände ist.

Mit der regelmäßigen rechtlichen Einbindung der Outplacement-Vereinbarung in den Aufhebungsvertrag ergibt sich für die Beteiligungsmöglichkeit des Betriebsrat aber ein grundlegendes Problem. Der Arbeitgeber muß bei dem Abschluß des Aufhebungsvertrages weitgehend weder kollektiv- noch individualarbeitsrechtliche Vorschriften beachten. Abgesehen davon, daß die Vorschriften zum Kündigungsschutz keine Anwendung finden,[249] besteht auch kein Anhörungsrecht des Betriebsrates gemäß § 102 BetrVG. Daraus ergibt sich eine wichtige arbeitsrechtliche Fragestellungen, die mit der Frage der betriebsverfassungsrechtlichen Einordnung von Outplacement in engem Zusammenhang steht. Führt die Untersuchung der betriebsverfassungsrechtlichen Beteiligungstatbestände zu der Feststellung, daß Outplacement sich den bestehenden betriebsverfassungsrechtlichen Kategorien entzieht, stellt sich die Frage, ob in der Anwendung von Outplacement nicht eine Strategie zur Umgehung der Beteiligungsrechte des Betriebsrates und der Schutzrechte für Arbeitnehmer bei Kündigungen zu sehen ist. Hintergrund dieser Überlegung ist die Verbindung von Aufhebungsvereinbarung und Outplacement-Angebot. Diese Verbindung, bzw. die Förderung des Zustandekommens von Aufhebungsverträgen durch Outplacement-Angebote unterstützt den Arbeitgeber bei der Verwirklichung von Personalabbauvorhaben insofern als das im Zuge der Vereinbarung von Aufhebungsverträgen z.B. die Anforderungen an eine soziale Auswahl (§ 1 Abs.2 und

[248] Vgl. zu dem Zweck der Betriebsverfassung *Zöllner/Loritz* § 44 III.4 ; GK-*Wiese* Einleitung RdNr.43 ff. mit weiteren Nachweisen.

[249] Zur Anwendung von §§ 17, 18 KSchG vgl. BAG v. 11.03.1999 in: NZA 1999, S.761.

Abs.3 KSchG) unter den potentiell zu entlassenden Arbeitnehmern nicht berücksichtigt werden müssen.

Zudem wird an dieser Möglichkeit – einen Personalabbau unter Anwendung von Outplacement so zu gestalten, daß Kündigungsschutzvorschriften unbeachtet bleiben können – deutlich, wie sich die betriebsverfassungsrechtliche Beschränkung des Anhörungsrechts auf Kündigungen einseitige zu Lasten der betroffenen Arbeitnehmer auswirkt. Im Gegensatz zum Arbeitnehmer kann der Arbeitgeber – insbesondere bei einem wiederholten Einsatz von Outplacement – bereits sowohl über einen Marktüberblick über die verschiedenen Beratungsangebote und Berater als auch über eigene Erfahrungen mit der Beratungsleistung verfügen. Dies kann dazu führen, daß er die Verhandlungen schon im voraus auf bestimmte Beratungsleistungen und Beraterangebote beschränkt und das Verhandlungsergebnis – insbesondere den finanziellen Rahmen – entsprechend seinen Vorstellungen vorbestimmt. Mit einer Betriebsratsanhörungspflicht wäre diesen Gefahren aus einem Informationsdefizit auf Seiten des Arbeitnehmers wirksam entgegengewirkt. Der Betriebsrat könnte sowohl dem Arbeitnehmer als auch dem Arbeitgeber Informationen anbieten, über die er möglicherweise aufgrund eigener Erfahrungen aus vorausgegangenen Entlassungen verfügt. Dies würde Unsicherheiten bei der Auswahl des Beraters verringern und dazu beitragen, daß der Arbeitnehmer keine Aufhebungsvereinbarung eingeht, die nur auf einer vagen Vorstellung von der Outplacement-Beratung beruht. Die Gefahr von späteren Streitigkeiten über die Beratungsleistung und die Einwilligung in die Auflösung des Arbeitsverhältnisses würde reduziert. Vor diesem Hintergrund stellt die Koppelung von Outplacement-Beratung und Aufhebungsvertrag eine Fallkonstellation dar, an der sich zeigt, daß ein Anhörungsrecht des Betriebsrates – de lege ferenda – bei individuellen Aufhebungsvertragsverhandlungen nicht als entbehrliche Belastung angesehen werden kann. Vielmehr besteht die Möglichkeit, daß ein Anhörungsrecht die einvernehmliche Beendigung des Arbeitsverhältnisses fördert und damit sowohl den Interessen der Arbeitnehmer als auch der Arbeitgeber dient.

Die Ausnahme des Aufhebungsvertrages aus den betriebsverfassungsrechtlich vorgesehenen Beteiligungsrechten bei der Beendigung von Arbeitsverhältnissen verliert allerdings – in Bezug auf Outplacement – an Bedeutung, wenn aufgrund der konzeptionellen Elemente der Outplacement-Maßnahme gesetzlich vorgesehene Mitwirkungstatbestände des Betriebsverfassungsgesetzes erfüllt werden. Wenn die Outplacement-Maßnahme insgesamt als Instrument zu qualifizieren ist, das mitbestimmungsrelevante Entscheidungsbereiche berührt, tritt die Problematik einer möglichen indirekten oder direkten Förderung der Umgehung von Kündigungsschutzvorschriften durch die professionelle Mithilfe am Zustandekommen von Aufhebungsverträgen in den Hintergrund. In diesem Fall würden sich aufgrund der jeweiligen betriebsverfassungsrechtlichen Bestimmung des Zuständigkeitsbereichs des Betriebsrats Determinaten für die Behandlung eines betrieblichen Einsatzes von Outplacement ergeben.

1. Die betriebsverfassungsgesetzlichen Zuständigkeitsbereiche des Betriebsrates

Dem Betriebsrat ist die Wahrnehmung seiner betriebsverfassungsgesetzlichen Aufgaben nur möglich, wenn er über geplante betriebliche Maßnahmen rechtzeitig informiert wird. Vielfach wird der Betriebsrat, weil er selbst im Betrieb tätig ist, von den Vorgängen im Betrieb auch ohne Berufung auf ein Informationsrecht gegenüber dem Arbeitgeber Kenntnis erlangen. In Bezug auf eine geplante Outplacement-Maßnahme werden die Möglichkeiten zur Eigeninformation jedoch beschränkt sein. Dies hängt vor allem damit zusammen, daß die Outplacement-Maßnahme überwiegend Bestandteil einer individualvertraglichen Abrede zwischen Arbeitgeber und Arbeitnehmer ist. Sowohl der Zeitpunkt als auch der Inhalt einer solchen Vereinbarung kann dem Betriebsrat regelmäßig verborgen bleiben. Zusätzlich kann die Durchführung der Outplacement-Maßnahme zu einem Zeitpunkt stattfinden, zu dem der Arbeitnehmer bereits das Unternehmen verlassen hat und infolgedessen kein Kontakt mehr besteht. Für den Betriebsrat ist die Frage nach den Voraussetzungen der Informationspflicht des Arbeitgebers deshalb von großer Wichtigkeit, wenn die Outplacement-Maßnahme den gesetzlichen vorgesehenen Aufgabenbereich des Betriebsrates betrifft und gesetzliche Mitwirkungsrechte bei der Entscheidung über den Einsatz und die Durchführung der Maßnahme bestehen. Den Anknüpfungspunkt für die weitere Untersuchung bildet daher der grundlegenden Informationsanspruch des Betriebsrates gemäß § 80 BetrVG. Diese Unterrichtungspflicht des Arbeitgebers soll gewährleisten, daß der Betriebsrat die nötige Kenntnis von den betrieblichen Vorgängen erlangt, um seine gesetzlich vorgesehenen Aufgaben zu erfüllen.

1.1. Die betriebsverfassungsgesetzlichen Informations- und Mitwirkungsrechte

Nach dem Wortlaut des § 80 Abs.2 BetrVG besteht kein allgemeiner Informationsanspruch des Betriebsrates zur Wahrnehmung von Arbeitnehmerinteressen. Dies entspricht dem Modell des Betriebsverfassungsgesetz, daß bewußt dem Betriebsrat nur bestimmte Aufgaben und Mitwirkungsrechte zuweist und insofern die Kompetenz des Betriebsrates zum Eingriff in die Entscheidungs- und Handlungsfreiheit des Arbeitgebers abschließend festgelegt. Aus diesem Grund kann nicht auf § 2 Abs.1 BetrVG zurückgegriffen werden, um aus dem allgemeinen Gebot der vertrauensvollen Zusammenarbeit weitere Informationspflichten herzuleiten.[250] Mit der Anbindung des Informationsanspruchs an die konkreten Aufgaben des Betriebsrates hängt die Unterrichtungspflicht des Arbeitgebers über geplante Outplacement-Maßnahmen von der Bestimmung der gesetzlichen Zuständigkeit des Betriebsrates ab.

Wie bereits ausgeführt,[251] besteht für den Fall der Beendigung des Arbeitsverhältnisses durch die einvernehmliche Vereinbarung eines Aufhebungsvertrages kein gesetzliches Beteiligungsrecht des Betriebsrates. Als rechtlicher Anknüpfungspunkt für ein Informationsrecht des Betriebsrates bleibt insofern nur die Aufzählung der in § 80 Abs.1 BetrVG dem Betriebsrat zugewiesenen Aufgaben sowie gemäß § 80 Abs.2 BetrVG die Einordnung der Outplacement-Maßnahme in die vorhandenen gesetzlichen Mitwirkungs- und Mitbestimmungstatbestände des Betriebsverfassungsrechts – unter Berücksichtigung der konkreten Outplacement-Beratungselemente auf Arbeitgeber- und Arbeitnehmerseite. Ausschlaggebend ist also eine Untersuchung der Bezugspunkte des Beratungskonzepts zu den einzelnen betriebsverfassungsrechtlichen Mitwirkungstatbeständen. In erster Linie geht es dabei um die Mitwirkungsrechte der §§ 92 ff. BetrVG zur Personalplanung, der §§ 87 ff. BetrVG zu den sozialen Angelegenheiten und den §§ 96 ff. BetrVG zur Berufsbildung, die jeweils zum Teil noch ausdrücklich spezielle Informationsrechte für den Betriebsrat enthalten. Soweit das Betriebsverfassungsgesetz zu einzelnen Mitwirkungstatbeständen solche speziellen Unterrichtungsrechte des Betriebsrates vorsieht, folgt daraus aber nicht, daß das Informationsrecht des § 80 BetrVG, was Voraussetzungen und Umfang betrifft, beschränkt wird. Ein Konkurrenzverhältnis im Sinne einer Spezialität besteht nicht.[252]

1.2. Die Zuständigkeit des Betriebsrates bei Outplacement-Maßnahmen nach § 80 BetrVG

In § 80 Abs.1 BetrVG sind die allgemeinen Aufgaben des Betriebsrates aufgezählt, die unabhängig von den speziellen Mitbestimmungs- und Mitwirkungstatbeständen der Zuständigkeit des Betriebsrates unterliegen. Diese in § 80 Abs.1 Nr.1-7 BetrVG einzeln aufgeführten Aufgaben nennen jedoch keine Zuständigkeiten des Betriebsrates, die einen Sachverhalt oder eine Aufgabenstellung betreffen, die bei dem Einsatz von Outplacement relevant werden könnten. Allenfalls § 80 Abs.1 Nr.1 BetrVG kommt als rechtlicher Anknüpfungspunkt für eine Zuständigkeitsbegründung des Betriebsrates in Betracht, wenn man die

[250] *Richardi* § 80 RdNr.43 ; GK-*Kraft* § 89 RdNr.49.
[251] Vgl. S.118.
[252] *Richardi* § 80 RdNr.46 ; MüArbR-*Matthes* § 320 RdNr.4 ; *Fitting/Kaiser/Heither/Engels* § 80 RdNr.37 ; **a.A.** GK-*Kraft* § 80 RdNr.50.

Überwachungspflicht des Betriebsrates auch auf die einzelvertragliche Vereinbarung der Outplacement-Beratung bezieht.

Zu der Aufgabe des Betriebsrates gemäß § 80 Abs.1 Nr.1 BetrVG gehört es, darüber zu wachen, daß zugunsten der Arbeitnehmer die geltenden Gesetze eingehalten werden, was einschließt, daß der Betriebsrat dafür Sorge trägt, daß die von der Rechtsprechung und Lehre aus dem Arbeitsvertragsrecht entwickelten Rechtspflichten des Arbeitgebers beachtet werden. Die Überwachungsaufgabe des Betriebsrates könnte insofern dahingehend bestimmt werden, daß er bei Verhandlungen über die Beendigung des Arbeitsverhältnisses sicherzustellen hat, daß die Aufhebungsvereinbarung – insbesondere das Outplacement-Angebot – unter Wahrung des Gleichbehandlungsgrundsatzes und der Grundsätze der Recht und Billigkeit zustande kommt.[253] Aus der arbeitsrechtlichen Gleichbehandlungspflicht ergibt sich ein derart weitgehendes Kontrollrecht des Betriebsrates jedoch nicht. Arbeitgeber und Arbeitnehmer sind bei einzelvertraglichen Abreden nicht an den Gleichbehandlungsgrundsatz gebunden.[254] Die Überwachungspflicht bezieht sich insgesamt nicht auf die Kontrolle individueller Vertragsgestaltungen.[255] Lediglich eine einheitliche Vertragsgestaltung, bei der der Arbeitgeber nach bestimmten Regeln ein Vertragsangebot macht, kann eine Bindung an den Gleichbehandlungsgrundsatz auslösen.[256] Eine solche einheitliche Vertragsgestaltung ist bei der Vereinbarung eines Aufhebungsvertrages unter Gewährung einer Outplacement-Beratung aber nicht gegeben, weil solche Absprachen für den konkreten Einzelfall erfolgen und von den konkreten Umständen der Trennung abhängen.

Die Ablehnung der Zuständigkeit des Betriebsrates nach § 80 Abs.1 BetrVG für den Einsatz einer Outplacement-Maßnahme spricht aber – wie bereits erwähnt – noch nicht gegen eine Unterrichtungspflicht des Arbeitgebers. Die Pflicht zur Information beurteilt sich gemäß § 80 Abs.2 BetrVG abschließend danach, welche Aufgaben der Betriebsrat nach dem Betriebsverfassungsgesetz hat. Allerdings besteht ein Informationsanspruch nur, wenn die Unterrichtung des Betriebsrates Voraussetzung dafür ist, daß er seine gesetzlichen Aufgaben erfüllen kann.[257]

Eine solche Abhängigkeit des Betriebsrates von der arbeitgeberseitigen Information liegt zumindest in den Fällen des Individual-Outplacements nahe, weil die Entscheidung über die Durchführung und die grundlegenden Modalitäten der

---

253 Vgl. GK-*Kraft* § 80 RdNr.15 mit weiteren Nachweisen.

254 *Richardi* § 80 RdNr.14 ; MünArbR-*Richardi* § 14 RdNr.32.

255 H/S/G-*Hess* § 80 RdNr.14 ; *Fitting/Kaiser/Heither/Engels* § 80 RdNr.11 ; *Richardi* § 80 RdNr.14.

256 *Richardi* § 80 RdNr.15.

257 MünArbR-*Matthes* § 320 RdNr.9.

Beratung dann nur Gegenstand der Gesprächen zum Aufhebungsvertrag zwischen Arbeitgeber und Arbeitnehmer sind. Dem Betriebsrat wird der Einsatz von Outplacement weitgehend unbekannt bleiben, wenn sich die Outplacement-Beratung nur auf einzelne oder eine kleine Gruppe von Arbeitnehmern bezieht und – wie regelmäßig – nicht innerhalb des Betriebes vollzogen wird. Dieses Informationsproblem wird sich beim Gruppen-Outplacement weniger stellen, da der Betriebsrat aufgrund der meist kollektivrechtlichen Anspruchsgrundlage (Sozialplan) an der Planung der Maßnahme beteiligt ist. Infolgedessen ergibt sich die Frage, ob der Informationsanspruch des Betriebsrates soweit reicht, daß er über den Inhalt der konkreten Aufhebungsvertragsverhandlungen und -vereinbarung Kenntnis erhalten muß, um feststellen zu können, ob Elemente des Aufhebungsvertrages möglicherweise eine Maßnahme vorsehen, deren Realisierung einem gesetzlichen Mitwirkungsrecht unterliegt. Die Beantwortung dieser Frage, ist für die Frage der betrieblichen Behandlung von Outplacement – aufgrund der einfachen Möglichkeit einer unbemerkten Anwendung – wichtig.

Ohne Möglichkeit der Kenntnisnahme des Betriebsrates von einer zukünftigen Outplacement-Maßnahme hätte die Einordnung des Outplacement-Konzepts in das System der betriebsverfassungrechtlichen Mitwirkungstatbestände und die mögliche Feststellung einer Zuständigkeit des Betriebsrates praktisch keine Konsequenzen. Der Betriebsrat müßte darauf vertrauen, daß der Arbeitgeber seiner Informationspflicht uneingeschränkt nachkommt, um dann – soweit Mitwirkungsrechte bestehen – Einfluß auf die Planung oder Durchführung der Beratung zu nehmen. Der Betriebsrat müßte sich aber auf die unmittelbare Information durch den Arbeitgeber verlassen, da der betriebliche Einsatz von Outplacement voraussetzt, daß er bereits im Stadium der Planung der Outplacement-Maßnahme informiert wird, um überhaupt noch bei der Festlegung der Modalitäten der Durchführung mitwirken zu können. Eine Information zu einem Zeitpunkt, zu dem die Maßnahme bereits mit dem betroffenen Arbeitnehmer rechtsverbindlich im Aufhebungsvertrag vereinbart ist, würde die Mitwirkung des Betriebsrates unterlaufen, selbst wenn eine gerichtliche Durchsetzung noch möglich wäre.[258]

Dem Betriebsrat muß also die Möglichkeit eingeräumt werden, von dem Outplacement-Sachverhalt frühzeitig Kenntnis zu erlangen.[259] Der Informationsanspruch des Betriebsrates wird sich deswegen auch auf den Gegenstand der Aufhebungsvertragsverhandlungen beziehen, da der Betriebsrat diese Informa-

[258] Vgl. § 23 Abs.3 ; § 121 ; § 98 Abs.5 BetrVG ; vgl zur sog. Theorie der notwendigen Mitbestimmung auch BAG GS v.03.12.1991 AP § 87 BetrVG Lohngestaltung Nr.51 ; BAG v. 28.09.1994 AP § 87 BetrVG Lohngestaltung Nr.68.

[259] Vgl. GK-*Kraft* § 80 RdNr.62/65 ; *Fitting/Kaiser/Heither/Engels* § 80 RdNr.38/43 ; MünArbR-*Matthes* § 320 RdNr. 10/13 ; BAG 26.01.1988 AP § 80 BetrVG 1972 Nr.31 ; BAG v.09.07.1991 AP § 99 BetrVG 1972 Nr.94.

tionen benötigt, um zu erfahren, ob für ihn ein Beteiligungsrecht an geplanten Maßnahmen anläßlich des Ausscheidens eines Arbeitnehmers besteht. Problematisch ist, wie die frühzeitige Kenntnis in der Praxis gewährleistet werden kann. Ausgehend davon, daß Outplacement in den betriebsverfassungsrechtlichen Zuständigkeitsbereich des Betriebsrates fällt, wird der Arbeitgeber – nach Rücksprache mit dem Arbeitnehmer – dem Betriebsrat wohl auf dessen Verlangen zumindest nachträglich die Unterlagen zur Aufhebungsvereinbarung zur Verfügung zu stellen haben.[260] Eine solche Informations- bzw. Vorlagepflicht wirkt einer möglichen Neigung des Arbeitgebers zur Umgehung einer Betriebsratsbeteiligung wirksam entgegen, da feststeht, daß die Modalitäten der Trennung dem Betriebsrat nicht verborgen bleiben. Mit den erlangten Kenntnissen über die Abwicklung des Arbeitsverhältnisses unterliegt der Betriebsrat fraglos der Geheimhaltungspflicht gemäß § 79 BetrVG. Die Informationspflicht des Arbeitgebers ist auch im Sinne einer vertrauensvollen Zusammenarbeit zwischen Arbeitgeber und Betriebsrat, da ansonsten der Betriebsrat immer den Verdacht hegen wird, daß der Arbeitgeber im Rahmen der Mitarbeiterfreisetzung – unter Anwendung von Aufhebungsverträgen – möglicherweise eine mitwirkungspflichtige Maßnahme plant oder verabredet.[261]

Das bestehen des Informationsrechts bleibt aber von der Zuordnung der Outplacement-Maßnahme zu den betriebsverfassungsrechtlich vorgesehenen Mitwirkungstatbeständen abhängig. Erst die dogmatischen Einordnung von Outplacement zu den betriebsverfassungsrechtlichen Aufgaben des Betriebsrates bzw. einem gesetzlichen Mitwirkungstatbestand löst die Informationspflicht aus § 80 Abs.2 BetrVG aus.

1.2.1. Outplacement als Element der Personalplanung im Sinne des § 92 BetrVG

Einen wichtigen betriebsverfassungsgesetzlich vorgesehenen Aufgabenbereich des Betriebsrates stellt die Mitwirkung an der betrieblichen Personalplanung im Sinne des § 92 BetrVG dar. In den meisten Fällen beruhen die personellen Entscheidungen des Arbeitgebers auf einer im voraus erstellten Planung über die zukünftig erforderliche Personalkapazität seines Unternehmens. Diese betriebliche Personalplanung soll im Rahmen der gesetzlich vorgesehenen Informations- und Beratungsrechte nach § 92 BetrVG zwischen Arbeitgeber und Betriebsrat frühzeitig erörtert werden. Aus allgemeiner betriebswirtschaftlicher Sicht erfüllt die Personalplanung die Aufgabe, daß die gewünschte Anzahl von Mitarbeitern,

---

260 Vgl. zur Vorlagepflicht von einzelnen Informationen aus der Personalakte: BAG v. 20.12.1988 § 92 ArbGGNr.5.

261 Vgl. zur Gefahr der Störung des Vertrauensverhältnisses zwischen Arbeitgeber und Betriebsrat, MüArbR-*Matthes* § 320 RdNr.10 ; BAG v. 30.06.1981 AP § 80 BetrVG 1972 Nr.15 (III.2.).

mit der gewünschten Qualifikation, zum gewünschten Zeitpunkt am vorgesehen Betriebsort zur Verfügung steht. Diese Beschreibung der Funktion der Personalplanung läßt die gegenwärtige Bedeutung einer zeitgemäßen Personalplanung in den Unternehmen aber nicht erkennen. Die Personalplanung hat Bedeutung für die gesamte strategische Unternehmensführung. So spiegelt etwa die am Unternehmensziel orientierte Analyse der benötigten Personalressourcen und die soziale Umsetzung dieser Zielvorgaben immer auch die Arbeitsweise und den Führungsstil in einem Unternehmen nach innen und außen wider. Die Personalplanung gewinnt so an Bedeutung für das Image eines Unternehmens und beeinflußt möglicherweise den Geschäftserfolg. Die einzelne Maßnahmenplanung in den Teilbereichen der Personalplanung wird deshalb zunehmend als wichtiger Bestandteile der gesamten Unternehmensstrategie gesehen.[262] Im Rahmen der Personalplanung sind deshalb besonders solche Instrument interessant, die es ermöglichen, die Umsetzung von personellen Entscheidung so zu planen, daß darüber hinausgehende Unternehmensziele ebenfalls gewahrt werden.

Mit dem Instrument der Outplacement-Beratung besteht nun die Möglichkeit, den besonders konfliktträchtigen Bereich der Anpassung des Personalbedarfs mit der Trennung von Mitarbeitern sozialverträglicher zu gestalten. Im folgenden Abschnitt wird deshalb untersucht, welchem Personalplanungsbereich das Outplacement-Konzept dogmatisch zugeordnet werden kann und welche betriebsverfassungsrechtlichen Informations- und Beteiligungsrechte des Betriebsrates damit begründet werden.

1.2.1.1. Der personalwirtschaftliche Begriff der Personalplanung

Der Gegenstand der Personalplanung wird in der personal- und betriebswirtschaftlichen Literatur näher definiert, auf die sich auch die juristischen Begriffsbestimmungen regelmäßig beziehen.[263] Aus diesem Grund soll das Outplacement-Konzept zunächst vor dem Hintergrund des betriebswirtschaftlichen Verständnisses von Personalplanung diskutiert werden.

In der betriebswirtschaftlichen Literatur werden häufig die gleichen Sachverhalte, die die Planung von personellen Entscheidungen im Unternehmen zum Gegenstand haben, mit unterschiedlichen Begriffen gekennzeichnet. Neben der Kennzeichnung einer betrieblichen Maßnahme mit dem Begriff der Personalplanung wird oft auf den Zusammenhang der Personalplanung mit der Personalpolitik, dem Personalwesen oder der Personalführung hingewiesen. Das Outplacement-Konzept wird in der sachbezogenen Literatur regelmäßig im

---

262 *Oechsler/Liebel*, S.27.

263 *Fitting/Kaiser/Heither/Engels* § 92 RdNr.5/6 ; *Richardi* § 92 RdNr.5ff. ; GK-*Kraft* § 92 RdNr.7 mit weiteren Angaben.

Kontext eines strategischen Personalmanagements erörtert.[264] Unabhängig von der konkreten Wortwahl ist man sich weitgehend einig, daß eine Planung grundsätzlich gedanklichen Charakter hat.[265] Dabei wird der Begriff der Planung funktional verstanden, weil er der gedanklichen Vorbereitung von Entscheidungen dient, die durch spätere Handlungen realisiert werden. Die Planung legt durch gedankliche Vorstrukturierung zukünftiger Abläufe die Konsequenzen der späteren Handlungen frühzeitig offen und übernimmt damit eine Art Sicherungsfunktion.[266] Unter den verschiedenen Begriffe werden verschiedene Bereiche dieser theoretischen personellen Planung im Unternehmen zusammengefaßt und einzelne Aspekte betont. Auf eine genaue Abgrenzung wird hier verzichtet,[267] weil der genaue Teilbereich der Personalplanung identifiziert werden soll, der die Bestimmung von Outplacement als Element der Personalplanung begründet. Insbesondere der Begriff des „Personalmanagements" kennzeichnet nicht einen eigenständigen personellen Planungsbereich, sondern steht für die strategische Abstimmung von Aufgaben der Personalführung, der Personalplanung und der Personalentwicklung.[268] Der Begriff des „Personalmanagements" betont insofern nur, daß die Abstimmung der personellen Planungsbereiche als wichtiger Bestandteile der Gesamtunternehmensstrategie gesehen wird. Dabei wird meist auf den Einfluß der Personalplanung auf die Entwicklung einer sog. „Unternehmenskultur" hingewiesen, die sowohl die Arbeitsweise der Mitarbeiter als auch die Wahrnehmung des Unternehmens im Wettbewerb beeinflussen kann.[269] Die in der personalwirtschaftlichen Literatur anzutreffende Charakterisierung von Outplacement als Instrument des Personalmanagements oder -marketigs[270] enthält deswegen keine Aussage über die Zugehörigkeit dieser Maßnahme zu einem konkreten Teilbereich der Personalplanung, weil es sich um eine Sammelbezeichnung für verschiedene personelle Maßnahmen, bzw. um ein strategisches Personalmaßnahmenkonzept handelt.

Die Personalplanung bedingt, aufgrund der wechselseitigen Abhängigkeit von Personalplanung und anderen betrieblichen Planungsbereichen, die Integration in die betriebliche Gesamtplanung.[271] Die Personalbedarfsplanung richtet sich vorrangig nach der Produktions-, Absatz- und Finanzplanung, aufgrund derer Personalkapazitätslücken oder -bedarf erkennbar werden. Umgekehrt nimmt die

264 Vgl. *Stoebe* in: Personalführung 1990, S.330ff. ; *Schulz/Fritz/Schuppert/Seiwert/Walsh*, S.157ff..

265 *Wild*, S.13 ; *Raffee*, S.97.

266 *Mag*, S.3.

267 Vgl. zu der inhaltlichen Bedeutung der verschiedenen Begriffe: *Mag*, S.8.

268 *Mag*, S.9.

269 Vgl. Fn. 264.

270 *Stoebe*, in: Handbuch Personalmarketing, S.791.

271 *Wagner/Zander*, S.622 ; HdWW-*Berthel*, S.55(56) ; RKW-HandB-Personalplanung, S.12 ; *Drumm* in: Handwörterbuch des Personalwesens, Sp.1762/1763 ; *Bisani*, S.170.

Personalplanung Einfluß auf die Planung der betrieblichen Teilbereiche, wenn sich personelle Planungsmaßnahmen nicht realisieren lassen, weil aufgrund rechtlicher Regelungen oder wegen des Arbeitskräfteangebots eine Personalanpassung nur beschränkt möglich ist. Abhängig von den Ergebnissen der verschiedenen betrieblichen Teilplanungen oder den Bedingungen des Arbeitsmarktes – z.B. Mangel an Arbeitskräften – müssen im Rahmen der Personalplanung geeignete Maßnahmen festgestellt werden, um die betrieblichen Personalziele zu realisieren. Die Personalplanung läßt sich deshalb nach ihren jeweiligen Aufgaben in inhaltlich unterschiedliche Planungsbereiche einteilen, denen die Instrumente zur Bewältigung der Planungsziele zugeordnet werden können.

1.2.1.1.1. Die Teilbereiche der Personalplanung

In der personalwirtschaftlichen Literatur besteht weitgehend Einigkeit darüber, daß sich die Personalplanung in zwei wesentliche Planungsfunktionen – Personal-Bedarfsplanung und Personal-Deckungsplanung – gliedern läßt.[272] Die Personalbedarfsplanung dient der Ermittlung von Art und Ausmaß eines Personalmangels oder eines -überschusses im Unternehmen. Sie orientiert sich an den Ergebnissen der übrigen betrieblichen Teilplanungen und leitet daraus den quantitativen und qualitativen sowie den zeitlichen und lokalen Personalbedarf für das Unternehmen ab.[273] Zu der Bedarfsplanung ist auch die Personalbestandsplanung zu zählen, die der Erfassung des gegenwärtigen quantitativen und qualitativen Personalbestandes dient. Diese Informationen aus der Personalbedarfsplanung bilden die Grundlage für die Festlegung weiterer Planungsmaßnahmen im Rahmen der Personal-Deckungsplanung. Unter Personal-Deckungsplanung werden deshalb sämtliche Teilplanungsbereiche verstanden, mit denen der in der Bedarfsplanung festgestellte Personalbedarf gedeckt oder korrigiert werden kann. In der nachstehenden Übersicht[274] über die Teilbereiche der Personalplanung sind diese Personaldeckungsmaßnahmen mit aufgenommen.

<u>I. Personalplanung</u>

1. Personal-Bedarfsplanung
   (einschließlich der Personalbestandsaufnahme)

[272] *Ridder*, S.129f. ; *Harlander*, S.25 ; HdWW-*Berthel* S.55(57) ; *Mag*, S.10 ; *Berthel(1997)*, S.117.

[273] *Oechsler/Liebel*, S.28 ; *Mag*, S.7/10.

[274] In Anlehnung an *Kadel* in: BB 1993, S.797(798) ; *Mag*, S.10f..

2. Personal-Deckungsplanung
    a) Personalbeschaffungsplanung
    b) Personaleinsatzplanung
    c) Personalerhaltungsplanung
    d) Personalentwicklungsplanung
    e) Personalfreisetzungsplanung
        -Quantitative Anpassungsmaßnahme ohne Entlassungen
        -Personalabbauplanung

II. Personalkostenplanung

Die Planung der Personalkosten wird in der betriebswirtschaftlichen Literatur[275] zur Personalplanung gezählt. Im Grunde stellt die Kostenplanung aber kein eigenständiges Personalplanungselement dar, sondern ist Bestandteil jeder Maßnahmenplanung in den einzelnen Teilplanungsbereichen.

Da sich das Outplacement-Konzept auf die Gestaltung der Trennung von Arbeitgeber und Arbeitnehmer bezieht, können diejenigen Teilplanungsbereiche aus der weiteren inhaltlichen Untersuchung ausgeschieden werden, die dazu dienen, Arbeitnehmer für Aufgaben im Unternehmen zu gewinnen, weiter zu qualifizieren oder in neue Arbeitsabläufe einzugliedern. Dabei wird nicht verkannt, daß das Outplacement-Konzept – insbesondere aufgrund der Vermittlung von Gesprächstechniken – Schulungselemente enthält, die eine Qualifizierung als betriebliche Berufsbildungsmaßnahme im Sinne der §§ 96 ff. BetrVG begründen können.[276] Diese Elemente können die Charakterisierung von Outplacement als Instrument der Personalentwicklung aber nicht begründen. Die Schulungsleistungen sowie die Unterstützung bei der Wiedererlangung einer Beschäftigungsposition können zwar im weitesten Sinne als Mittel zur beruflichen Weiterentwicklung bzw. der Fortsetzung der Berufstätigkeit des betroffenen Arbeitnehmers angesehen werden. Die Zielrichtung von Personalentwicklungsmaßnahmen ist aber die Qualifikation der Beschäftigten zur Personalbeschaffung vom innerbetrieblichen Arbeitsmarkt – also aus dem vorhandenen Arbeitskräfte- bzw. Fähigkeitspotential.[277] Im Gegensatz dazu zielt ein erfolgreiches Outplacement auf die Neubesetzung der frei gewordenen Stelle – was gegebenenfalls zusätzlich eine Personalentwicklungsmaßnahme erfordert – oder den endgültigen Abbau des Arbeitsplatzes.

Den Anlaß für die Anwendung des Outplacement-Konzepts bildet die angestrebte Realisierung einer Personalfreisetzungsentscheidung, so daß die Durch-

275 Vgl. *Bisani*, S.173 ; *Oechsler*, S.119 ; *Scholz*, S.46.
276 Vgl. dazu Kapitel: III.1.2.3. (S.163).
277 *Schanz*, S.92ff. ; *Drumm*, S.309 ; *Scholz*, S.251.

führung der Maßnahme ausschließlich im sachlichen Zusammenhang mit der Personalfreisetzungsplanung steht.

1.2.1.1.1.1. Personalfreisetzungsplanung

Die Personalfreisetzungsplanung befaßt sich mit der gedanklichen Erfassung und Beseitigung von quantitativen und qualitativen sowie lokalen und zeitlichen Personalüberschüssen.[278] Dieser Aspekt der Personalplanung hat sich in der personalwirtschaftlichen Literatur erst sehr spät als eigenständiger Personalplanungsbereich etabliert. Dies hängt mit der wirtschaftliche Entwicklung in Deutschland zusammen. In der Zeit des allgemeinen Arbeitskräftemangels – etwa 1960 bis Anfang der 70er Jahre – war Gegenstand der Personalplanung überwiegend die Planung der Beschaffung von dringend benötigten Arbeitnehmern. Die personalwirtschaftliche Literatur setzte sich in diesem Zeitraum fast ausschließlich mit Fragen zur Gewinnung von neuem Personal oder Entwicklung der vorhandenen Personalressourcen auseinander. Als einer der ersten Autoren nahm *Gaugler* 1974 die Personalfreisetzungsplanung als selbständigen Planungsbereich in die Systematik der betrieblichen Personalplanung auf.[279]

In der aktuellen personalwirtschaftlichen Literatur und in der Praxis ist die Personalfreisetzungsplanung fester Bestandteil einer umfassenden einheitlichen Personalplanung. Abgesehen von den gesamtwirtschaftlichen und sozialen Konsequenzen von Personalfreistellungen, erfordern vor allem gesetzliche und tarifvertragliche Einschränkungen des arbeitgeberseitigen Handlungsspielraumes bei der Beendigung von Arbeitsverhältnissen die Aufnahme der Freisetzungsplanung in die betriebliche Personalplanung. Zum Teil wird in der betriebswirtschaftlichen Literatur dieser Planungsbereich mit weiteren Begriffen – z.B. Personalfreistellungsplanung, Personalveränderungsplanung oder Personalabbauplanung – umschrieben.[280] Die unterschiedlichen Bezeichnungen kennzeichnen aber oft verschiedene Planungsansätze und können sachlich getrennt werden. Die Begriffe Personalfreistellungs-, Personalfreisetzungs- oder Personalveränderungsplanung lassen sich weitgehend inhaltsgleich verwenden. Eine Personalfreisetzungsplanung beinhaltet aber nicht zwangsläufig die Planung eines Personalabbaus im Sinne einer zahlenmäßigen Reduzierung des vorhandenen Personals. Zu der Personalfreisetzungsplanung sind auch diejenigen Planungsmaßnahmen zu zählen, die eine quantitative Anpassung des Personals an das Arbeitsvolumen ermöglichen, ohne den Personalbestand zu verringern.

---

278 *Drumm*, S.241 ; *Mag*, S.169.

279 Hinweis von *Kadel* in: BB 1993, S.797(798) ; vgl. *Gaugler*, S.30ff. mit weiteren Nachweisen.

280 Vgl. *Habbel/Posth* in: Handwörterbuch des Personalwesens, Sp.1457 ; *Olfert*, S.43/44 ; *Hentze* in: Handwörterbuch des Personalwesens, Sp.1907 ; *Jung (1997)*, S.308.

Zu solchen Personalmaßnahmen, die einer Trennung von Mitarbeitern vorbeugen, sind vor allem die frühzeitige Umsetzung von Arbeitnehmern auf neu geschaffene Stellen, die Arbeitszeitverkürzung oder die Umwandlung von Voll- in Teilzeitarbeitsplätze zu zählen.[281] Damit ist die Personalfreisetzungsplanung von der Absicht her auch eine Planung zur Vermeidung von Personalfreisetzungen.[282] Nur wenn die indirekten Maßnahmen zur Vermeidung von Freisetzungen nicht realisierbar sind, wird die Personalfreisetzungsplanung in die direkte Planung der Beendigung von Arbeitsverhältnissen münden. Dazu zählt die Planung von Frühpensionierungen, der Einsatz von Aufhebungsverträgen oder Einzel- bzw. Massenkündigungen.[283] Insgesamt ist die Personalfreisetzungsplanung deshalb dahingehend zu definieren, daß sie sowohl die Planung der Instrumente zur Beendigung von Arbeitsverhältnissen als auch die vorausschauende Planung von betrieblichen Verwendungsalternativen für freizusetzendes Personal einschließt.[284] Dagegen sind unter der Personalabbauplanung Maßnahmen zu verstehen, die für die Arbeitnehmer zum direkten Verlust ihrer Arbeitsplätze führen. Der Begriff der Personalabbauplanung kennzeichnet nur einen bestimmten Teilbereich der Personalfreisetzungsplanung.

Dies bedeutet, daß Outplacement allgemein als Instrument der Personalfreisetzungsplanung diskutiert werden kann, systematisch ist es – weil der Verlust des Arbeitsplatzes Anwendungsvoraussetzung ist – dem Teilbereich der Personalabbauplanung zuzuordnen.

1.2.1.1.1.2. Personalabbauplanung

Allerdings scheint der Gegenstand der Personalabbauplanung – wenn man unter Personalabbaumaßnahme ausschließlich Vollzugsmaßnahmen versteht – gegen eine Einbeziehung von Outplacement in die Abbauplanung zu sprechen, weil Outplacement für sich allein keine Arbeitsverhältnisse beendet, sondern die Anwendung von Outplacement solche (geplanten) direkten Abbaumaßnahmen voraussetzt. Dieses Verständnis des Gegenstandes der Personalabbauplanung ist jedoch zu formal. Der Inhalt und die Aufgabenstellung der Personalabbauplanung leitet sich aus dem Anlaß zur Planung des Personalabbaus ab. Der Anlaß für eine Personalabbauplanung ergibt sich wiederum aus den betrieblichen und außerbetrieblichen Folgewirkungen, die mit der Freisetzung von Personal verbunden sind. Der Gegenstand der Personalabbauplanung schließt daher immer auch die planerische Berücksichtigung der betriebswirtschaftlichen und volks-

281 RKW-HandB-Personalplanung, S.186 ; *Habbel/Posth* in: Handwörterbuch des Personalwesens, Sp.1458.

282 *Mag*, S.169.

283 *Wagner/Zander*, S.619.

284 *Drumm*, S.238ff. ; *Mag*, S.169/177.

wirtschaftlichen Auswirkungen der verschiedenen Personalabbauinstrumente ein. Dem entsprechend lassen sich die vorhandenen Personalabbauinstrumente, die der Arbeitgeber zur Reduktion der bestehenden Arbeitsverhältnisse einsetzen kann, nach der Art des Zustandekommens der Arbeitsvertragsbeendigung unterteilen.[285]

Zum einen kann der Arbeitgeber die Beendigung des Arbeitsverhältnisses durch einseitige Willenserklärung – ordentliche oder außerordentliche Kündigung – gegen den Willen des Arbeitnehmers vornehmen. Zum anderen kann er einvernehmlich mit dem Arbeitnehmer – durch Pensionierung, den Abschluß von Aufhebungsverträgen oder Ausnutzung der natürlichen Fluktuation der Arbeitskräfte – das Beschäftigungsverhältnis beenden. Abgesehen von den beiden Fällen (Pensionierung, Ausnutzung der Fluktuation), in denen der Arbeitnehmer seine Erwerbstätigkeit für den Betrieb endgültig aufgibt, bzw. von sich aus den Betrieb wechselt, stellt der Verlust des Arbeitsplatzes regelmäßig ein schwer kalkulierbares Risiko für die weitere berufliche Entwicklung dar und führt in der Regel zu einer Herabsetzung des Lebensstandards. Angesichts der sozialen und wirtschaftlichen Bedeutung des Arbeitsplatzes birgt insbesondere das Hauptinstrument Kündigung aufgrund der gesetzlichen und gerichtlichen Ausgestaltung des Kündigungsschutzes ein großes Konfliktpotential.[286] Aus Sicht des Arbeitgebers ist die Kündigung wegen des Prozeßrisikos häufig die potentiell kostenintensivste Personalabbaumaßnahme. Daneben besteht für den Arbeitgeber immer die Gefahr, daß infolge der erzwungenen Trennung der ausscheidende Arbeitnehmer – je nach der betrieblicher Stellung und Kontakten zu Auftraggebern – durch sein weiteres Verhalten sowohl die Wettbewerbsstellung als auch das Betriebsklima oder das Unternehmensimage beeinträchtigt. Die negativen Folgewirkungen eines Personalabbaus beschränken sich jedoch nicht nur auf die unmittelbar beteiligten Parteien. Die Lohnsteuer- und Sozialversicherungsausfälle, die Zahlung des Arbeitslosengeldes sowie die Auswirkungen auf die Kostenbelastungen für Kranken- und Rentenversicherung verlagern das Problem des individuellen Arbeitsplatzverlustes auf eine gesamtgesellschaftliche bzw. volkswirtschaftliche Ebene.

Der Personalabbauplanung kommt aus diesen Gründen eine vielschichtige Aufgabenstellung zu. Die Personalplanung muß darauf ausgerichtet sein, unerwünschte Folgen im sozialen und volkswirtschaftlichen sowie im betriebswirtschaftlichen Bereich des Unternehmens vorbeugend zu beeinflussen.[287] Zu der Maßnahmenplanung im Bereich des Personalabbaus sind deswegen alle planmäßigen Überlegungen bzw. Konzepte zu zählen, die den Vorgang

---

285 Für diese systematische Einordnung: *Kadel* in: BB 1993, S.797(798).

286 *Deters/Karg/Rosenberg* in: BFuP 1985, S.256 ; *Kadel* in: BB 1993, S.797(798).

287 Vgl. RKW-HandB-Personalplanung, S.187.

der Personalfreisetzung sowohl zugunsten der beteiligten Parteien als auch gesamtgesellschaftlich optimieren. *Mag* betont, daß eine Planung, die sich mit den sozialen Konsequenzen der Personalfreisetzung auseinandersetzt, als eine fortgeschrittene Form der Personalplanung zu bezeichnen ist.[288] Der mögliche Inhalt von Personalabbaumaßnahmen ist daher weit zu fassen. Das heißt, zur Planung des Personalabbaus sind bevorzugt diejenigen Personalmaßnahmen zu rechnen, die in besonderem Maße auf die Integration wirtschaftlicher und sozialer Aspekte der Freisetzung gerichtet sind.[289] Dieser Anspruch und dieses Ziel liegen dem Outplacement-Konzept zu Grunde, da der Arbeitgeber, der Outplacement in die Planung zur Umsetzung seiner Personalfreisetzungsentscheidung einbezieht die sozial verträglichere Gestaltung der Trennungssituation anstrebt. Die Anwendung von Outplacement ist zwar durch die arbeitgeberseitige Aussicht auf eine Reduzierung von negativen unternehmensbezogenen Folgewirkungen motiviert, gleichzeitig wird dem ausscheidenden Arbeitnehmer aber eine Perspektive auf eine zügige berufliche Wiedereingliederung eröffnet, so daß die Trennung als weniger belastend und existenzbedrohend aufgenommen werden kann, was das Konfliktpotential verringert. So betrachtet erscheint Outplacement zwar zuerst als eine besondere Methode zur unternehmerischen Optimierung des Personalabbauvorgangs. Reduziert wird jedoch auch die Gefahr einer anhaltenden Arbeitslosigkeit des betroffenen Mitarbeiters. Im Vergleich zu einer Kündigung, die für den Arbeitnehmer leicht zu einer Langzeitarbeitslosigkeit führen kann – insbesondere bei langwierigen, erfolglosen Rechtsstreitigkeiten –, ermöglicht der Einsatz von Outplacement den sozialen Konsequenzen von direkten Personalabbaumaßnahmen entgegenzuwirken. Damit geht Outplacement über die bloße methodische Umsetzung der Freisetzungsentscheidung hinaus und ist als Bestandteil einer sozialverantwortlichen Personalabbauplanung anzusehen, so daß es als (ergänzendes) Instrument der direkten Personalabbauplanung bezeichnet werden kann.[290]

1.2.1.1.2. Zusammenfassung

Nach dem personalwissenschaftlichen Verständnis von betrieblicher Personalabbauplanung gehört die Entwicklung oder Durchführung von Maßnahmen, die ausscheidende Arbeitnehmer bei der beruflichen Wiedereingliederung unterstüt-

---

[288] *Mag*, S.11.

[289] Vgl. *Habbel/Posth* in: Handwörterbuch des Personalwesens, Sp.1458 ; RKW-Handbuch Personalplanung, S.20.

[290] Ebenso für die Einordnung als Instrument der Personalfreistellungsplanung: *Oechsler/Liebel*, S.395 ; *Mag*, S.187 ; *Wagner/Zander*, S.625 ; *Drumm*, S.246 ; *Oechsler*, S.212.

zen, zu ihren Aufgaben. Es handelt sich bei der Entwicklung eines strukturierten Outplacement-Programms oder der Hinzuziehung von externen Outplacement-Beratern zur Begleitung von Personalentlassungen deshalb um eine Maßnahme im Rahmen der Personalabbauplanung. Dabei kann das Outplacement-Konzept auch Bestandteil des betrieblichen Personalmanagements bzw. –marketings sein, wenn durch das Ausscheiden der Arbeitnehmer – insbesondere von Führungskräften – Organisations- und Führungsstrukturen verändert und Fehlbesetzungen korrigiert werden. Mit der Bezeichnung von Outplacement als Instrument des Personalmarketings wird betont, daß über den Einsatz von Outplacement der individuelle Trennungsvorgang unternehmenspolitisch genutzt werden kann. Dieser Aspekt wird auch mit dem Schlagwort der Etablierung einer positiven „Trennungs- oder Unternehmenskultur" beschrieben.[291] Die verschiedenen unternehmensbezogenen Folgewirkungen der Gestaltung des Trennungsvorgangs durch Outplacement haben auf die systematische Einordnung von Outplacement in den Teilbereich der Personalabbauplanung der betrieblichen Personalplanung aber keinen Einfluß.

1.2.1.2. Die Beteiligungsrechte des Betriebsrates nach § 92 BetrVG

Der Gesetzgeber hat in § 92 BetrVG Mitwirkungsrechte für den Betriebsrat bei der betrieblichen Personalplanung vorgesehen, um dem Betriebsrat zu ermöglichen, frühzeitig die Interessen der Arbeitnehmer zur Geltung zu bringen, so daß diese in die Planung einfließen können.[292] Das Betriebsverfassungsgesetz sieht in § 92 BetrVG ein Unterrichtungsrecht, Beratungsrecht und Vorschlagsrecht des Betriebsrates bei der Aufstellung und Durchführung der Personalplanung vor. Nachdem Outplacement – aus personalwissenschaftlicher Sicht – als Bestandteil der Personalplanung anzusehen ist, ist aus arbeitsrechtlicher Sicht interessant, ob eine Outplacement-Maßnahme auch dem Anwendungsbereich des § 92 BetrVG unterliegt, so daß der Arbeitgeber den Betriebsrat über die Planung einer solchen Maßnahme informieren muß, bzw. dem Betriebsrat über § 92 BetrVG die Möglichkeit eröffnet ist, dem Arbeitgeber eine solche Maßnahme vorzuschlagen und zu beraten. Die Frage des juristischen Verständnisses des Begriffs der Personalplanung im § 92 BetrVG ist daher von großer Bedeutung, weil der Betriebsrat sich natürlich vor allem für solche Folgemaßnahmen interessiert, die es ermöglichen, belastende Personalentscheidungen für die betroffenen Arbeitnehmer sozial verträglicher zu gestalten.

---

[291] *Stoebe* in: Handbuch Personalmarketing, S.784 ; vgl. Fn.(S.264).

[292] BT-Drs.VI/1786 S.31(32) ; GK-*Kraft* RdNr.2 ; *Richardi* § 92 RdNr.1.

1.2.1.2.1. Zuständigkeit des Betriebsrates

Die leitenden Angestellten sind gemäß § 5 Abs.3 BetrVG grundsätzlich aus dem Anwendungsbereich des Betriebsverfassungsgesetzes ausgenommen, so daß sich auch die Mitwirkungsrechte aus § 92 BetrVG nicht auf die Planung der Personalmaßnahmen für diese Gruppe der Beschäftigten beziehen.[293] Einschränkend wird zwar vertreten, daß sich die Beteiligungsrechte aus § 92 BetrVG auch auf die Personalplanung für leitende Angestellte beziehen, wenn Personalplanungsmaßnahmen für leitende Angestellte und sonstige Mitarbeiter ineinander übergehen.[294] Dies wird für die betriebliche Praxis teilweise als Regel angenommen, weil zwischen beiden Personalbereichen durchgängig Wanderbewegungen bestünden. Das Angebot einer Outplacement-Beratung erfolgt derzeit aber immer noch Großteils für Führungskräfte – in leitender Position. In diesen Fällen beschränkt sich die Outplacement-Maßnahme durch die Gestaltung des individuellen Trennungsvorgangs auf das jeweilige Rechtsverhältnis zwischen Arbeitgeber und leitenden Angestellten, ohne das es zu weiteren Wechselwirkungen mit der Planungen für die übrigen Arbeitnehmer kommt. Die Frage der Beteiligungsrechte des Betriebsrates nach § 92 BetrVG an der Planung einer solchen Maßnahme stellt sich deshalb nur, wenn sie – wie die zunehmende Ausbreitung dieser Dienstleistung auf untere Hierarchieebenen zeigt – speziell für Arbeitnehmer im Sinne des BetrVG vorgesehen ist.

1.2.1.2.2. Der Begriff der Personalplanung im Sinne des § 92 BetrVG

Das Betriebsverfassungsgesetz hat den Begriff der Personalplanung weder in § 92 BetrVG noch in anderen Vorschriften definiert. Das Gesetz erwähnt in § 92 BetrVG jedoch einzelne Bereiche der Personalplanung, so die Planung über den gegenwärtigen und zukünftigen Personalbedarf sowie die sich daraus ergebenden personellen Maßnahmen. Es besteht weitgehend Einigkeit darüber, daß damit unter den Begriff der Personalplanung jede abstrakte Planung fällt, die sich in qualitativer und quantitativer Hinsicht auf den Personalbedarf, dessen Deckung im weitesten Sinn und auf den abstrakten Einsatz der personellen Kapazität bezieht.[295] Der juristische Begriff der Personalplanung im Sinne des § 92 BetrVG deckt sich insofern mit der bereits dargelegten betriebswirtschaftlichen Struktur des Personalplanungsbegriffs.[296] Dementsprechend untergliedert

---

[293] H/S/G-*Schlochauer* § 92 RdNr.7 ; GK-*Kraft* § 92 RdNr.5 ; *Richardi* § 92 RdNr.20.

[294] *Rumpff/Boewer*, Kap.E. RdNr.11/12.

[295] GK-*Kraft* § 92 RdNr.12 ; *Fitting/Kaiser/Heither/Engels* § 92 RdNr.5 ; 6ff. ; *Galperin/Löwisch* § 92 RdNr.5 ; MünArbR-*Matthes* § 338 RdNr.3 ; BAG v.06.11.1990 in: DB 1991, 654.

[296] So auch *Kadel*: in BB 1993, S.797(800).

sich der Personalplanungsbegriff des § 92 BetrVG im einzelnen in die Personalbedarfsplanung und die Personaldeckungsplanung einschließlich Personalbeschaffungsplanung, -abbauplanung, -entwicklungsplanung und -einsatzplanung sowie der Personalkostenplanung.[297] Die Beteiligungsrechte aus § 92 BetrVG erfassen gleichsam nicht die übrigen Bestandteile der Unternehmensplanung – insbesondere nicht die Absatz-, Produktions-, Investitions- oder Finanzplanung – auch wenn von ihnen mittelbar die Personalplanung abhängt.[298] Das Informations-, Beratungs- und Vorschlagsrecht des Betriebsrates gemäß § 92 BetrVG beschränkt sich auf die Personalplanung und ihre verschiedenen Teilbereiche.

Die Frage, ob die Planung eines Einsatzes von Outplacement den Mitwirkungsrechten des § 92 BetrVG unterliegt, ist mit der Feststellung, daß sich der personalwissenschaftliche und juristische Personalplanungsbegriff strukturell decken, nicht beantwortet. Die Anwendung von Outplacement wurde zwar dem Bereich der Personalabbauplanung zugeordnet, muß aber dahingehend eingeschränkt werden, daß Outplacement keine Maßnahme ist, die selbst einen Personalabbau auslöst. Die Anwendung von Outplacement setzt eine Abbauplanung, bzw. die Planung entsprechender Vollzugsmaßnahmen (insbesondere Aufhebungsverträge oder Kündigungen) voraus. Dies ist deswegen von Relevanz, weil zum Teil angenommen wird, daß sich die Mitwirkungs- und Beteiligungsrechte des Betriebsrates nur auf diejenigen Personalplanungsdaten oder -maßnahmen beziehen, die zu mitbestimmungspflichtigen personellen Einzelmaßnahmen im Sinne der §§ 99-105 BetrVG oder der Berufsbildung nach §§ 96 ff. BetrVG führen.[299] Die Begründung dafür ist, daß im Betriebsverfassungsgesetz die Möglichkeiten des Betriebsrates zur Einflußnahme auf die Unternehmensplanung nur in den Grenzen der Regelungen der §§ 106 ff. BetrVG vorgesehen ist. Die Mitwirkungsrechte des Betriebsrates aus § 92 BetrVG zur allgemeinen Personalplanung – als Bestandteil der Unternehmensplanung – könnten deshalb für den Betriebsrat keine weitergehenden Mitwirkungsrechte an der Unternehmensplanung begründen, als dies nach den Vorschriften der §§ 99-105 BetrVG vorgesehen ist. Dieser Auffassung von einem scheinbar gesetzessystematisch begrenzten Personalplanungsbegriff des § 92 BetrVG wird hier nicht zugestimmt. Dies wird mit einer teleologischen Auslegung der Vorschrift des § 92 BetrVG begründet, aus der sich ergibt, daß der Zweck der Regelung einen unbe-

---

297 *Fitting/Kaiser/Heither/Engels* § 92 RdNr.6 ; *Richardi* § 92 RdNr.6 ff. ; H/S/G-*Schlochauer* § 92 RdNr.14ff. ; MünArbR-*Matthes* § 338 RdNr.4ff..

298 Diese Bereiche gehören zu den wirtschaftlichen Angelegenheiten, über die der Wirtschaftsausschuß nach § 106 Abs.2 BetrVG zu unterrichten ist. *Richardi* § 92 RdNr. 4 ; *Galperin/Löwisch* § 92 RdNr.6 ; GK-*Kraft* § 92 RdNr.9.

299 *Heinze*, RdNr.38 ; GK-*Kraft* § 92 RdNr.9.

grenzten Personalplanungsbegriffs voraussetzt, wie es sich besonders im Bereich der Planung von Personalfreisetzungen zeigt.

Den Mitwirkungsrechten des Betriebsrates aus § 92 BetrVG kommt im Bereich der Personalfreisetzungplanung bzw. der Personalabbauplanung – dem das Outplacement-Konzept angehört – eine besondere Bedeutung zu, weil hier die Interessen der Arbeitnehmer unmittelbar berührt werden.[300] Angesichts der Konsequenzen, die mit dem Verlust des Arbeitsplatzes verbunden sind, trifft den Arbeitgeber und den Betriebsrat hier eine gesamtgesellschaftliche Verantwortung. Im Rahmen der Personalabbauplanung haben die Betriebsparteien also die Aufgabe, nach Möglichkeit die jeweils mildesten Personalabbauinstrumente zu wählen und die Folgen für die Arbeitnehmer möglichst gering zu halten.[301] Diese Zielvorgabe für die Betriebsparteien geht aus § 92 BetrVG eindeutig hervor, der insbesondere die Beratung zur Vermeidung von Härten vorschreibt. Wenn dem Betriebsrat also nach dem Zweck der Vorschrift des § 92 BetrVG die Aufgabe zukommt, die Personalplanung des Arbeitgebers im Hinblick auf eine sozialere Verträglichkeit zu beeinflussen, erfordert dies, daß er von allen Planungsbestandteilen Kenntnis hat.[302] Das Unterrichtungs- und Beratungsrecht setzt deswegen einen Personalplanungsbegriff voraus, der sich sowohl auf die Daten bezieht, die unmittelbar zu einem direkten Personalabbau führen können, als auch auf diejenigen Planungsteile, die zwar nicht selbst einen Personalabbau auslösen, den Vorgang der Personalfreisetzung aber mit gestalten. Entgegen der vornehmlich von *Heinze* vertretenen Auffassung,[303] kann der Begriff der Personalplanung im Sinne des § 92 BetrVG deswegen nicht auf diejenigen Planungsdaten oder Personalmaßnahmen beschränkt werden, die Mitbestimmungsrechte des Betriebsrates zu personellen Einzelmaßnahmen gemäß der §§ 99-105 BetrVG oder der Berufsbildung gemäß § 96 ff. BetrVG auslösen. Ansonsten würde der Personalplanungsbegriff – wie sich im Fall von Outplacement zeigt – Maßnahmen im Rahmen der Personalabbauplanung aus den Mitwirkungsrechten des § 92 BetrVG – insbesondere dem Unterrichtungsrecht – ausschließen, obwohl diese im engen Sachzusammenhang mit der Aufgabe des Betriebsrates und dem Zweck der Mitwirkungsrechte aus § 92 BetrVG stehen, weil sie geeignet sind, die Interessen der Arbeitnehmer bei einem drohenden Arbeitsplatzverlust zu unterstützen.

Mit dem Zweck der Vorschrift – dem Betriebsrat die Möglichkeit einzuräumen auf sozial verträglichere Varianten bzw. Gestaltungen von Personalmaßnahme hinzuweisen und zu beraten – ist nur vereinbar, daß der Begriff der Personalpla-

---

300 *Richardi* § 92 RdNr.9.
301 *Fitting/Kaiser/Heither/Engels* § 92 RdNr.19 ; D/K/K-*Schneider* § 92 RdNr.29.
302 Vgl. *Rumpff/Boewer*, Kap.E. RdNr.12.
303 *Heinze*, S.17 ; so aber auch H/S/G-*Schlochauer* § 92 RdNr.11 ; GK-*Kraft* § 92 RdNr.8.

nung in § 92 BetrVG sämtliche planerischen Maßnahmen umfaßt, die die Art und Weise eines Personalabbaus beeinflussen. Aus diesem Grund ist *Rumpff/Boewer* zuzustimmen, daß nach der Intention des Gesetzes der Personalplanungsbegriff nicht – wie dargelegt – beschränkt sein kann, da eine solche Einschränkung des personalwissenschaftlich vorgegebenen Personalplanungsbegriffs die dargelegte Zweckbestimmung des § 92 BetrVG übersieht.[304] Bei der Planung von Entlassungen von Arbeitnehmern umfaßt der Personalplanungsbegriff des § 92 BetrVG deshalb sowohl die Planung von Maßnahmen, die objektiv geeignet erscheinen, mitbestimmungspflichtige personelle Einzelmaßnahmen nach sich zu ziehen als auch diejenigen Maßnahmen, die den konkreten Vollzug der Personalmaßnahmen näher ausgestalten, also – z.B. wie im Fall von Outplacement – die Konsequenzen der Entlassungsmaßnahme nach Möglichkeit weitgehend abmildern.

1.2.1.2.3. Vorliegen einer Planung

Für die Unterrichtungs- und Mitwirkungsrechte aus § 92 BetrVG ist es nicht entscheidend, daß aus betriebswirtschaftlicher Sicht davon gesprochen werden kann, daß im Unternehmen eine Personalplanung besteht.[305] Von der Planung einer Outplacement-Maßnahme kann deshalb auf jeden Fall gesprochen werden, wenn der Arbeitgeber eine konkrete Vorstellungen über den betreffenden Personalabbau hat – auch hinsichtlich der Arbeitnehmer, denen eine solche Beratung zukommen soll – und lediglich noch die Modalitäten der Outplacement-Maßnahme ungeklärt sind. Diese Planungssituation wird immer dann offenkundig vorliegen, wenn der Arbeitgeber bereits mit dem Outplacement-Berater die Abbaumaßnahme erörtert. Das Stadium der Planung gilt dagegen noch nicht als erreicht, wenn der Arbeitgeber lediglich Überlegungen anstellt, einen Personalabbau unter Einsatz einer Outplacement-Maßnahme durchzuführen und erst eine weitere Prüfung der Voraussetzungen bzw. wirtschaftlichen Kosten einer solchen Maßnahme vorgesehen ist, so daß eine Anwendung ebenso wahrscheinlich ist, wie eine Aufgabe der Überlegungen.[306] Es spielt keine Rolle, ob der Arbeitgeber die Anwendung von Outplacement als ständige Ergänzung von direkten Personalabbauinstrumenten sieht oder nur den Einsatz im Rahmen der aktuellen Abbauplanung vorsieht.[307] Es ist nicht erforderlich, daß der Einsatz von Outplacement fester Bestandteil der personalpolitischen Zielplanung – im Sinne

304 *Rumpff/Boewer*, Kap.E. RdNr.23/Kap.D.RdNr.12.

305 Vgl. MünArbR-*Matthes* § 338 RdNr.6 ; *Richardi* § 92 RdNr.18 ; *Galperin/Löwisch* § 92 RdNr.10.

306 Vgl. *Fitting/Kaiser/Heither/Engels* § 92 RdNr.28 ; GK-Kraft § 92 RdNr.21 ; H/S/G-*Schlochauer* § 92 RdNr.22.

307 Vgl. *Richardi* § 92 Rdnr.18 ; MünArbR-*Matthes* § 338 RdNr.6.

von Leitlinien der Personalpolitik – ist.[308] Eine solche Eingliederung von Outplacement in die längerfristige Personalplanung ist auch sehr selten, da diese Maßnahme meistens Bestandteil der reaktiven Freisetzungsplanung ist.[309] Außerdem kann nicht erwartet werden, daß jede Vollzugsmaßnahme Bestandteil einer strategischen Zielplanung ist. Die Personalplanung umfaßt deshalb die langfristige Zielplanung genauso wie die kurzfristige Vollzugs- bzw. Maßnahmenplanung, die in der Praxis wahrscheinlich sogar dominiert.[310]

Bei der Planung eines Einsatzes von Outplacement – als Bestandteil der Maßnahmenplanung – beziehen sich die Mitwirkungsrechte des Betriebsrates aus dem § 92 BetrVG folglich auf die Phase der Entscheidungsfindung des Arbeitgebers, wenn noch kein detailliertes Outplacement-Konzept vorliegt, gleichwohl aber ein konkreter Einsatz zu erwarten ist.

1.2.1.2.4. Das Unterrichtungs- und Beratungsrecht gemäß § 92 BetrVG

Das Unterrichtungs- und das Beratungsrecht des Betriebsrates aus § 92 Abs.1 BetrVG unterscheiden sich inhaltlich und beziehen sich nicht auf alle Bereiche der Personalplanung. Im nachfolgenden Abschnitt soll daher untersucht werden, inwieweit Outplacement Gegenstand der Mitwirkungsrechte werden kann.

1.2.1.2.4.1. Die Reichweite des Unterrichtungsrechts

Das Unterrichtungsrecht des Betriebsrates bezieht sich auf die gesamte Personalplanung des Arbeitgebers.[311] Neben der Personalbedarfsplanung erfaßt das Unterrichtungsrecht auch den Bereich der Personaldeckungsplanung, dem das Outplacement-Konzept als Teilbereich der Personalabbauplanung zugeordnet wurde. Das Unterrichtungsrecht bezieht sich dabei auf den gesamten Prozeß der Personalabbauplanung, sowohl die Maßnahmenplanung als auch auf die Festlegung von Leitlinien für den Personalabbau im Rahmen der Personalpolitik.[312] Soweit der Arbeitgeber also im Zusammenhang mit der Freisetzung von Arbeitnehmern einen Einsatz von Outplacement erwägt und diese Überlegungen das Stadium der Planung erreicht haben, unterliegt er der Informationspflicht und wird den Betriebsrat von der geplanten Ergänzung der direkten Personalabbauinstrumente (Kündigungen, Aufhebungsverträge) um eine Outplacement-Maßnahme zu unterrichten haben.

---

308 Vgl. *Kadel* in: BB 1993, S. 797(801) ; *Richardi* § 92 RdNr.18.

309 *Drumm*, S.246 ; *Bisani*, S.314.

310 So auch die Annahme von *Kadel* in: BB 1993, S. 797(801).

311 *Fitting/Kaiser/Heither/Engels* § 92 RdNr.24 ; *Galperin/Löwisch* § 92 RdNr.11 ; GK-*Kraft* § 92 RdNr.20 ; H/S/G-*Schlochauer* § 92 RdNr.23.

312 *Kadel* in: BB 1993, S. 797(801).

1.2.1.2.4.2. Die Reichweite des Beratungsrechts

Das Beratungsrecht aus § 92 Abs. Satz 2 BetrVG ist geteilt. Zum einen hat der Arbeitgeber Art und Umgang der erforderlichen Maßnahmen zu beraten. Zum anderen soll die Vermeidung von Härten erörtert werden. Aus dem Wortlaut des § 92 Abs.1 Satz 2 BetrVG ergibt sich danach, daß die Beratung der Personalbedarfsplanung mit dem Betriebsrat nicht erforderlich ist, weil sie sich auf die sich aus der Personalplanung „erforderlichen Maßnahmen" erstreckt.[313] Zum Teil wird zwar angenommen, daß sich das Beratungsrecht auch auf diesen Bereich der Personalplanung bezieht,[314] da aber Outplacement dem Bereich der Personaldeckungsplanung bzw. Personalabbauplanung angehört, ist diese Frage der inhaltlichen Beschränkung des Beratungsrecht hier nicht von Bedeutung.

Wichtig ist aber die Beantwortung der Frage, ob sich das Beratungsrecht des § 92 Abs.1 Satz 2 1.Halbs. BetrVG zu „Art und Umfang der erforderlichen Maßnahmen" auf sämtliche Gegenstände der Personalplanung bezieht oder nur an die „sich ergebenden personellen Maßnahmen" in § 92 Abs.1 Satz 1 BetrVG anknüpft. Die Relevanz der Frage leitet sich erneut daraus ab, daß Outplacement keine personelle Maßnahme im Sinne der §§ 99 ff. BetrVG darstellt, sondern voraussetzt. Die Einführung oder Anwendung von Outplacement im Rahmen der Abbauplanung würde daher der Beratungspflicht nach § 92 Abs.1 Satz 2 1.Halbs. BetrVG nur unterliegen, wenn sich das Beratungsrecht auf alle Maßnahmen der Personalplanung bzw. Personalabbauplanung bezieht.

Die systematische Ableitung einer Begrenzung des Beratungsrechts aus § 92 Abs.1 Satz 2 BetrVG auf personelle Maßnahmen läßt sich mit dem Wortlaut und dem Zweck der Beratungspflicht nicht vereinbaren. Der Wortlaut des § 92 Abs. 1 Satz 2 1.Halbs. BetrVG legt eine umfassende Beratungspflicht nahe, weil der Gesetzgeber die Konkretisierung des Maßnahmencharakters („personelle") aus § 92 Abs.1 Satz 1 BetrVG aufgegeben hat. Dies erscheint auch konsequent, weil nur so dem Betriebsrat die Möglichkeit eingeräumt wird, mögliche Alternativen zur vorgesehenen Personalplanung aufzuzeigen und die Berücksichtigung der sozialen Konsequenzen der Maßnahmenplanung zu fördern.[315] Das setzt voraus, daß alle vorgesehenen oder denkbaren Personalmaßnahmen erörtert werden. Die Annahme eines weiten Maßnahmenkatalogs, der über personelle Maßnahmen hinausreicht, erscheint insoweit gesetzeskonform. Bei den zu beratenden erforderlichen Maßnahmen handelt es sich deswegen nicht nur um die personellen Einzelmaßnahmen der §§ 99 ff. BetrVG, sondern um die allgemein in Betracht

[313] MünArbR-*Matthes* § 338 RdNr.21 ; *Richardi* § 92 RdNr.33 ; *Galperin/Löwisch* § 92 RdNr.15.
[314] *Fitting/Kaiser/Heither/Engels* § 92 RdNr.32.
[315] MünArbR-*Matthes* § 338 RdNr.23.

kommenden Instrumente oder Konzepte des Personalabbaus.[316] Dies bedeutet dann aber auch, daß der Arbeitgeber mit dem Betriebsrat gemäß § 92 Abs.1 Satz 2 BetrVG den Umfang einer geplanten Outplacement-Maßnahme – also die Zahl der in die Outplacement-Beratung einbezogenen Arbeitnehmer – ausführlich beraten muß.

Daß der Betriebsrat die Frage der Einführung einer Outplacement-Maßnahme allgemein zum Gegenstand der Beratungen von Personalabbaumaßnahmen machen kann, ergibt sich schließlich aus § 92 Abs.1 Satz 2 2.Halbs. BetrVG. Der Gesetzgeber erstreckt in dieser Regelung die Beratungspflicht auf die Erörterung der Möglichkeiten zur Vermeidung von Härten für Arbeitnehmer infolge geplanter Personalmaßnahmen. Diesem Beratungsziel entspricht es, wenn – soweit indirekte Abbaumaßnahmen nicht realisierbar sind – Möglichkeiten erörtert werden den Personalabbau zumindest mit Maßnahmen zur Unterstützung der betroffenen Arbeitnehmer bei der beruflichen Wiedereingliederung zu begleiten. Die Vorstellung, Diskussion oder Entwicklung eines Outplacement-Konzepts für die geplante Abbaumaßnahme knüpft an die Zielvorstellung des Gesetzgebers vom Gegenstand der Beratung in diesem Planungsstadium an, indem nicht der Ausgleich möglicher materieller Härten besprochen, sondern die Planung der Personalmaßnahme dahingehend diskutiert werden soll, daß es möglichst gar nicht erst zu Härten für die Arbeitnehmer kommen kann.[317]

1.2.1.2.4.3. Zeitpunkt und Umfang der Unterrichtung und Beratung

Die Unterrichtung des Betriebsrates durch den Arbeitgeber hat gemäß § 92 Abs.1 Satz 1 BetrVG rechtzeitig und umfassend zu erfolgen. Strittig ist hier, wann die Unterrichtungspflicht und die daran anknüpfende Beratung zu erfolgen hat. Eine vernünftige Beratung einer Angelegenheit setzt voraus, daß der Beratung die Information über den Beratungsgegenstand vorausgegangen ist. Die Unterrichtung muß daher noch vor der Beratung liegen. Keine Einigkeit besteht darüber, ob dies bedeutet, daß der Betriebsrat in die Planung einbezogen werden muß.

Meist wird auf den Wortlaut des § 92 Abs.1 BetrVG verwiesen, aus dem sich eindeutig ergeben soll, daß sich die Beratung nur auf die sich aus der Planung „ergebenden Maßnahmen" beziehe, so daß zweifelsfrei allein die aus der abgeschlossenen Planung resultierenden Maßnahmen Gegenstand der Beratung sein können.[318] Das Gesetz würde dann keine Einschaltung des Betriebsrates *in* die

[316] So auch *Galperin/Löwisch* § 92 RdNr.15 ; *Rumpff/Boewer*, Kap.E. RdNr.53 ; *Fitting/Kaiser/Heither/Engels* § 92 RdNr.32.

[317] Vgl. BT-Drs. VI/1786, S.31(32) ; so auch MünArbR-*Matthes* § 338 RdNr.24 ; *Richardi* § 92 RdNr.36.

[318] GK-*Kraft* § 92 RdNr.22 ; *Heinze*, RdNr.44.

Planung verlangen, sondern lediglich vorsehen, daß der Betriebsrat *über* die Planung unterrichtet wird und noch genügend Zeit bis zur Realisierung bleibt, die es dem Betriebsrat ermöglicht noch Änderungen zu erreichen. Dies würde bedeuten, daß der Arbeitgeber den Betriebsrat über den Einsatz von Outplacement erst unterrichten muß, wenn er sowohl die Modalitäten der Beratung (Leistungsumfang) als auch die Durchführung (interne oder externe Beratung) bereits festgelegt hat. Mit der Festlegung des Zeitpunktes der Unterrichtungspflicht auf den Abschluß der Planung wird die gesetzlich vorgesehene Einflußnahmemöglichkeit des Betriebsrates auf die Personalplanung aber unterlaufen, zumal das Beratungs- und Unterrichtungsrecht aus § 92 BetrVG den Arbeitgeber nicht daran hindert, die Personalplanung allein nach seinen Vorstellungen abzuwickeln. Dem Arbeitgeber wird zwar auferlegt, die Stellungnahme des Betriebsrates entgegenzunehmen und sowohl die Planung als auch die Stellungnahme zu erörtern, diese *Beratungs*gespräche erhalten aber den Charakter von bloßen Anhörungen, wenn die Planung bereits abgeschlossen ist.

Die Unterrichtung muß deshalb so frühzeitig erfolgen, daß eine Beratung über Art und Umfang der Maßnahmen zur Vermeidung von Härten noch in einem Stadium stattfinden kann, in dem die Planung nicht fixiert ist. Aus den Ausführungen des Gesetzgebers zu seinen Motiven bei der Fassung von § 92 BetrVG läßt sich wörtlich entnehmen, daß eine Beteiligung des Betriebsrates im „*Planungsstadium*" angestrebt wird.[319] Ein Einfließen der Vorschläge oder Bedenken des Betriebsrates in die Planung ist kaum möglich, wenn der Betriebsrat erst nach Abschluß der Planung über Inhalt und Maßnahmen informiert wird. Dies würde eine nachträglich Korrektur der Planungen des Arbeitgebers erfordern, was in der Praxis – im Vergleich zur Einflußnahme auf einen Planungsprozeß – schwieriger zu realisieren sein wird. Die Unterrichtungs- und Beratungspflicht ist daher für den Zeitpunkt anzunehmen, wenn die Überlegungen des Arbeitgebers das Stadium der Planung erreicht haben und nunmehr konkrete Vorstellung bzw. Maßnahmen entwickelt werden sollen.[320]

Für die Praxis der Outplacement-Anwendung bedeutet dies zum einen, daß für den Betriebsrat die Chance besteht, den Arbeitgeber – nach der Unterrichtung über einen anstehenden Personalabbau – auf die Möglichkeit der Ergänzung der Vollzugsmaßnahmen um eine Outplacement-Maßnahme hinzuweisen und die Realisierbarkeit einer solchen Maßnahme zu erörtern. Zum anderen trifft den Arbeitgeber aber auch die Informationspflicht, den geplanten Einsatz von Outplacement anzukündigen, wenn er von sich aus einen Personalabbau mit Outplacement-Maßnahmen durchführen möchte. Die Unterrichtung des Be-

---

[319] Vgl. BT-Drs. VI/1786,S.31(32).

[320] MünArbR-*Matthes* § 338 RdNr.13 ; *Galperin/Löwisch* § 92 RdNr.14 ; *Richardi* § 92 RdNr.25/38.

triebsrates muß so rechtzeitig erfolgen, daß anschließend zwischen Betriebsrat und Arbeitgeber die Einzelheiten der Maßnahme – z.B. die Auswahl des zu beauftragenden Beratungsunternehmens und die Beratungsleistungen – erörtert werden können, ohne daß der Arbeitgeber bereits eine Vorentscheidung getroffen hat. Wenn die Unterrichtung und Beratung dabei zeitgleich zu einem Gesprächstermin erfolgt, ist dies insoweit unbedenklich, als der Betriebsrat von den alternativen Betreuungsformen (interner/externer Outplacement-Beratung) und Beratungsmodalitäten (Wiederaufnahmemöglichkeit/Befristung etc.) externer Berater Kenntnis hat. Ansonsten ist eine gesetzlich angestrebte Mitberatung kaum möglich, so daß ein gesonderter Termin für die Beratung erforderlich wird. Soweit der Arbeitgeber bereits verschiedene Outplacement-Programm-Vorschläge vorliegen hat oder Informationsmaterial über den Inhalt und Ablauf der Maßnahme besitzt, wird er diese dem Betriebsrat zumindest zur Einsicht vorzulegen haben.[321]

1.2.1.2.4.4. Die Beratung einzelner Outplacement-Maßnahmen

In der Beratungspraxis überwiegen die Individual-Outplacement-Mandate, was noch damit zusammenhängt, daß sich die Gruppe der Beratungsklienten schwerpunktmäßig aus Führungskräften höherer Hierarchieebenen zusammensetzen.[322] Der Einsatz von Outplacement ist zumindest zur Zeit noch kein fester Bestandteil der allgemeinen betrieblichen Personalplanung, sondern die Anwendung wird im Einzelfall erwogen. Dies führt zu der Frage, ob bereits bei der einzelnen Anwendung von Outplacement die Mitwirkungsrechte des Betriebsrates aus § 92 BetrVG zu beachten sind. Gegen eine Unterrichtungs- und Beratungspflicht für einzelne Outplacement-Maßnahmen spricht, wenn man die Regelung des § 92 BetrVG a priori unter das Primat des kollektivrechtlichen Interessenschutzes stellt.[323]

Zweifellos liegt eine Wahrnehmung individueller Interessen von Arbeitnehmern vor, wenn der Betriebsrat die Beratung über die Gestaltung eines einzelnen Freisetzungsvorhabens – einschließlich des Einsatzes von Outplacement – verlangt. Die vereinzelte Anwendung von Outplacement, je nach den Umständen des Einzelfalls – abhängig von der Position oder der Dauer der Betriebszugehörigkeit

321 Vgl. BAG v. 15.06.1976 AP § 80 BetrVG Nr.9 ; GK-*Kraft* § 92 RdNr.26 ; *Richardi* § 92 RdNr.30 ; *Rumpff/Boewer* Kap.E RdNr.48 ; Zum Umfang des Unterrichtungs- und Beratungsrechts auch: Kapitel: III.1.2.1.3. (S.143), weil zum Teil zutreffend angenommen wird, daß aufgrund der übergreifenden Norm des § 80 Abs.2 BetrVG die Unterlagen zur Verfügung zu stellen sind. Vgl. *Fitting/Kaiser/Heither/Engels* § 92 RdNr.30.

322 Zur Verbreitung von Outplacement Kapitel: I.2.(S.27).

323 So grundsätzlich *Heinze* RdNr.32.

des betroffenen Arbeitnehmers – muß deswegen aus dem Anwendungsbereich des § 92 BetrVG herausfallen, wenn der konkrete individuelle Interessenschutz vom Normzweck des § 92 BetrVG nicht erfaßt wird.

Für eine solche Beschränkung des Unterrichtungs- und Beratungsrechts enthält die Vorschrift aber keine Anhaltspunkte. Die Begrenzung der Zuständigkeit des Betriebsrates nach § 92 BetrVG auf die Beratung von Maßnahmen für Gruppen von Arbeitnehmern ließe sich abermals nur aus der Stellung bzw. dem Aufbau des Betriebsverfassungsgesetzes rechtfertigen, wonach die Beteiligung des Betriebsrates an personellen Einzelmaßnahmen abschließend in den Vorschriften der §§ 99 ff. BetrVG vorgesehen ist. Gegen diese Ableitung des Anwendungsbereichs aus der Systematik des Betriebsverfassungsgesetzes spricht jedoch die Formulierung des § 92 Abs.1 BetrVG, die – wie bereits ausgeführt[324] – personelle Einzelmaßnahmen im Sinne der §§ 99 ff. BetrVG weder dem Unterrichtungs- noch dem Beratungsanspruch entzieht.[325] Vor allem nach der Formulierung des § 92 Abs.1 Satz 2 BetrVG ist nicht anzunehmen, daß die Beratung über die Vermeidung von Härten eine Beratung über Einzelmaßnahmen im Sinne der §§ 99 ff. BetrVG ausschließt. Eine Ausnahme von konkreten Einzelmaßnahmen aus dem Beratungsgegenstand des § 92 Abs.1 Satz 2 BetrVG ist auch nicht einzusehen, weil es mit dem Zweck der Vorschrift nur schwer vereinbar ist, wenn eine ernsthafte sozial verträgliche Gestaltung von Abbaumaßnahmen die konkreten Umstände einzelner Arbeitnehmer generell unberücksichtigt läßt. Die Beratung über die sozialere Gestaltung von direkten Personalmaßnahmen muß sich auf alle Personalplanungsmaßnahmen und -entscheidungen beziehen, unabhängig von deren zahlenmäßigem Umfang.[326] Plant der Arbeitgeber einen Einsatz von Outplacement im Rahmen eines einzelnen Personalfreisetzungsvorgangs, wird der Betriebsrat daher genauso die Unterrichtung und Erörterung dieser konkreten Einzelmaßnahme verlangen können, wie dies bei einem umfangreichen Personalabbau bzw. der Durchführung eines Gruppen-Outplacements der Fall ist.

1.2.1.3. Zusammenfassung

Da Outplacement als Instrument der Personalabbauplanung einem Teilbereich der Personalplanung im Sinne des § 92 BetrVG zuzuordnen ist, unterliegt seine planerische Einführung den dort vorgesehene Beteiligungsrechten des Betriebsrates. Dazu wurde dargelegt, daß das Unterrichtungs- und das Beratungsrecht

---

324 Vgl. Kapitel: III.1.2.1.2.4.2. (S.140).

325 Vgl. Kapitel: III.1.2.1.2.4.2. (S.139).

326 D/K/K-*Schneider* § 92 RdNr.33 ; *Rumpff/Boewer* Kap.E RdNr.56 ; **a.A.** GK-*Kraft* § 92 RdNr.29 ; *Galperin/Löwisch* § 92 RdNr.15 ; *Heinze* RdNr.47/48 ; H/S/G-*Schlochauer* § 92 RdNr.29.

aus § 92 BetrVG sich sowohl auf langfristige Zielplanungen als auch auf die nähere Gestaltung der direkten Vollzugsplanung bezieht. Der Einsatz von Outplacement berührt damit den betriebsverfassungsrechtlichen Aufgabenbereich des Betriebsrates. Daraus folgt, daß der Betriebsrat grundsätzlich gemäß § 92 Abs.1 BetrVG zunächst vom Arbeitgeber über die geplante Outplacement-Maßnahmen zur Gestaltung des Personalabbaus zu informieren ist. Dabei ist es unerheblich, ob es sich um einen Einzelfall der Anwendung bzw. eine geplante Einzelmaßnahme handelt oder ob die Maßnahme allgemeiner Bestandteil eines umfangreichen Personalabbaus sein soll. Daneben ist der Arbeitgeber gemäß § 92 Abs.1 Satz 2 BetrVG verpflichtet, die Durchführung der Maßnahme zu erörtern. Der Betriebsrat hat hier die Möglichkeit eigene Vorschläge für die nähere inhaltliche oder organisatorische Ausgestaltung (interne/externe Beratung) der Outplacement-Maßnahme einzubringen. Ebenso kann der Betriebsrat gemäß § 92 Abs.1 Satz 2 2.Halbs. BetrVG beim Arbeitgeber die Ergänzung eines Personalabbaus um Outplacement-Maßnahmen anregen und die Möglichkeiten zur Realisierung diskutieren. Dennoch ist der Arbeitgeber an keine Vorschläge des Betriebsrates gebunden. Entscheidend ist, daß der Betriebsrat aber von der geplanten Anwendung der Maßnahme zu unterrichten ist, so daß er seinerseits die Arbeitnehmer über das Outplacement-Konzept informieren und gegebenenfalls Erfahrungen mit Outplacement-Beratern – aus früheren Personalabbauvorgängen – weitergeben kann.

Die Zuordnung von Outplacement-Maßnahmen zum gesetzlichen Zuständigkeitsbereich des Betriebsrates begründet zudem die Anwendung des allgemeinen Informationsanspruchs aus § 80 Abs.2 BetrVG. Das Informationsrecht des Betriebsrates ist insofern nicht nach § 92 BetrVG auf die Einsichtnahme von Informationsmaterial beschränkt, sondern beinhaltet nach § 80 Abs.2 BetrVG eine Aushändigungspflicht der Unterlagen, aus denen sich die Planungsmaßnahmen ableiten lassen bzw. nach denen die jeweiligen Outplacement-Maßnahme – z.B. die genauen Beratungsbausteine, Beratungsmodalitäten insbesondere Laufzeit – näher geregelt werden. Um sicherzustellen, daß diese Informations- und Beteiligungsrechte des Betriebsrates nicht unterlaufen werden, ist – wie bereits dargestellt[327] – davon auszugehen, daß der Arbeitgeber den Betriebsrat – gegebenenfalls anhand von Unterlagen – auch über den Gegenstand der Aufhebungsvertragsverhandlungen informieren muß. Das bestehende Informationsrecht aus § 80 Abs.2 BetrVG wird durch die Fassung der Rechte aus § 92 BetrVG zumindest nicht inhaltlich beschränkt.[328]

---

327 Vgl. Kapitel: III.1.2.1.2.4.3. a.E. (S.140).

328 a.A. GK-*Kraft* § 92 RdNr.26.

1.2.2. Outplacement als mitbestimmungspflichtige Maßnahme nach § 87 BetrVG

Eine wesentlich stärkere Beteiligung des Betriebsrates – im Vergleich zu einem Informations- und Beratungsrecht nach § 92 BetrVG – an der Einführung und Durchführung von Outplacement-Maßnahmen ist mit der Zuordnung dieser Maßnahme zu dem Aufgabenbereich des Betriebsrates nach § 87 Abs.1 BetrVG verbunden. Abgesehen davon, daß diese Zuordnung wiederum den allgemeinen Informationsanspruch nach § 80 Abs.2 BetrVG auslöst, begründet § 87 Abs.1 BetrVG die gleichberechtigte Mitwirkung des Betriebsrates an den Entscheidungen über die Einführung solcher Maßnahmen. Aus den Mitbestimmungstatbeständen des § 87 Abs.1 BetrVG erscheint jedoch nur der Bereich der Mitbestimmung zu Fragen der Ordnung des Betriebes und des Verhaltens der Arbeitnehmer nach § 87 Abs.1 Nr.1 BetrVG und der Lohngestaltung nach § 87 Abs.1 Nr.10 BetrVG sachlich geeignet, um mögliche Anknüpfungspunkte von Outplacement zu diesen obligatorischen Mitbestimmungsbereichen zu untersuchen. Daneben kann allenfalls § 87 Abs.1 Nr.8 BetrVG daraufhin untersucht werden, wann Outplacement als mitbestimmungspflichtige Sozialeinrichtung im Sinne dieser Vorschrift anzusehen ist.

Es kann hier vorweggenommen werden, daß die Einführung und Durchführung von Outplacement nicht den Mitbestimmungsrechten aus § 87 Abs.1 Nr.1 oder Nr.10 BetrVG unterliegt, die Ablehnung der Zuständigkeit des Betriebsrates nach § 87 BetrVG ist aber nicht so offenkundig, wie man das zunächst annehmen könnte.

1.2.2.1. Das Mitbestimmungsrecht nach § 87 I Nr. 1 BetrVG

Ein Ansatzpunkt für Überlegungen über ein Mitbestimmungsrecht des Betriebsrates gemäß § 87 Abs.1 Nr.1 BetrVG beruht auf dem – nicht unwesentlichen – Ziel der Outplacement-Beratung, den Arbeitgeber darin zu unterstützen, daß er vom Arbeitnehmer eine Zustimmung zur Beendigung des Arbeitsverhältnisses erhält. Aus diesem Grund kann erwogen werden, ob die arbeitgeberseitige Anwendung von Outplacement den Zuständigkeitsbereich des Betriebsrates nach § 87 Abs.1 Nr.1 BetrVG berührt, weil mit dieser Maßnahme auf das Verhalten der Arbeitnehmer (Abgabe einer bestimmten Willenserklärung) Einfluß genommen werden soll.

1.2.2.1.1. Vorliegen eines kollektiven Tatbestandes

Gegen ein Mitbestimmungsrecht des Betriebsrates nach § 87 Abs.1 Nr. 1 BetrVG spricht nicht bereits der Umstand, daß der Betriebsrat nur für kollektiv wirkende Entscheidungen des Arbeitgebers zuständig ist, Outplacement aber Bestandteil einer individualvertraglichen Absprache zwischen Arbeitgeber und

Arbeitnehmer ist. Allerdings ist davon auszugehen, daß für den Bereich der sozialen Angelegenheiten des § 87 Abs.1 BetrVG das Mitbestimmungsrecht des Betriebsrates ausschließlich auf kollektive Regelungen – wenn man von den Ausnahmefällen[329] absieht – beschränkt ist.[330] Deshalb spricht die Vereinbarung der Outplacement-Beratung – als Bestandteil des individuellen Aufhebungsvertrages[331] – in der Tat zunächst per se gegen eine Zuständigkeit des Betriebsrates nach § 87 BetrVG.

Es stellt sich jedoch die Frage, ob sich an dem individualrechtlichen Charakter der Maßnahme etwas ändert, wenn man zwischen der inhaltlichen Ausgestaltung des Aufhebungsvertrages und den dieser Vereinbarung zugrunde liegenden Gesprächen unterscheidet. Bei dieser Differenzierung ist als Anknüpfungspunkt für einen kollektiven Regelungstatbestand nicht die konkrete Aufhebungsvereinbarung anzusehen, sondern das Gespräch, bei dem der Arbeitnehmer durch das Angebot der Outplacement-Beratung zunächst einmal zu Verhandlungen über den Abschluß eines Aufhebungsvertrages veranlaßt werden soll.[332] Der Gegenstand des Mitbestimmungsrechts wäre demzufolge nur der formale Ablauf der Gespräche bei allen betroffenen Arbeitnehmern.

Für die Beantwortung der Frage, ob eine Maßnahme – hier die Durchführung der Gespräche über die Aufhebung des Arbeitsverhältnisses unter Einbeziehung des Angebots einer Outplacement-Beratung – einen kollektiven Bezug besitzt, bestehen keine eindeutigen Kriterien.[333] Die überwiegende Literatur und das

---

329 z.B. nach § 87 Abs.1 Nr.9 und Nr.5 BetrVG bei der Kündigung von Wohnräumen und der zeitlichen Lage des Urlaubes; vgl. GK-*Wiese* § 87 RdNr.19.

330 BAG v. 03.12.1992 GS in: NZA 1992, 749 ; *Fitting* § 87 RdNr. 15 ; GK-*Wiese* § 87 RdNr.20 ; H/S/G-*Hess* § 87 RdNr.20 ; *Stege/Weinspach* § 87 RdNr.16 ; *Zöllner/Loritz* § 47 IV,2. ; MünArbR-*Matthes* § 324 RdNr.25 ; *Galperin/Löwisch* § 87 RdNr.6 ; gegen eine generelle Beschränkung auf kollektive Maßnahmen: *Fitting/Kaiser/Heither/Engels* § 87 RdNr.12 ; *Simitis/Weiss* in: DB 1973, 1240(1242).

331 Bei anderen denkbaren Anspruchsgrundlagen (Betriebliche Übung o.ä.) handelt es sich dem Wesen nach schon um kollektivrechtliche Tatbestände, so daß sich die Frage des kollektiven Bezuges einer solchen Maßnahme nicht stellt.

332 Diesen Ansatz wählt zumindest *Hamm (1997)*, Kap.4.2.

333 In diesem Zusammenhang ist herauszustellen, daß das BAG einen solchen mitbestimmungspflichtigen kollektiven Tatbestand bei der Führung von formalisierten Krankengesprächen angenommen hat. (BAG v. 08.11.1994 in: BB 1995, S.1188 = AP § 87 BetrVG Ordnung des Betriebes Nr.24. = DB 1995, S.1132 = EzA § 87 BetrVG Betriebliche Ordnung Nr.21; **ebenso:** LAG Hamburg v.10.07.1991 LAGE § 87 Betriebliche Ordnung Nr.8; LAG Frankfurt v. 07.12.1993 in: BB 1994, S.1711 ; *Däubler*, Arbeitsrecht 1, RdNr.959 ; D/K/K-*Klebe* § 87 RdNr.52 ; *Kreuder* in: AiB 1995, S.654 ; **a.A.** MüArbR-*Matthes* § 325 RdNr.15 ; GK.*Wiese* § 87 RdNr.225 ; LAG Baden-Württemberg v. 05.03.1991 LAGE § 87 Betriebliche Ordnung Nr.9 ; LAG Hamm LAGE § 87 Betriebliche Ordnung Nr.8 ; H/S/G-*Glaubitz* § 87 RdNr.114.) Bei der Begründung des kollektiven Bezugs solcher Gespräche hat das BAG darauf abgestellt, daß die

BAG haben unter der Geltung des BetrVG 1952 die Abgrenzung zwischen kollektivem Tatbestand und Einzelfall nur danach getroffen, ob von der Maßnahme eine größere Gruppe von Arbeitnehmern betroffen wird.[334] Im Gegensatz zu diesem quantitativen Kriterium wird für die Einordnung vereinzelt auf abstrakte Unterscheidungsmerkmale abgestellt.[335] Deshalb bezeichnet man einen Tatbestand als qualitatives Kollektiv, wenn die Maßnahme nach abstrakt-generellen Merkmalen eine bestimmte Gruppe von Arbeitnehmern betrifft. Da die Einordnung nach quantitativen Kriterien verstärkter Kritik ausgesetzt war, wird dieses Kriterium mittlerweile abgelehnt.[336] Das entscheidende Abgrenzungsmerkmal ergibt sich nach der älteren Literatur aus der Fragestellung, ob es sich inhaltlich um eine generelle Regelung handelt oder um Maßnahmen und Entscheidungen, die sich an der besonderen Situation von Arbeitnehmern orientieren. Nur Vereinbarungen, die den individuellen Besonderheiten einzelner Arbeitsverhältnisse Rechnung tragen und deren Auswirkungen sich auf das Arbeitsverhältnis dieser Arbeitnehmer beschränken, sollen grundsätzlich mitbestimmungsfrei sein.[337]

Dies hat für die angegebene Fragestellung maßgebliche Bedeutung, weil daraus folgt, daß die Regelung eines konkreten Einzelfalls den kollektiven Bezug der Angelegenheit nicht ausschließt, soweit sich nur der Regelungsanlaß oder -inhalt nicht auf den Arbeitnehmer persönlich bezieht.[338] Der persönliche Bezug der Gespräche über die Beendigung des Arbeitsverhältnisses kann angezweifelt werden, wenn der Arbeitgeber die Aufhebung des Arbeitsverhältnisses mit dem

---

Gespräche in einer generalisierten Art und Weise geführt werden und besonders gleichförmig ablaufen. Dies beträfe vor allem die generelle Aufforderung des Arbeitnehmers zur schriftlichen Entbindung des Arztes von der Schweigepflicht. Während der Gespräche würden sich deshalb für alle betroffenen Arbeitnehmer – mit Blick auf deren geschützte Persönlichkeitsrechte – immer die gleichen Verhaltensfragen ergeben, so daß ein kollektiver Bezug und ein Schutzbedürfnis beständen. Dieser Entscheidung des BAG wurde im wesentlichen nur im Hinblick auf die Annahme eines Ordnungsverhaltens i.S. von § 87 I Nr.1 BetrVG angegriffen (*Hunold* Anm. zu BAG v. 08.11.1994 in: BB 1995, S.1188 ; Ehler in: BB 1992, 1926). Hinsichtlich dem Vorliegen eines kollektiven Regelungstatbestandes wurde der Entscheidung beigetreten (*Raab* in: NZA 1993, S.193 (197)).

334 BAG v. 31.11.1969 AP § 56 BetrVG 1952 Entlohnung Nr.5 ; *Küchenhoff* Anm. zu AP § 56 BetrVG 1952 Entlohnung Nr.2 ; *Nikisch* Bd III, S.369 ; *Siebert/Hilger* in: BB 1955, 670 ; *Galperin/Siebert* vor§ 56 BetrVG RdNr.8f..

335 *Hueck* in: RdA 1962, 376 (378) ; *Kamman/Hess/Schlochauer* § 87 RdNr.10.

336 BAG GS v. 03.121991 AP Nr.51, S.11 ; BAG GS v. 03.12.1991 AP § 87 BetrVG Lohngestaltung Nr.52, S.11 ; *Hromadka* in: DB 1988, 2636 (2641) ; GK-*Wiese* § 87 RdNr.28 ; *Fitting/Kaiser/Heither/Engels* § 87 RdNr.15.

337 BAG v. 22.09.1992 AP § 87 Lohngestaltung Nr.56, Nr.60 ; BAG GS v. 03.121991 AP Nr.51, S.11 ; *Fitting/Kaiser/Heither/Engels* § 87 RdNr.15 ; GK-*Wiese* § 87 RdNr.33 ; D/K/K-*Klebe* § 87 RdNr.16 ; *Richardi* § 87 RdNr.29.

338 *Raab* in: NZA 1993, S.193(196).

Angebot einer Outplacement-Beratung verknüpft. Die Zweifel basieren auf der konzeptionellen Grundlage der Outplacement-Maßnahme als personalpolitisches Instrument.

Zum einen ist für das Angebot einer Outplacement-Beratung – in vielen Fällen – ausschlaggebend, daß sich das Arbeitsverhältnis mit dem betroffenen Arbeitnehmer möglicherweise gar nicht oder nur unter erheblichen finanziellen Auswirkungen mit einer Kündigung beenden läßt. In diesen Fällen wird Outplacement vom Arbeitgeber unabhängig von der Person des einzelnen Arbeitnehmers eingesetzt, weil nur die rechtliche Notwendigkeit zur einvernehmlichen Beendigung des Arbeitsverhältnisses das Outplacement-Angebot begründet. Das heißt, der Anlaß für den Einsatz von Outplacement ist keine besondere Bedingung bzw. Folge der Umstände eines konkreten Arbeitsverhältnisses, sondern kann für eine Vielzahl von Arbeitsverhältnissen vorliegen.

Zum anderen enthalten die unternehmenspolitischen Ziele des Outplacement-Konzepts Elemente, die für einen kollektiven Bezug eines Outplacement-Angebots sprechen. Für den Arbeitgeber bietet Outplacement nicht nur die Möglichkeit, eine Personalfreisetzungsentscheidung erfolgreich zu vollziehen, sondern es erlaubt dem Arbeitgeber, trotz der Auflösung des Arbeitsverhältnisses soziale Verantwortung gegenüber seinen Mitarbeitern zu demonstrieren und positiv auf die Unternehmensumwelt und die Unternehmensorganisation einzuwirken. Unter diesem Gesichtspunkt ist allein der Trennungstatbestand für das Angebot einer Outplacement-Beratung ausschlaggebend.

Der kollektive Bezug von Outplacement läßt sich zusätzlich mit dem Ablauf der Gespräche über die Aufhebung des Arbeitsverhältnisses begründen. Alle Arbeitnehmer, die von einer Personalabbauentscheidung betroffen sind, werden bei einem Einsatz von Outplacement – möglicherweise in mehrmaligen Gesprächen – über die Vorteile von Outplacement informiert werden. In diesen Gesprächen ist es für den Arbeitgeber wichtig, daß die Arbeitnehmer von dem Outplacement-Konzept überzeugt werden, um den Weg zu einer einvernehmlichen Beendigung des Arbeitsverhältnisses überhaupt zu eröffnen. Der Inhalt dieser Gespräche wird bei den jeweilig betroffenen Arbeitnehmern immer sehr ähnlich sein, da nach einer regelmäßig zu erwartenden positiven Darstellung von Outplacement jedesmal die Aufforderung und Entscheidung über den Abschluß eines Aufhebungsvertrages stehen wird. Wahrscheinlich wird man sogar von einem schematischen Ablauf der Gespräche sprechen können, der vor allem dann vorliegt, wenn von der Personalabbauentscheidung eine größere Gruppe von Arbeitnehmern betroffen ist und zu diesem Zweck von dem Arbeitgeber ein Gruppen-Outplacement angestrebt wird, so daß mit mehreren Arbeitnehmern solche Gespräche geführt werden müssen. Hier wird ein Parallelismus der Situation des Arbeitnehmers in Bezug auf Gesprächsablauf und –inhalt zu den formalisierten Krankengesprächen deutlich.[339] Bei einer größeren Anzahl von Arbeitnehmern wird sich eine abstrakte, gleichartige Darstellung der Vorteile des Outplacement-Konzepts gar nicht vermeiden lassen, weil die Beratungsleistungen für alle Arbeitnehmer – weitestgehend – gleich sein werden. Alle Arbeitnehmer stehen bei diesen Gesprächen unter dem einheitlichen Einfluß des Arbeitgebers und des gegebenenfalls anwesenden Outplacement-Beraters und sie werden in der Regel nicht auf weitere eigene Kenntnisse über das Dienstleistungs- und Beraterangebot zurückgreifen können. Für Ablauf und Inhalt der Gespräche bedeutet dies, daß es gleichgültig ist, ob die Arbeitnehmer gemeinsam oder getrennt über den möglichen Nutzen der Outplacement-Beratung informiert werden oder es sich um ein einmaliges oder regelmäßiges Angebot des Arbeitgebers handelt. Alle Arbeitnehmer stehen bei diesen Gesprächen vor der Entscheidung, ob sie bei Berücksichtigung des Outplacement-Angebots in die Aufhebung ihres Arbeitsverhältnisses einwilligen können oder nicht. Außerdem können sich andere Arbeitnehmer, die ebenfalls von einer Personalabbaumaßnahme bedroht sind, dazu veranlaßt sehen, ein möglicherweise zeitlich befristetes Angebot zur Outplacement-Beratung kurzfristig wahrzunehmen und ihrerseits Verhandlungen über die Aufhebung des Arbeitsverhältnisses aufzunehmen. Der kollektive Bezug der Maßnahme ließe sich dann auch durch die Außenwirkung auf die übrigen Arbeitnehmer begründen.

Zur Begründung des kollektiven Bezugs solcher Gespräche sind daher zwei Faktoren von besonderer Bedeutung. Zum einen ist davon auszugehen, daß die Gespräche, in denen Arbeitnehmer durch Outplacement-Angebote vom Abschluß eines Aufhebungsvertrages überzeugt werden sollen, im Hinblick auf den Inhalt und den Ablauf bei allen Arbeitnehmern weitgehend kongruent sind.[340] Zum anderen sind für das Angebot einer Outplacement-Beratung regelmäßig unternehmenspolitische und ökonomische Motive entscheidend, die von der konkreten Person des Arbeitnehmers in der Regel unabhängig sind.

Mit der Differenzierung zwischen der anspruchsbegründenden Vereinbarung und den vorausgehenden Gesprächen läßt sich folglich ein kollektiver Bezug des Einsatzes von Outplacement begründen, weil die Entscheidung über das Outplacement-Angebot, der Gesprächsablauf und –inhalt nicht ausschließlich von Faktoren abhängt, die durch den individuellen Arbeitnehmer veranlaßt werden, sondern einheitlich für alle betroffenen Arbeitnehmer gelten.

---

339 Vgl. BAG v. 08.11.1994 AP § 87 BetrVG Ordnung des Betriebes Nr.24 = EzA § 87 BetrVG Betriebliche Ordnung Nr.21.

340 Für die Annahme von standardisierten Gesprächen auch *Hamm (1997)*, Kap.4.2.

1.2.2.1.2. Mitbestimmungspflichtiges Ordnungsverhalten

Die Zuordnung von Outplacement zum Zuständigkeitsbereich des Betriebsrates und dem Anwendungsbereich des § 87 Abs.1 Nr.1 BetrVG scheitert daran, daß die Durchführung einer Outplacement-Maßnahme keinen rechtserheblichen Bezug zur betrieblichen Ordnung im Sinne dieser Vorschrift besitzt. Die Grundlage dieser Beurteilung bildet das herrschende Verständnis vom Mitbestimmungstatbestand des § 87 Abs. 1 Nr.1 BetrVG, der nicht in dem Sinne zu verstehen ist, daß Fragen der Ordnung des Betriebes und des Verhaltens der Arbeitnehmer zwei verschiedene Regelungsbereiche betreffen.[341] Gegen eine unbeschränkte Ausdehnung des Mitbestimmungsrechts auf das gesamte Verhalten der Arbeitnehmer sprechen vor allem systematische Gründe.[342] Es ist kaum ein Bereich denkbar, in dem Maßnahmen des Arbeitgebers nicht irgendeinen Bezug zum Verhalten der Arbeitnehmer haben. § 87 Abs. 1 Nr.1 BetrVG würde daher jegliche Konturen als eigenständiger Tatbestand verlieren und die Funktion eines generellen Auffangtatbestandes einnehmen, was bedeuten würde, daß andere speziell geregelte Mitbestimmungstatbestände jeglicher Existenzberechtigung entbehren,[343] wenn jede Maßnahme, die in irgendeiner Weise das Verhalten der Arbeitnehmer regelt oder beeinflußt, dem Mitbestimmungsrecht nach § 87 Abs.1 Nr.1 BetrVG unterliegen würde. In diesem – abzulehnenden – Fall würde sich auch die Durchführung von vereinheitlichten Gesprächen über die Aufhebung des Arbeitsverhältnisses unter Gewährung einer Outplacement-Beratung fraglos unter den Tatbestand des § 87 Abs. 1 Nr. 1 BetrVG subsumieren lassen, weil in diesen Gesprächen im weitesten Sinne auf das „Verhalten" der betroffenen Arbeitnehmer Einfluß genommen wird, um sie zum Abschluß eines Aufhebungsvertrages zu veranlassen.

Entsprechend der vorherrschenden Auffassung[344] ist davon auszugehen, daß § 87 Abs. 1 Nr.1 BetrVG nicht zwei differierende Regelungsbereiche enthält, sondern die Ordnung des Betriebes und das Verhalten der Arbeitnehmer im Betrieb sich aufeinander beziehen und einen einheitlichen Tatbestand bilden.

---

[341] GK-*Wiese* § 87 RdNr.175 ; LAG Hamm v. 13.08.1980 in: BB 1980, 1582 ; MüArbR-*Matthes* § 325 RdNr.15 ; H/S/G-*Hess* § 87 RdNr.99 ; *Nikisch* III, S.412 ; BAG v. 08.08.1989 AP § 87 Betriebliche Ordnung Nr.15 ; BAG v. 24.03.1981 AP § 87 BetrVG Ordnung des Betriebes Nr.2 ; LAG Frankfurt am Main v. 24.03.1992 in: NZA 1993, 237; *Stege/Weinspach* § 87 RdNr.43 ; *Raab* in: NZA 1993, S.193(198) ; **a.A.** *Fitting* § 87 RdNr.55 ; DKK-*Klebe* § 87 RdNr.43 ; *Weiss* Anm. zu EzA § 87 BetrVG Betriebliche Ordnung Nr.7.

[342] GK-*Wiese* § 87 RdNr.172/175 ; BAG v. 23.10.1984 AP § 87 BetrVG Ordnung des Betriebes Nr.8 ; *Raab* in: NZA 1993, 193 (199) ; *Nikisch* III S.412.

[343] So betrifft z.B. die Anordnung von Mehr- oder Kurzarbeit nach § 87 Abs. 1 BetrVG auch das Arbeits- und Leistungsverhalten der Arbeitnehmer.

[344] Vgl. Fn.341.

Ein Mitbestimmungsrecht des Betriebsrates nach § 87 Abs.1 Nr.1 BetrVG besteht nur insoweit, als daß ein Verhalten der Arbeitnehmer geregelt werden soll, das sich gerade auf die betriebliche Ordnung bezieht. Das BAG[345] nimmt einen solchen Bezug der Maßnahme an, wenn es sich um Verhaltensregeln handelt, die der Sicherung des ungestörten Arbeitsablaufs und der Gestaltung des Zusammenlebens und Zusammenwirkens der Arbeitnehmer im Betrieb dienen. Aus dem Mitbestimmungsrecht scheiden deshalb alle Maßnahmen des Arbeitgebers aus, die sich auf die Erbringung der Arbeitsleistung beziehen oder in sonstiger Weise lediglich das Verhältnis des Arbeitnehmers zum Arbeitgeber betreffen.[346] Daraus ergibt sich für den Mitbestimmungstatbestand des § 87 Abs.1 Nr.1 BetrVG eine notwendige Unterscheidung zwischen dem sogenannten mitbestimmungsfreien Arbeitsverhalten und dem mitbestimmungspflichtigen Ordnungsverhalten.

Da das Mitbestimmungsrecht aus § 87 Abs.1 Nr.1 BetrVG in jedem Fall eine Maßnahme voraussetzt, die das Verhalten der Arbeitnehmer berührt, kommt zunächst nur das Verhalten der Arbeitnehmer innerhalb der Gespräche als möglicher mitbestimmungspflichtiger Regelungsgegenstand in Frage. Es bestehen aber schon erhebliche Zweifel, ob man die Durchführung und Teilnahme an freiwilligen Gesprächen überhaupt als eine Maßnahme des Arbeitgebers ansehen kann, die Arbeitnehmern ein bestimmtes Verhalten abverlangt. Diesen Bedenken kann noch entgegengesetzt werden, daß das BAG nicht nur Maßnahmen mit verpflichtendem Charakter als Verhaltensregeln betrachtet.[347] Ungeachtet dessen bereitet es aber Schwierigkeiten das Gesprächsverhalten dem mitbestimmungspflichtigen Ordnungsverhalten zuzuordnen. Dies wird deutlich, wenn man berücksichtigt, wie das BAG die Tatbestände, die zu dem mitbestimmungsfreien Arbeitsverhalten gehören, näher eingegrenzt hat.

Das BAG[348] führt dazu aus, daß das Arbeitsverhalten betreffende Maßnahmen des Arbeitgebers dann vorliegen, wenn der Arbeitgeber durch diese Maßnahme in Ausübung seines Direktionsrechts die Arbeitspflicht des Arbeitnehmers unmittelbar konkretisiert. Danach ist für die Einordnung einer Maßnahme als Re-

345 BAG v. 24.11.1981 AP § 87 BetrVG Ordnung des Betriebes Nr.3 ; BAG v. 24.03.1981 AP § 87 BetrVG Ordnung des Betriebes Nr.2 ; BAG v. 24.03.1981 AP § 87 BetrVG Arbeitssicherheit Nr.2 ; BAG 08.12.1981 AP § 87 BetrVG Lohngestaltung Nr.6 ; **zustimmend:** *Richardi* § 87 RdNr. 202 ; GK-*Wiese* § 87 RdNr. 176 ; MüArbR-*Matthes* § 325 RdNr.1 ; H/S/G-*Hess* § 87 RdNr.100.

346 BAG v. 24.03.1981 AP § 87 BetrVG Arbeitssicherheit Nr.2. **a.A.** *Fitting/Kaiser/Heither/Engels* § 87 RdNr.56 ; *Weiss/Weyand* § 87 RdNr. 19 ; D/K/K-*Klebe* § 87 RdNr. 42.

347 BAG v. 24.03.1981 AP § 87 BetrVG Arbeitssicherheit Nr.2 ; **ebenso:** MünArbR-*Matthes* § 325 RdNr.3 ; GK-*Wiese* § 87 RdNr. 178 ; *Richardi* § 87 RdNr.205.

348 BAG v. 24.11.1981 AP § 87 BetrVG Ordnung des Betriebes Nr.3 ; **ebenso:** LAG Hamm EzA § 87 BetrVG Betriebliche Ordnung Nr.2 ; LAG München LAGE § 87 BetrVG Betriebliche Ordnung Nr.2.

gelung des Arbeitsverhaltens entscheidend, ob die Maßnahme sich unmittelbar auf die Arbeitspflicht, insbesondere die primären Hauptleistungspflichten, bezieht. Bei der Durchführung von standardisierten Gesprächen über die Aufhebung des Arbeitsverhältnisses macht der Arbeitgeber zwar nicht von seinem Direktionsrecht Gebrauch. Allerdings besteht ein enger Zusammenhang zwischen diesen Gesprächen und den Anordnungen über die Arbeitspflicht. Zweck der Durchführung der Gespräche ist die Beendigung des Arbeitsverhältnisses; also die einvernehmliche Aufhebung der gegenseitigen Hauptleistungspflichten aus dem Arbeitsverhältnis. Die Maßnahme bezieht sich also auf die zukünftige Arbeitsleistung des jeweiligen Arbeitnehmers, womit sich eine Nähe zum mitbestimmungsfreien Arbeitsverhalten begründe ließe.

Der Bezug des Outplacement-Gesprächs zur betrieblichen Ordnung kann sich allerdings daraus ergeben, daß diese Gespräche mittelbar Einfluß auf das Verhalten der anderen Arbeitnehmer haben. Dies würde aber voraussetzen, daß allein die Führung der Gespräche schon betrieblichen Zwecken dient und dies Auswirkungen auf das Zusammenwirken der Belegschaft hat. In die Beurteilung einer solchen Wirkung der Gespräche auf die soziale Ordnung des Betriebes müssen die Motive des Arbeitgebers für die Durchführung der Gespräche mit einbezogen werden.

Der Arbeitgeber führt die Gespräch mit dem Ziel, eine einvernehmliche Beendigung des Arbeitsverhältnisses zu erreichen, was seinen unternehmenspolitischen Interessen entspricht. So soll Outplacement dazu beitragen, daß kein negatives unternehmensinternes Personalimage entsteht, als dessen Folge Demotivation, Unruhe, Identifikations- und Motivationsverlust die Leistungsbereitschaft der bleibenden Mitarbeitern beeinträchtigt.[349] Es ist nicht ausgeschlossen, daß eine derartige Beeinflussung der Arbeitnehmer schon durch das bloße Führen der Gespräche über die Gewährung einer Outplacement-Beratung erfolgen kann, wenn die Belegschaft vom Einsatz von Outplacement Kenntnis erhält. Für den Arbeitgeber erschöpft sich der Zweck von Outplacement zumindest nicht nur in der Förderung einer Trennungsvereinbarung, sondern erstreckt sich auch auf mögliche positive Auswirkungen für die übrigen Beschäftigten. Es bleibt aber fraglich, ob allein aufgrund dieser möglichen Nebenwirkungen die Durchführung der Gespräche dem Ordnungsverhalten zuzurechnen ist.

Dies betrifft die Frage, wie eine Maßnahme des Arbeitgebers einzuordnen ist, wenn diese Handlung zwar in Zusammenhang mit dem mitbestimmungsfreien Arbeitsverhalten steht, andererseits aber Einfluß auf das soziale Verhalten der übrigen Belegschaft genommen werden kann. Hier ist zu berücksichtigen, daß man die Mitbestimmungspflichtigkeit einer Maßnahme des Arbeitgebers immer umgehen wird, wenn man das Mitbestimmungsrecht des Betriebsrates ablehnt,

349 Vgl. Kapitel: II.1.2.1.1. (S.37).

wenn die jeweilige Maßnahme im weitesten Sinne gleichzeitig eine Konkretisierung der Arbeitspflicht enthält. Für Maßnahmen, die sich nicht in verschiedene Regelungs- und Mitbestimmungstatbestände untergliedern lassen, muß daher davon ausgegangen werden, daß die gesamte Maßnahme der Mitbestimmung des Betriebsrates unterliegt, sofern auch nur teilweise ein Bezug zur betrieblichen Ordnung besteht.[350] Aus diesem Grund können nur diejenigen Maßnahmen vom Mitbestimmungsrecht des Betriebsrates ausgenommen sein, die ausschließlich das Arbeitsverhalten der Arbeitnehmer betreffen.[351] Für die Durchführung der Gespräche über die Aufhebung des Arbeitsverhältnisses gegen Gewährung einer Outplacement-Beratung wurde dargelegt, weshalb ein Bezug zur sozialen Ordnung des Betriebs besteht (Arbeitsmoral, Arbeitsklima, Betriebsfriedens).[352] Trotzdem läßt sich allein aufgrund möglicher mittelbarer Auswirkungen auf das Verhalten der Arbeitnehmer nicht das Vorliegen eines mitbestimmungspflichtigen Tatbestandes begründen. Dies ergibt sich deutlich aus einem Vergleich mit den Folgewirkungen bei der Ausübung von individualrechtlichen Befugnissen, wie Abmahnungen oder Kündigungen. Diese Maßnahmen können sich durchaus ebenfalls disziplinierend auf das Verhalten der übrigen Belegschaft auswirken, dennoch besteht kein Mitbestimmungsrecht.[353] Für die Begründung eines Mitbestimmungsrechts des Betriebsrates nach § 87 Abs.1 Nr.1 BetrVG fehlt eine inhaltliche Gestaltung des Zusammenlebens der Belegschaft. Anders ausgedrückt, es kommt für die Begründung eines mitbestimmungspflichtigen Tatbestandes entscheidend darauf an, ob durch die betreffende Maßnahme lediglich Gläubigerinteressen an der ordnungsgemäßen Erbringung der Arbeitsleistung gewahrt werden oder das Verhalten der Arbeitnehmer aufeinander abgestimmt werden soll, um einen reibungslosen Arbeitsablauf zu sichern.[354] Bei regelmäßigen Outplacement-Angeboten im Rahmen von Gesprächen über die Beendigung des Arbeitsverhältnisses läßt sich zwar eine positive Beeinflussung der Arbeitsmoral oder des Arbeitsklimas – insbesondere bei umfangreicheren Personalabbaumaßnahmen – nicht abstreiten.[355]

---

[350] *Raab* in: NZA 1993, 193 (203).

[351] Ausdrücklich *Richardi* § 87 RdNr.208 ; GK-*Wiese* § 87 RdNr.199 ; BAG v. 24.11.1981 AP § 87 BetrVG Ordnung des Betriebes Nr.3 ; LAG Düsseldorf v. 27.04.1981 in: DB 1981, 1677.

[352] Vgl. Kapitel: III.1.1.3.1.1. (S.145).

[353] *Richardi* § 87 RdNr.210 ; *Ehler* in: BB 1992, 1926 ; LAG Baden-Württemberg v. 05.03.1991 LAGE § 87 Betriebliche Ordnung Nr.9 ; MünArbR-*Matthes* § 325 RdNr.24.

[354] BAG v. 08.11.1994 AP § 87 BetrVG Ordnung des Betriebes Nr.24 ; *Richardi* § 87 RdNr. 203 ; GK-*Wiese* § 87 RdNr.197 ; BAG v. 24.03.1981 AP § 87 BetrVG Arbeitssicherheit Nr.2.

[355] Wobei das LAG Frankfurt/Main v. 24.03.1992 in: NZA 1993, S.237 wohl davon ausgeht, daß das Arbeitsklima grundsätzlich kaum beeinflußbar ist und einen Bezug zur betrieblichen Ordnung grundsätzlich ablehnt.

Letztendlich hat die vereinheitlichte Durchführung der Gespräche über die Aufhebung des Arbeitsverhältnisses aber zuerst Bezug zur Arbeitspflicht und damit zum Arbeitsverhalten der Arbeitnehmer und kann auch unter Berücksichtigung *möglicher* Auswirkungen auf die Belegschaft nicht als mitbestimmungspflichtige Maßnahme zur Regelung des Verhaltens der Arbeitnehmer im Betrieb i.S. § 87 Abs. 1 Nr.1 BetrVG angesehen werden.

1.2.2.1.3. Zusammenfassung

Bei den Gesprächen über die einvernehmliche Aufhebung des Arbeitsverhältnisses mit dem Angebot einer Outplacement-Beratung kann aufgrund des von der Person des Arbeitnehmers unabhängigen aber weitgehend kongruenten Gesprächsablaufs und -inhalts eine kollektive Maßnahme angenommen werden. Dies gilt insbesondere dann, wenn die Gespräche im Rahmen von umfangreichen Personalabbaumaßnahmen geführt werden und mit vielen Arbeitnehmern eine einvernehmliche Beendigung des Arbeitsverhältnisses angestrebt wird. Obwohl bei der vereinheitlichten Durchführung der Gespräche eine kollektive Maßnahme vorliegt, berührt diese nicht den Zuständigkeitsbereich des Betriebsrates nach § 87 Abs.1 Nr.1 BetrVG. Es handelt sich um eine Maßnahme des Arbeitgebers, die sich ausschließlich auf das zukünftige Arbeits- und Leistungsverhalten der Arbeitnehmer bezieht. Der mögliche Einfluß der Gespräche auf die Arbeitsmoral, -motivation oder das Arbeitsklima kann einen Bezug zur betrieblichen Ordnung nicht begründen. Aus § 87 Abs.1 Nr.1 BetrVG ergeben sich deshalb für den Betriebsrat kein Rechte, um inhaltlich oder zumindest verfahrensmäßig auf die Anwendung von Outplacement Einfluß zu nehmen.

1.2.2.2. Mitbestimmungsrecht nach § 87 I Nr. 8 BetrVG

Für den Betriebsrat besteht aber die Möglichkeit, bei der Durchführung einer Outplacement-Beratung mitzubestimmen, wenn die Outplacement-Betreuung durch eine institutionalisierte Sozialeinrichtung im Sinne von § 87 Abs.1 Nr. 8 BetrVG erbracht wird. Bei der Entscheidung über die Errichtung einer solchen Sozialeinrichtung ist, wie sich aus § 88 Nr. 2 BetrVG ergibt, der Arbeitgeber frei. Für den Fall, daß die Outplacement-Beratung über eine solche Sozialeinrichtung erbracht wird, ergeben sich für den Betriebsrat Mitbestimmungsrechte, die sich auf die Ausgestaltung, Form und Verwaltung der Einrichtung erstrecken. Aus diesem Grund wird im folgenden untersucht, unter welchen Voraussetzungen von einer solchen institutionalisierten Outplacement-Beratung im Sinne des § 87 Abs.1 Nr.8 BetrVG auszugehen ist.

1.2.2.2.1. Outplacement als Leistungsgegenstand einer Sozialeinrichtung

Die Einschaltung einer Sozialeinrichtung zur Gewährung einer Outplacement-Beratung erscheint zunächst widersprüchlich, weil im Gegenzug zur Outplacement-Beratung häufig eine Reduzierung der Abfindung oder Kostenquotelung vereinbart wird. Unter diesen Umständen sind mit Erlangung einer Outplacement-Beratung unmittelbare finanzielle Einbußen verbunden, obwohl der Begriff der „Sozialeinrichtung" indiziert, daß der vorherrschende Zweck der Einrichtung die Gewährung von Vorteilen für die Arbeitnehmer ist. Die finanzielle Beteiligung der Arbeitnehmer an den Leistungen der Sozialeinrichtung ist für die Beurteilung des sozialen Charakters der Einrichtung im Sinne des § 87 Abs.1 Nr.8 BetrVG aber nicht ausschlaggebend.[356] Entscheidend für die Annahme einer sozialen Einrichtung ist, daß die Einrichtung objektiv dem Zweck dient, die soziale Lage der Arbeitnehmer zu verbessern.[357]

Mit der Beratung und ausführlichen Vorbereitung der Arbeitnehmer auf zukünftige Bewerbungen am Arbeitsmarkt erhöhen sich die Chancen der Arbeitnehmer auf eine erfolgreiche Neubewerbung, was ihre soziale Lage gegenüber Nichtarbeitnehmern entscheidend verbessern und sich in einer schnellen Neueinstellung widerspiegeln kann. Grundsätzlich kann Outplacement daher Gegenstand der Leistung einer Sozialeinrichtung sein. Daß der Arbeitgeber mit dem Einsatz von Outplacement nicht ganz uneigennützig handelt, ist für die Charakterisierung der Leistung unerheblich, da das Mitbestimmungsrecht des Betriebsrates nicht von den Motiven des Arbeitgebers abhängt.[358] Außerdem ist die notwendige Beurteilung, welchen Interessen die Sozialeinrichtung überwiegend dient, mit erheblichen Schwierigkeiten verbunden, was sich im Fall von Outplacement an den differenzierten Vorteilen auf Arbeitgeber- und Arbeitnehmerseite besonders deutlich zeigt.

Unumgängliche Voraussetzung für ein Mitbestimmungsrecht des Betriebsrates ist, daß die soziale Leistung durch eine Einrichtung im Sinne des § 87 Abs.1 Nr.8 BetrVG erbracht wird. Es genügt nicht, daß die Leistungen aus laufenden eigenen Mitteln gewährt werden. Vielmehr ist Voraussetzung, daß die Erbringung der Sozialleistung aus einem zweckgebundenen Sondervermögen erfolgt,

---

356 LAG Düsseldorf v.12.10.1973 in: DB1974, 97 ; GK-*Wiese* § 87 RdNr.688 ; *Fitting/Kaiser/Heither/Engels* § 87 RdNr.332 ; *Nikisch* Bd.III S.404/410 ; H/S/G-*Glaubitz* § 87 RdNr.393.

357 *Fitting/Kaiser/Heither/Engels* § 87 RdNr.329 ; GK-*Wiese* § 87 RdNr.687 ; *Richardi* § 87 RdNr. 662 mit weiteren Nachweisen.

358 *Richardi* § 87 RdNr.662 ; *Fitting/Kaiser/Heither/Engels* § 87 RdNr.331 ; ErfK-*Hanau/Kania* § 87 BetrVG RdNr.69 ; *Weiss/Weyand* § 87 RdNr.55 ; *Nikisch* Bd.III S.404/409.

das einer Verwaltung bedarf.[359] Eine solche Institutionalisierung erfordert, daß die Leistungen auf eine gewisse Dauer ausgerichtet sind und die sachlichen und finanziellen Mittel von dem übrigen Betriebsvermögen hinreichend abgrenzt sind.[360] In der Regel wird dies bei der Gewährung einer Outplacement-Beratung nicht erfolgen, weil es zur Bereitstellung dieser Leistung keiner besonderen rechtlichen oder tatsächlichen Verwaltung bedarf, solange die Outplacement-Beratung nur einzelnen Arbeitnehmern angeboten wird. In diesem Fall beschränkt sich die Leistung des Arbeitgebers mit der Beauftragung des externen Outplacement-Beraters auf die einmalige Vergütungszahlung, die meist unmittelbar aus den Erträgen des Unternehmens erfolgen wird. Selbst wenn zu diesem Zweck finanzielle Rückstellungen in der Bilanz vorgenommen werden, begründet dies noch keine Sozialeinrichtung.[361]

Ausgehend von der – gegenwärtig noch überwiegenden – Einzelfallanwendung von Outplacement wird der Arbeitgeber zur Gewährung einer Outplacement-Beratung regelmäßig keine Sozialeinrichtung errichten. Daran wird sich nur etwas ändern, wenn Outplacement für eine wesentlich größere Anzahl von Arbeitnehmern angeboten wird. Erst bei einer hohen Beschäftigtenzahl und einer damit verbundenen höheren Fluktuationsrate wird der Arbeitgeber überlegen, ob es sinnvoll ist, die Outplacement-Beratung zu institutionalisieren. Dies wird sich aber auf diejenigen Fälle beschränken, in denen der Arbeitgeber Outplacement schon als generellen Bestandteil seiner Personalpolitik ansieht. Als erster Schritt wird sich zudem die Übernahme der Beratung durch die eigene Personalabteilung anbieten.[362] Bei entsprechender Beratungsnachfrage und entsprechendem Umfang kann aber – aufgrund der notwendigen sachlichen und personellen Ausstattung – die Bereitstellung und Verwaltung von gesonderten finanziellen Mitteln erforderlich werden.

---

359 Obwohl § 87 Abs.1 Nr.8 BetrVG bei der Mitbestimmung zwischen Verwaltung, Ausgestaltung und Form unterscheidet, hält das BAG und die Literatur an der Notwendigkeit einer gewissen Verwaltungsorganisation für ein konkretes Sondervermögen fest: BAG v.15.08.1987 AP § 87 BetrVG Altersversorgung Nr.4 ; BAG v. 18.03.1976 AP § 87 BetrVG Sozialeinrichtung Nr.9 ; *Richardi* § 87 RdNr.655/659 ; *Fitting/Kaiser/Heither/Engels* § 87 RdNr.334 ; GK-Wiese § 87 RdNr.679 ; *Nikisch* Bd.III S.403 ; MünArbR-*Matthes* § 331 RdNr.9; H/S/G-*Glaubitz* § 87 RdNr.392 ; *Stege/Weinspach* § 87 RdNr.136 ; **a.A.** *Weiss/Weyand* § 87 RdNr.57 ; *Weiss* Anm. zu LAG Hamburg v. 22.11.1973 EzA § 87 BetrVG Sozialeinrichtung Nr.2. ; **nicht eindeutig:** *Zöllner/Loritz* § 47 II,8.

360 So *Fitting/Kaiser/Heither/Engels* § 87 RdNr.334 ; vgl. Fn.359.

361 LAG Frankfurt/Main v. 21.08.1973 in: DB 1973, S.2452 ; *Nikisch* Bd.III S.404 ; GK-*Wiese* § 87 RdNr.680 ; ebenso ablehnend für den Fall bei der zur betrieblichen Altersversorgung ; BAG v. 21.08.1971 AP § 87 BetrVG Altersversorgung Nr.1.

362 Vgl. *Janße* (3M Deutschland) in: Personalführung 1994, S.336.

1.2.2.2.2. Inhalt des Mitbestimmungsrechts

Erbringt der Arbeitgeber die Outplacement-Beratung über eine selbständige Verwaltungsorganisation mit eigenen finanziellen Mitteln, stellt sich die Frage über die Reichweite des Mitbestimmungsrechts des Betriebsrates. Grundsätzlich besteht kein Mitbestimmungsrecht des Betriebsrates für eine institutionalisierte Outplacement-Betreuung, die ausschließlich leitenden Angestellten vorbehalten ist.[363] Bei Sozialeinrichtungen für die übrigen Arbeitnehmer kann der Betriebsrat aber gemäß § 87 Abs.1 Nr.8 BetrVG über die Form, Ausgestaltung und Verwaltung der Einrichtung mitbestimmen. Der Mitbestimmung unterliegt allerdings, wie sich aus § 88 Nr.2 BetrVG ergibt, weder die Entscheidung über die Einführung der Outplacement-Beratung noch deren spätere Abschaffung. Nur wenn sich der Arbeitgeber durch eine Betriebsvereinbarung verpflichtet hat, die Beratung für einen bestimmten Zeitraum anzubieten, ist er an diese Zusage gebunden. Der Arbeitgeber entscheidet daher auch frei über die sachliche und finanzielle Grundausstattung der Einrichtung.[364] Abgesehen von dem seltenen Fall, daß der Arbeitgeber die Outplacement-Beratung generell bei der Personalfreisetzung freiwillig anbietet, wird es für die Arbeitnehmer deshalb notwendig, sich über das genaue Leistungsangebot zu informieren und sie sich auch ausführlich vertraglich zusichern zu lassen.

Mit der Befugnis des Arbeitgebers zur freien Entscheidung über die Errichtung der Sozialeinrichtung ist die Zweckbestimmung der Sozialeinrichtung unmittelbar verbunden. In diesem Zusammenhang besteht für den Arbeitgeber daher die Möglichkeit, den begünstigten Personenkreis und die jeweilige Art der Leistung mitbestimmungsfrei festzulegen. Der Arbeitgeber ist zwar an den Gleichbehandlungsgrundsatz nach § 75 BetrVG gebunden. Durch die Abgrenzung der bezugsberechtigten Personen nach abstrakt-generellen Merkmalen kann die Outplacement-Beratung jedoch auf bestimmte Arbeitnehmer (Angestellte, ältere Arbeitnehmer oder langjährige Beschäftigte) beschränkt werden.[365]

Das Mitbestimmungsrecht über die Form der Sozialeinrichtung ermöglicht es dem Betriebsrat bei der Frage mitzubestimmen, ob die Sozialeinrichtung als unselbständige Einrichtung des Betriebes errichtet oder sogar eine selbständige Outplacement-Gesellschaft[366] gegründet werden soll. Für die Gründung einer

---

[363] *Fitting/Kaiser/Heither/Engels* § 87 RdNr.338.

[364] BAG v. 13.03.1973 AP § 87 BetrVG Werkmietwohnung Nr.1 ; BAG v. 15.06.1975 AP § 87 BetrVG Altersversorgung Nr.1 ; MünArbR-*Matthes* § 331 RdNr.24 ; *Richardi* § 87 RdNr.682/683 mit weiteren Nachweisen.

[365] Vgl. ErfK-*Hanau/Kania* § 87 BetrVG RdNr.74 ; *Richardi* § 87 RdNr.681 ; *Weiss/Weyand* § 87 RdNr.59 ; MünArbR-*Matthes* § 331 RdNr.23.

[366] In diesem Fall wäre die Mitbestimmung des Betriebsrates bei der weiteren Ausgestaltung und Verwaltung der juristischen Person durch den Einfluß des Arbeitgebers (zweistufig

solchen Gesellschaft wird in der Praxis aber selbst bei umfangreichen und langfristigen Personalfreisetzungen kaum Anlaß bestehen, weil die Outplacement-Betreuung meistens in Zusammenhang mit konkreten Personalabbaumaßnahmen stehen wird und keine ständige Dauereinrichtung erfordert.

Interessanter ist das Mitbestimmungsrecht bei der Verwaltung und Ausgestaltung der Einrichtung. Unter die Ausgestaltung fällt die gesamte Organisation der Einrichtung.[367] Der Betriebsrat kann so vor allem bei der Aufstellung der Leistungspläne mitbestimmen und somit auf die konkrete Verwendung der finanziellen Mittel direkt Einfluß nehmen. Dies bedeutet, daß Inhalt und Schwerpunktsetzung der Outplacement-Beratung vom Betriebsrat und Arbeitgeber gemeinsam festgelegt werden müssen. Das Mitbestimmungsrecht bei der Verwaltung stellt zudem klar, daß alle Entscheidungen über die Ausstattung und Geschäftsführung der Einrichtung ebenfalls gemeinsam zu entscheiden sind. Dazu wird auch gehören, ob die einzelnen Arbeitnehmer sich an einzelnen Kosten der Outplacement-Beratung (Videoaufzeichnungen, Bewerbungsunterlagen o.ä.) beteiligen müssen.

1.2.2.2.3. Zusammenfassung

Die Einführung und Leistung einer Outplacement-Betreuung durch eine Sozialeinrichtung im Sinne des § 87 Abs.1 Nr.8 BetrVG ist rechtlich möglich. Für den Arbeitnehmer wird die Institutionalisierung der Outplacement-Beratung auch überwiegend mit Vorteilen verbunden sein. Der Betriebsrat ist an der Bestimmung des Leistungsinhalts unmittelbar beteiligt und kann sowohl auf die Festlegung der individuell sinnvollen Beratungsmaßnahmen Einfluß nehmen, als auch über die tatsächliche, ordnungsgemäße Durchführung wachen. Die Beteiligung des Betriebsrates kann sich auch deshalb positiv auf die Qualität der Beratungsleistung auswirken, weil der Betriebsrat und der Arbeitgeber gemeinsam entscheiden müssen, ob sie die Leistungen aus eigener Hand oder durch die Hinzuziehung von professionellen, externen Beratern abwickeln. Mit der Notwendigkeit zur gemeinsamen Entscheidung wird die Auswahl des Beraters und der jeweiligen Leistungen objektiviert und die Gefahr, daß die Outplacement-Beratung hinter die Erwartungen der Arbeitnehmer zurückfällt und sich im wesentlichen nur zugunsten des Arbeitgebers auswirkt, reduziert.

Aus Sicht des Arbeitgebers wird sich eine arbeitnehmerseitige Beteiligung an der Organisation der Outplacement-Beratung insofern positiv auswirken, als sich das Vertrauen der betroffenen Arbeitnehmer auf eine interessengerechte

---

Lösung) oder direkte Vertretung in den satzungsmäßigen Organen (organschaftliche Lösung) sicherzustellen. Vgl. *Richardi* § 87 RdNr.706ff.

[367] MünArbR-*Matthes* § 331 RdNr.36 ; *Richardi* § 87 RdNr.690.

Beratung erhöht, was die Chancen auf eine einvernehmliche Trennung hebt. Da über institutionalisierte Outplacement-Beratungen aber keine Beiträge in der personal- oder betriebswirtschaftlichen Literatur vorliegen, ist anzunehmen, daß diese Form der rechtlichen Implementierung der Outplacement-Beratung bisher noch nicht gewählt wurde.

1.2.2.3. Das Mitbestimmungsrecht nach § 87 I Nr. 10 BetrVG

Über § 87 Abs.1 Nr.10 BetrVG werden dem Mitbestimmungsrecht des Betriebsrates nahezu alle Leistungen des Arbeitgebers unterstellt, die im Rahmen des Arbeitsverhältnisses an den Arbeitnehmer erbracht werden. Obwohl die beiden Tatbestände des § 87 Abs.1 Nr.8 und Nr.10 BetrVG einen gemeinsamen Schutzzweck haben, scheitert die Zuordnung der Outplacement-Beratung an den begrifflichen Grenzen des Aufgabenbereichs des Betriebsrates nach § 87 Abs.1 Nr.10 BetrVG.

1.2.2.3.1. Vorliegen eines kollektiven Tatbestandes

Zunächst kann gegen eine Zuständigkeit des Betriebsrates – für die Einführung einer Outplacement-Beratung – nach § 87 Abs.1 Nr.10 BetrVG wiederum nicht eingewandt werden, daß die anspruchsbegründende Vereinbarung im Aufhebungsvertrag bereits dem Vorliegen eines mitbestimmungspflichtigen Tatbestandes widerspricht. Für das Mitbestimmungsrecht aus § 87 Abs.1 Nr.10 BetrVG gilt zwar genauso wie für das Mitbestimmungsrecht aus § 87 Abs.1 Nr.1 BetrVG, daß zunächst eine Maßnahme des Arbeitgebers mit kollektivem Bezug vorliegen muß. Ein mitbestimmungspflichtiger Sachverhalt wird dem Mitbestimmungsrecht aber nicht durch Einzelvereinbarung entzogen.

Zudem wurde in den Ausführungen zu § 87 Abs. 1 Nr.1 BetrVG dargelegt, daß es sich bei der Vereinbarung der Outplacement-Beratung nicht grundsätzlich um eine Einzelfallregelung handelt, da sie keine Maßnahme ist, die nur durch die besonderen Umstände des jeweiligen Arbeitnehmers und des konkreten Arbeitsverhältnisses veranlaßt oder inhaltlich bestimmt wird. Zur Begründung des kollektiven Charakters der Vereinbarung der Outplacement-Beratung wurde in diesem Zusammenhang auf drei Faktoren abgestellt.[368] Mit den gleichen Erwä-

---

[368] Zum einen wurde als entscheidend angesehen, daß für die Vereinbarung von Outplacement überwiegend unternehmenspolitische Gründe maßgeblich sind und der Anlaß für ein Outplacement-Angebot deshalb bei allen Arbeitsverhältnissen, die nicht einseitig beendet werden können, gegeben sein kann. Zum anderen wurde herausgestellt, daß sich der kollektive Bezug auch daraus ergibt, daß die Vereinbarung der Outplacement-Beratung Dritte zum Abschluß eines Aufhebungsvertrages bewegen kann,

gungen zu § 87 Abs.1 Nr.1 BetrVG läßt sich der kollektive Bezug eines Outplacement-Angebots im Rahmen des § 87 Abs.1 Nr.10 BetrVG jedoch nicht begründen, da nach einer teleologischen Auslegung des Mitbestimmungstatbestandes des § 87 Abs.1 Nr.10 BetrVG zu berücksichtigen ist, daß das Mitbestimmungsrecht erst bei der erkennbaren Aufstellung von abstrakt-generellen Regelungen in die Privatautonomie der Vertragsparteien eingreifen soll, um die Verteilungsgerechtigkeit zu gewährleisten.[369]

Als mögliches Kriterium zur Begründung des kollektiven Charakters einer Outplacement-Gewährung erscheint jedoch, daß sich alle potentiell von einer Personalfreisetzungsentscheidung betroffenen Arbeitnehmer dem Kreis der anspruchsberechtigten Personen zuordnen werden, wenn der Arbeitgeber sich bereits zuvor regelmäßig zum unternehmenspolitischen Einsatz von Outplacement entschieden hat und nun ihr Arbeitsverhältnis arbeitgeberseitig aufgekündigt werden soll. Für die Arbeitnehmer richtet sich die Entscheidung über das Angebot der Outplacement-Beratung dann ausschließlich nach dem abstrakten Kriterium, daß eine Trennungsentscheidung feststeht. Diese Begründung des kollektiven Charakters der Maßnahme berücksichtigt also die Sicht der betroffenen Arbeitnehmer.[370] Die rechtliche Einordnung einer Maßnahme des Arbeitgebers nach dem subjektiven Verständnis der Arbeitnehmer erscheint nicht bedenklich, da die Maßnahmen des Arbeitgebers nicht schon deshalb dem Mitbestimmungstatbestand entzogen sein kann, nur weil die Kriterien nicht ausdrücklich in Form einer Richtlinie festgelegt sind.

1.2.2.3.2. Der Begriff der Lohngestaltung

Mit der Zuordnung der Outplacement-Beratung zu dem Anwendungsbereich des Mitbestimmungstatbestandes gemäß § 87 Abs. Nr.10 BetrVG ist die begriffliche Definition des gesetzlichen Tatbestandes aber nicht vereinbar.[371] Einen Anknüpfungspunkt für eine mögliche Zuordnung der Outplacement-Leistung zum Arbeitsentgelt läßt sich nur aus dem mittlerweile sehr weiten Verständnis des

---

und außerdem die Führung der Gespräche über die Aufhebung des Arbeitsverhältnisses weitgehend vereinheitlicht ist. Vgl. Kapitel: III.1.2.2.1.1. (S.145).

369 H/S/G-*Glaubitz* § 87 RdNr.470a ; GK-*Wiese* § 87 RdNr.813 ; *Fitting/Kaiser/Heither/Engels* § 87 RdNr.412 ; *Richardi* § 87 RdNr.794 ; ständige Resprechung BAG v. 22.01.1980 AP § 87 BetrVG Lohngestaltung Nr.3 ; BAG v. 03.12.1991 AP § 87 BetrVG Lohngestaltung Nr. 51.

370 Vgl. so auch H/S/G-*Glaubitz* § 87 RdNr.470a ; *Reichold* in: RDA 1995, S.157 (156).

371 Den Gegenstand des Mitbestimmungstatbestandes bildet die Lohngestaltung – also in erster Linie das Arbeitsentgelt in engerem Sinn, das unmittelbar zur Abgeltung der Arbeitsleistung gezahlt wird. (BAG vom 20.09.1972 EzA § 611 BGB Gratifikatiom, Prämie Nr.33 ; BAG vom 13.09.1974 AP § 611 BGB Gratifikation Nr.84 ; BAG v. 22.01.1980 AP § 87 BetrVG Lohngestaltung Nr.3)

Lohnbegriffs ableiten.[372] Danach gehören zum Lohn im Sinne dieser Vorschrift alle Geld- oder geldwerten Leistungen des Arbeitgebers unbeschadet ihrer Bezeichnung, sofern sie nur im Hinblick auf das Arbeitsverhältnis gewährt werden. Es kommt nicht mehr darauf an, ob diese Leistungen zur Arbeitsleistung in einem Gegenseitigkeitsverhältnis stehen. Deshalb fallen auch freiwillige Sozialleistungen des Arbeitgebers unter den Lohnbegriff im Sinne des § 87 Abs.1 Nr.10 BetrVG.[373] Für die Einbeziehung dieser Leistungen in die Mitbestimmung des § 87 Abs.1 Nr.10 BetrVG ist allein entscheidend, daß die Leistungen Entgeltcharakter haben, weil sie mit Rücksicht auf das bestehende Arbeitsverhältnis erfolgen.[374]

Bei dem Angebot über die Gewährung einer Outplacement-Beratung besteht jedoch keine rechtliche Verknüpfung mehr zwischen der Leistung und dem Arbeitsverhältnis. Für den Arbeitgeber ist nicht das Arbeitsverhältnis der Grund für das Outplacement-Angebot, sondern dessen Auflösung. Die Leistung erfolgt nicht für oder wegen des bestehenden Arbeitsverhältnisses, sondern aufgrund der Auflösungsvereinbarung. Der Rechtsgrund für die Leistung ist der Aufhebungsvertrag, so daß die Outplacement-Beratung rechtlich keine dem Arbeitsverhältnis zuzurechnende Leistung ist.

Deshalb besteht auch zwischen den Gründen, die eine Einordnung der Outplacement-Beratung zum Arbeitsentgelt ausschließen und der Beurteilung der arbeitsrechtlichen Abfindung eine Identität. Die Abfindung wird nach allgemeiner Auffassung ebenfalls nicht dem Arbeitsentgelt zugeordnet, weil es sich nicht um eine Vergütung der Beschäftigung handelt, sondern um einen Ausgleich für den Arbeitsplatzverlust aus anderen Rechtsgründen (§§ 9, 10 KSchG, Aufhebungsvereinbarung).[375] Dementsprechend kann es für die rechtliche Beurteilung der Outplacement-Beratung auch unerheblich sein, ob die Outplacement-Vereinbarung bei der einvernehmlichen Auflösung des Arbeitsverhältnisses erstmalig angeboten wird oder eine sonstige rechtliche Bindung[376] des Arbeitgebers eingegangen wurde. Die Leistung wird ausschließlich wegen der Zustim-

---

372 BAG v. 12.06.1975 EzA § 87 BetrVG Lohn und Arbeitsentgelt Nr.4 ; BAG GS v. 16.09.1986 AP § 77 BetrVG Nr.17 ; BAG v. 16.02.1993 EzA § 87 BetrVG Betriebliche Lohngestaltung Nr.41 ; GK-*Wiese* § 87 RdNr.823 ; H/S/G-*Glaubitz* § 87 RdNr.464 ; *Fitting/Kaiser/Heither/Engels* § 87 RdNr.405 ; MünArbR-*Matthes* § 333 RdNr.408; ErfK-*Hanau/Kania* § 87 BetrVG RdNr.96.

373 BAG v. 09.12.1980 AP § 87 BetrVG Lohngestaltung Nr.5 ; BAG v. 22.10.1985 AP § 87 BetrVG Lohngestaltung Nr.18 ; *Richardi* § 87 RdNr.805 ; H/S/G-*Glaubitz* § 87 RdNr.466 ; *Fitting* § 87 RdNr.407 ; MünArbR-*Matthes* § 333 RdNr.409.

374 *Richardi* § 87 RdNr.805 ; GK-*Wiese* § 87 RdNr.826 ; H/S/G-*Glaubitz* RdNr.459/466.

375 BAG v. 09.11.1988 BAGE 60, S.127 ; BAG v. 06.12.1984 in: NZA 1985, S.394 ; BAG v. 29.08.1968 BAGE 21, 154 ; *Richardi* § 87 RdNr.808 ; ErfK-*Hanau/Kania* § 87 BetrVG RdNr.98 ; KR-*Spilger* § 10 KSchG RdNr.11 ; MünArbR-*Hanau* § 60 RdNr.63.

376 Vgl. Fn.331.

mung zur Aufhebung der gegenseitigen Leistungspflichten erbracht. Allein der Beendigungstatbestand bildet den Anlaß für die Gewährung der Outplacement-Beratung. Es wäre deshalb widersprüchlich, der Outplacement-Beratung einen Entgeltcharakter im Sinne des § 87 Abs.1 Nr.10 BetrVG zuzusprechen.

1.2.2.4. Zusammenfassung

Zwingende Mitbestimmungsrechte des Betriebsrates gemäß § 87 BetrVG bei der Durchführung von Outplacement-Maßnahmen sind nach einer Auslegung der Mitbestimmungstatbestände des § 87 Abs.1 BetrVG nicht gegeben. Lediglich bei der – in der Praxis wohl noch nicht vorgekommenen – Einschaltung einer Sozialeinrichtung im Sinne des § 87 Abs.1 Nr.8 BetrVG zur Erbringung der Outplacement-Beratung müssen die Mitentscheidungsrechte des Betriebsrates beachtet werden.

Ein Mitbestimmungsrecht aus § 87 Abs.1 Nr.1 BetrVG über die formale Regelung – insbesondere den Ablauf – der Gespräche zur Aufhebung des Arbeitsverhältnisses hätte allerdings eine wichtige Funktion übernehmen können. Diese Funktion des Mitbestimmungsrechts hätte in erster Linie darin bestanden, daß zwischen Betriebsrat und Arbeitgeber gemeinsame Rahmenbedingungen für die Durchführung der Gespräche festgelegt werden, die verhindern, daß der Arbeitnehmer aufgrund der besonderen psychischen Belastung durch die Gespräche über die Beendigung des Arbeitsverhältnisses und unter dem Einfluß des Outplacement-Beraters übereilte Entscheidungen trifft. Die Gefahr, daß aufgrund einer professionellen Gesprächsführung des Arbeitgebers und gegebenenfalls des anwesenden Outplacement-Beraters der Arbeitnehmer zu einer schnellen und unreflektierten Einwilligung in die Beendigung seines Arbeitsverhältnisses verleitet wird, ist mit Blick auf die jeweiligen eigenen Interessen der Parteien am Abschluß des Aufhebungsvertrages nicht auszuschließen. Allerdings ist einschränkend zu sagen, daß der Versuch der übermäßigen Wahrung von Interessen des Arbeitgebers, bei der einvernehmlichen, kostengünstigen Beendigung des Arbeitsverhältnisses, dem Zweck[377] des betrieblichen Einsatzes von Outplacement widerspricht. Die ausschließliche Bemühung darum, daß der Arbeitnehmer sein Beschäftigungsverhältnis aufgibt, obwohl schon im voraus abzusehen ist, daß die Aussichten auf eine Neubeschäftigung möglicherweise gering sind, wäre mit dem konzeptionellen Anspruch von Outplacement als Maßnahme im Interesse des betroffenen Arbeitnehmers kaum vereinbar. Kein Arbeitgeber kann unter Berücksichtigung seiner unternehmenspolitischen Ziele ein Interesse an einer schnellen Vereinbarung über ineffektive Scheinleistungen oder unqualifizierte, kostenintensive Beratungsleistungen haben.

---

[377] Zu den überwiegenden Motiven und unternehmenspolitischen Zielen von Outplacement: Kapitel: II.1.2.3. (S.41).

Trotzdem hätte das Mitbestimmungsrecht aus § 87 Abs.1 Nr.1 BetrVG mit der Beschränkung auf die verfahrensmäßige Gestaltung der Gespräche über die Beendigung des Arbeitsverhältnisses einen – wenig einschneidenden – aber wirksamen Ansatz geboten, um mit Regelungen über eine Bedenkzeit bis zur Vertragsunterzeichnung oder der Vereinbarung einer notwendigen Anwesenheit neutraler Dritter bei der Darstellung des Outplacement-Konzepts die Ziele von Outplacement zu fördern. Es ist überraschend, daß das Outplacement-Konzept gar keine formalen Anforderungen für die Durchführung der Gespräche vorsieht, wenn man berücksichtigt, daß solche Regelungen zum Schutz der autonomen Willensentschließung des Arbeitnehmers beitragen können, und der arbeitnehmerseitigen Erwartung an Outplacement als wertneutrale Maßnahme entsprechen würde. Insgesamt betrachtet, kann deshalb festgehalten werden, daß Regelungsansätze für ergänzende Richtlinien bzw. Rahmenbedingungen denkbar sind, die zwischen den Betriebsparteien vereinbart werden könnten, um den sozialverantwortliche Anspruch von Outplacement zu bekräftigen.

1.2.3. Mitbestimmungspflichtige Berufsbildungsmaßnahme gemäß § 96 ff. BetrVG

Nachdem die Untersuchung der sachlichen Anwendungsbereiche des § 87 Abs.1 BetrVG ergeben hat, daß für den Betriebsrat bei der Einführung oder Durchführung von Outplacement-Maßnahmen kein erzwingbares Mitbestimmungsrecht besteht, scheinen sich die Beteiligungsrechte des Betriebsrates – nach der Qualifizierung von Outplacement als Element der Personalabbauplanung – lediglich auf die Unterrichtungs- und Beratungsrechte gemäß dem § 80 Abs.2 und § 92 BetrVG zu beschränken. Die Ablehnung der Zugehörigkeit von Outplacement zu den mitbestimmungspflichtigen Angelegenheiten des § 87 BetrVG impliziert aber keine abschließende Beurteilung von Outplacement als mitbestimmungsfreie Maßnahme. Einen weiteren Ansatz für die arbeitsrechtliche Untersuchung und Zuordnung von Outplacement zu einem mitbestimmungspflichtigen Aufgabenbereich des Betriebsrates bietet der persönliche Ansatz von einzelnen Outplacement-Beratungselementen. Die umfangreichen Beratungs- und Trainingsveranstaltungen zur Vorbereitung der betroffenen Arbeitnehmer für ihr Auftreten am Arbeitsmarkt und die anstehenden Bewerbungsgespräche, um sie vor einer drohenden längeren Arbeitslosigkeit zu bewahren, führen zu der Überlegung, ob Outplacement als Maßnahme der qualifizierenden betrieblichen Berufsbildung im Sinne der §§ 96 ff. BetrVG beurteilt werden kann.

Die Mitbestimmungstatbestände in § 98 Abs.1 und Abs.2-4 BetrVG erfassen mit der Auswahl des Ausbilders und der Frage des Inhaltes der Maßnahme genau die Regelungstatbestände, die bei der Anwendung von Outplacement von zentraler Bedeutung sind. Für die betriebliche Praxis ist die Frage nach einem zwingenden Beteiligungsrecht des Betriebsrates aus § 98 BetrVG bei diesen relevanten Entscheidungen somit von erheblicher Tragweite.

1.2.3.1. Personeller Geltungsbereich

Aus dem derzeitigen Anwendungsschwerpunkt der Outplacement-Beratung für Mitarbeiter höherer Führungsebenen in Unternehmen ergeben sich für die Beteiligungsrechte des Betriebsrates nach § 98 BetrVG Einschränkungen. In § 98 Abs.3 BetrVG wird pauschal von Berufsbildungsmaßnahmen für Arbeitnehmer gesprochen. Es ist aber unstrittig, daß § 98 BetrVG sich nicht auf Berufsbildungsmaßnahmen für leitende Angestellte bezieht, die nicht dem Anwendungsbereich des BetrVG unterliegen und vom Betriebsrat nicht repräsentiert werden.[378] Das Mitbestimmungsrecht des Betriebsrates nach § 98 BetrVG erlangt deshalb erst Bedeutung, wenn Outplacement für Arbeitnehmer der unteren Hierarchieebenen angeboten wird. Außerdem ist der Kreis der Arbeitnehmer, die für eine Outplacement-Beratung in Frage kommen bereits durch die Trennungsentscheidung des Arbeitgebers vorbestimmt, so daß die Zuständigkeit des Betriebsrates für die Arbeitnehmer im Sinne des § 5 Abs.2 BetrVG nicht dazu führt, daß Einfluß seitens des Betriebsrates auf den Kreis der teilnehmenden Arbeitnehmer genommen werden kann.

1.2.3.2. Kollektive Bildungsmaßnahme

Eine weitere Einschränkung für den praktischen Anwendungsbereichs des Mitbestimmungsrechts aus § 98 BetrVG würde sich bei einer Beschränkung des Mitbestimmungsrechts auf abstrakt–generelle Regelungen ergeben. Die Frage, ob dem Mitbestimmungsrecht aus § 98 BetrVG konkrete, individuelle Maßnahmen unterliegen, ist angesichts der regelmäßigen individuellen Vereinbarung von Outplacement in einem Aufhebungsvertrag für die Beteiligungsmöglichkeit des Betriebsrates von entscheidender Bedeutung.

In der Literatur[379] wird überwiegend vertreten, daß sich das Mitbestimmungsrecht aus § 98 BetrVG ausschließlich auf die Einführung genereller Maßnahmen in einem Betrieb bezieht. Konkrete Einzelmaßnahmen, die der beruflichen Entwicklung einzelner Arbeitnehmer dienen, seien von dem Mitbestimmungstatbestand des § 98 BetrVG ausgenommen und könnten allenfalls dem Unterrichtungsrecht nach § 81 BetrVG unterliegen. Nach dieser Auffassung erfährt der Anwendungsbereich des § 98 BetrVG die gleichen Begrenzungen, wie die Mitbestimmungstatbestände des § 87 BetrVG und erfordert eine Differenzierung

---

378 *Richardi* § 98 Rd.5 mit weiteren Nachweisen ; *Kraft* in: NZA 1990, 457 (458).

379 GK-*Kraft* § 98 RdNr.7 sowie § 96 RdNr.10 ; ErfK-*Hanau/Kania* § 98 BetrVG RdNr.6 ; H/S/G-*Glaubitz* § 96 RdNr.7 ; MünArbR-*Matthes* § 343 RdNr.25 ; **a.A.** *Oetker* S.104 ff..

zwischen mitbestimmungsfreien Einzelmaßnahmen und mitbestimmungspflichtigen Maßnahmen mit kollektivem Bezug.[380] Daß die Durchführung von Outplacement nicht zwangsläufig als individuelle Einzelmaßnahme angesehen werden kann, sondern diese Maßnahme auch einen kollektiven Bezug hat, wurde versucht in den Ausführungen zu § 87 Abs.1 Nr.1 und Nr.10 BetrVG zu begründen.[381] Die dort angeführten Argumente könnten folglich auch für die Anwendung des § 98 BetrVG auf die Vereinbarung einer Outplacement-Beratung übertragen werden. Es ist aber zweifelhaft, ob der kollektive Charakter einer Berufsbildungsmaßnahme eine zwingende Voraussetzung für die Anwendung von § 98 BetrVG ist und Einzelmaßnahmen generell aus dem Kreis der mitbestimmungspflichtigen Angelegenheiten des § 98 BetrVG ausgenommen sind.

Die Beschränkung des Mitbestimmungsrechts aus § 98 BetrVG auf kollektive Maßnahmen wird ausschließlich mit der Systematik des § 98 BetrVG begründet – meist wird auf eine Begründung ganz verzichtet. So wird die Ausnahme von konkreten Einzelmaßnahmen damit erklärt, daß für den Betriebsrat in § 98 Abs.2 und Abs.3 BetrVG besondere Mitbestimmungstatbestände gesetzlich festgelegt wurden, die zwei wichtige Einzelfälle bei der Durchführung einer Berufsbildungsmaßnahme betreffen. Daraus könne geschlossen werden, daß der Betriebsrat im übrigen bei Einzelfallregelungen grundsätzlich kein Mitbestimmungsrecht besitzt.[382] Dieser Auffassung hält *Oetker* zu Recht entgegen, daß diese Begründung die Entstehungsgeschichte zu § 98 Abs.2 und Abs.3 BetrVG nicht berücksichtigt.[383] Vor dem Hintergrund der historischen Entwicklung zu § 98 BetrVG 1972 erfolgte die gesonderte Regelung dieser beiden Mitbestimmungstatbestände insbesondere deshalb, um für den damaligen wissenschaftlichen Meinungsstreit[384] über die Mitbestimmungspflichtigkeit der Bestellung des Ausbilders eine klarstellende gesetzliche Regelung zu schaffen. Aus diesem Grund kann nicht per argumentum e contrario geschlossen werden, daß somit alle übrigen individuellen Vereinbarungen oder Maßnahmen von den § 96 ff. BetrVG nicht erfaßt werden. Die Argumentation zur Ausnahme von Einzelfallregelungen aus dem Anwendungsbereich von § 98 BetrVG kann außerdem nicht überzeugen, weil sonst entgegen dem Zweck des Mitbestimmungsrechts kaum gewährleistet ist, daß das Mitbestimmungsrecht des Betriebsrates nicht regelmä-

---

[380] Vgl. zur Rechtsprechung des BAG zu den Kriterien einer kollektiven Maßnahme: BAG v. 22.09.1992 AP § 87 Lohngestaltung Nr.56 ; BAG v. 31.11.19969 AP § 56 BetrVG 1956 Entlohnung Nr.5.

[381] Siehe Kapitel: III.1.2.3.1.2.(S.145) bzgl. Ordnungsverhalten ; sowie Kapitel: III.1.2.3.3.1. (S.159) bzgl. Lohngestaltung.

[382] *Richardi* § 98 RdNr.14 mit weiteren Nachweisen.

[383] Ausführlich *Oetker*, S. 105f..

[384] Vgl. *Oetker* S.106 f..

ßig durch individuelle Weiterbildungsvereinbarungen unterlaufen wird. Zudem lassen sich aus dem Wortlaut von § 98 Abs.1 BetrVG keine Anhaltspunkte für eine gesetzliche Ausnahme von individuellen Berufsbildungsmaßnahmen aus dem Mitbestimmungstatbestand entnehmen.[385] Die „Durchführung von Maßnahmen zur betrieblichen Berufsbildung" umfaßt begrifflich sowohl individuelle als auch generelle Maßnahmen.

Deshalb ist – soweit Outplacement als Berufsbildungsmaßnahme anzusehen ist – der Umfang der Maßnahme und die anspruchsbegründende Vereinbarung für die Zuständigkeit und das Mitbestimmungsrecht des Betriebsrates nach § 98 BetrVG nicht entscheidend.

1.2.3.3. Berufsbildung

Die arbeitsrechtliche Diskussion von Outplacement als Berufsbildungsmaßnahme kann nur vor dem Hintergrund der besonderen Bedeutung der Berufsbildung für jeden einzelnen Arbeitnehmer erfolgen. Aus Sicht der Arbeitnehmer entscheidet die Teilnahme an Berufsbildungsmaßnahmen mit über den Erhalt des Arbeitsplatzes, den beruflichen Aufstieg und die Chancen auf dem Arbeitsmarkt.[386] Die betriebliche Berufsbildung qualifiziert das persönliche Arbeitsvermögen des Arbeitnehmers und trägt so zu seiner Existenzsicherung bei. Arbeitnehmer sind darauf angewiesen, der Entwertung ihrer vorhanden beruflichen Qualifikation im Rahmen von Neu-, Umgestaltung oder Rationalisierung ihrer Arbeitsplätze durch ständiges Dazulernen und Umlernen zu begegnen. Aus diesem Grund hat das BAG[387] in ständiger Rechtsprechung darauf hingewiesen, daß der Berufsbildung eine besondere Bedeutung für das soziale Schicksal der Arbeitnehmer zukommt. Der Ausschluß von Arbeitnehmern von der Teilnahme an Berufsbildungsmaßnahmen kann im schlimmsten Fall von der beruflichen Deklassierung bis hin zur Existenzvernichtung führen, was erkennen läßt, daß die Mitbestimmung bei Berufsbildungsmaßnahmen von rechtlicher und darüber hinaus verfassungsrechtlicher Relevanz ist.[388] Die Bedeutung der Berufsbildung beschränkt sich aber nicht nur auf die wichtige individuelle Weiterentwicklung des Arbeitnehmers, sondern übernimmt auch aus gesellschaftlicher und gesamtwirtschaftlicher Sicht eine wichtige Funktion. Die Berufsbildung unterstützt mit der Qualifizierung der Arbeitnehmer die Ziele der Arbeitsmarktpolitik im Kampf gegen die Arbeitslosigkeit. Die ausgewogene Beteiligung der Arbeit-

---

385 Vgl. *Oetker*, S. 106.

386 *Fitting/Kaiser/Heither/Engels* § 96 RdNr.1.

387 BAG v. 05.11.1989 in: DB 1986, S.1341 (1342) ; BAG v. 31.01.1969 in: BB 1969, S.758 ; vgl. auch BT-Drucks.VI/2729 S.6.

388 Vgl. *Ulrich Hammer (1990)*, S.30 ; BVerFGE v. 15.12.1987 in: DB 1988, S.709(710) ; *D/K/K/-Buschmann* § 96 RdNr.2.

nehmer an Berufsbildungsmaßnahmen reduziert die Verantwortung des Staates und liegt im Interesse der Allgemeinheit als Steuerzahler.[389] Neben der sozialpolitischen Bedeutung der betrieblichen Berufsbildung sichert die Fortbildung der Arbeitnehmer auch die Wettbewerbsfähigkeit der Unternehmen und trägt damit zum Wachstum der Volkswirtschaft bei.

Bei Berücksichtigung dieser wichtigen Funktionen der Berufsbildung, besteht der Zweck der gesetzlichen Regelungen zur Mitbestimmung bei der betrieblichen Berufsbildung darin, die Chancengleichheit bei der Teilnahme an Berufsbildungsmaßnahmen sicherzustellen, indem durch angemessene Inhalte ein gerechtes Auswahlverfahren und die Durchsichtigkeit der Maßnahmen, die Qualifikation, die Arbeitsplatzsicherheit, die Aufstiegschancen und Perspektiven auf dem Arbeitsmarkt für alle Arbeitnehmer ausgewogen gewährleistet werden.[390]

Vor diesem Hintergrund der sozialpolitischen Aufgabe der betrieblichen Berufsbildung und der Bedeutung für die einzelnen Arbeitnehmer, zeigt sich, daß die Outplacement-Maßnahme mit den Zielen der betrieblichen Berufsbildung in engem Zusammenhang steht. Die Outplacement-Beratung soll zwar nicht den derzeitigen Arbeitsplatz des betroffenen Arbeitnehmers sicherstellen, aber sie versucht, eine drohende Arbeitslosigkeit des Arbeitnehmers durch individuelle Maßnahmen abzuwenden und die Weiterbeschäftigungsmöglichkeit durch einen reibungslosen Übergang in ein neues Beschäftigungsverhältnis zu fördern. Genau wie Berufsbildungsmaßnahmen nur vorhandene Arbeitsplätze absichern können, kann Outplacement nicht unmittelbar die vorhandene Arbeitslosigkeit reduzieren, so daß ein Parallelismus beim individuellen Ansatz und den arbeitsmarktpolitischen Wirkungen besteht.

1.2.3.4. Berufsbildungsbegriff

Ob Outplacement dem sachlichen Anwendungsbereich der Mitbestimmungsregelungen des § 98 BetrVG unterliegt, hängt davon ab, wie der betriebsverfassungsrechtliche Begriff der „Berufsbildungsmaßnahme" solche Maßnahmen im Sinne des § 98 BetrVG gegenüber sonstigen Maßnahmen abgegrenzt.[391] Der Begriff der Berufsbildung wird im BetrVG aber nicht näher konkretisiert. Einen feststehenden soziologischen Berufsbildungsbegriff gibt es auch nicht, so daß die genauen Konturen des Anwendungsbereichs nicht bereits durch den vom Gesetzgeber verwendeten Begriff eindeutig bestimmbar sind. Wegen der aus-

---

389 *Alexander* in: NZA 1992, 1057 (1060).

390 H/S/G-*Glaubitz* § 96 RdNr.1 ; *Fitting/Kaiser/Heither/Engels* § 96 RdNr.9 ; MünArbR-*Matthes* § 343 RdNr.1.

391 Vgl. die Übersicht zur Rezeption des betriebsverfassungsrechtlichen Berufsbildungsbegriffs durch Literatur und Rechtsprechung von *Hammer* in: ZTR 1996, S.245 ff..

schlaggebenden Bedeutung des Berufsbildungsbegriffs für die Begründung der verschiedenen Beteiligungs- und Mitbestimmungsrechte in den §§ 96 ff. BetrVG wurde deshalb in verschiedenen Literaturbeiträgen der Versuch unternommen, genauere Kriterien zu entwickeln, die eine Berufsbildungsmaßnahme definieren.[392]

Einigkeit besteht darüber, daß der Berufsbildungsbegriff alle Maßnahmen der Berufsbildung i.S. des Berufsbildungsgesetzes (BBiG), also Berufsausbildung, Berufsfortbildung und betriebliche Umschulung umfaßt.[393] Nach Übereinstimmung sowohl in der Literatur als auch nach Ansicht des BAG ist der Begriff der Berufsbildung jedoch nicht auf die Berufsbildungsmaßnahmen i.S. des § 1 BBiG beschränkt.[394] Das BAG hat in einer grundlegenden Entscheidung[395] zum Begriff der Berufsausbildung in § 56 Abs.1d BetrVG 1952 hervorgehoben, daß es keinen festen juristisch-technischen Berufsausbildungsbegriff gibt und der Berufsbildungsbegriff für zukünftige Entwicklungen offen und entsprechend dem allgemeinen Sprachgebrauch auszulegen ist. Alle Maßnahmen, die den Arbeitnehmern Kenntnisse und Erfahrungen verschaffen, die der Ausfüllung des Arbeitsplatzes und der beruflichen Tätigkeit dienen, sollten danach als Berufsbildungsmaßnahme aufgefaßt werden. Das BAG hat in dieser Entscheidung darauf hingewiesen, daß bei der Auslegung des Berufsbildungsbegriffs die Bedeutung der Berufsbildung für das soziale Schicksal der Arbeitnehmer und für deren beruflichen Werdegang berücksichtigt werden muß. In der nachfolgenden Entscheidung[396] zum Berufsbildungsbegriff im Sinne des BetrVG 1972 hat das BAG an diesen Auslegungsmaximen festgehalten, aber die systematische Vermittlung von Kenntnissen und Fähigkeiten als ein weiteres Merkmal für eine Berufsbildungsmaßnahme angeführt. Gleichzeitig hat das BAG festgestellt, daß der Berufsbildungsbegriff zwar sehr weit, im Hinblick auf die mitbestimmungsfreie Unterrichtung nach § 81 BetrVG und dem Tatbestand des § 98 Abs.6 BetrVG, jedoch auch nicht grenzenlos ist.

Gegen eine Zugehörigkeit von Outplacement zu den gesetzlichen Anwendungsbereichen der § 98 Abs.6 und § 81 BetrVG lassen sich durchgreifende Gründe anführen. Die begriffliche Abgrenzung zwischen Berufsbildungsmaßnahmen und sonstigen Bildungsmaßnahmen i.S. des § 98 Abs.6 BetrVG nimmt nur sol-

---

392 Intention war die Bemühung um eine klare Grenzziehung zwischen den mitbestimmungspflichtigen Maßnahmen nach § 96 ff. BetrVG und den mitbestimmungsfreien Maßnahmen nach § 81 BetrVG.

393 *Fitting/Kaiser/Heither/Engels* § 96 RdNr.12 ; GK-*Kraft* § 96 RdNr.4 mit weiteren Nachweisen ; BAG v. 23.04.1991 in: NZA 1991, S.817 (818).

394 MünArbR-*Matthes* § 343 RdNr.13 mit weiteren Nachweisen ; BAG v. 05.11.1985 AP § 98 BetrVG Nr.1 = DB 1986, S.1341 (1342).

395 BAG v.31.01.1969 AP § 56 BetrVG 1952 Berufsausbildung Nr.1.

396 BAG v. 05.11.1985 AP § 98 BetrVG Nr.1.

che Maßnahmen aus dem Berufsbildungsbegriff aus, die sich nicht auf berufsspezifische Thematiken beziehen oder keine berufsbezogenen Kenntnisse vermitteln.[397] Der berufliche Bezug von Outplacement liegt aber auf der Hand, da im Mittelpunkt der Outplacement-Beratung die Unterstützung des Arbeitnehmers bei seiner zukünftigen beruflichen Entwicklung steht. Eine Charakterisierung von Outplacement als sonstige Bildungsmaßnahme im Sinne des § 98 Abs.6 BetrVG ist deshalb kaum möglich. Da eine Outplacement-Beratung nur erfolgt, wenn der Arbeitnehmer seine derzeitige Tätigkeit im Betrieb des Arbeitgebers nicht mehr weiter ausüben und das Arbeitsverhältnis beenden wird, betrifft Outplacement auch eindeutig nicht den Bereich der Maßnahmen im Sinne des § 81 BetrVG.

Nach dem weiten Verständnis des betriebsverfassungsrechtlichen Berufsbildungsbegriffs durch das BAG ließe sich bereits aus dieser Abgrenzung von Outplacement gegenüber den Tatbeständen der § 98 Abs.6 und § 81 BetrVG die Behandlung von Outplacement als mitbestimmungspflichtige Berufsbildungsmaßnahme scheinbar rechtfertigen. Ob aus der deutlichen Disparität von Outplacement und Maßnahmen gemäß § 81 und § 98 Abs.6 BetrVG jedoch zwangsläufig das Vorliegen einer Berufsbildungsmaßnahme geschlossen werden kann,[398] erscheint zweifelhaft. Diese Bedenken gegen eine Behandlung von Outplacement als Berufsbildungsmaßnahme beruhen im wesentlichen auf zwei Gründen. Zum einen hat Outplacement keinen Bezug mehr zum konkreten Arbeitsplatz beim ursprünglichen Arbeitgeber. Die Maßnahme fördert nicht die berufliche Qualifikation des Mitarbeiters zugunsten des bisherigen Arbeitgebers. Zum anderen vermittelt die Outplacement-Beratung keine Kenntnisse, die im Zusammenhang mit der früheren oder zukünftigen *spezifischen* beruflichen Tätigkeit des betroffenen Arbeitnehmers stehen.

Es stellt sich deshalb die Frage, ob sich die Berufsbildungsmaßnahmen ausschließlich über die Abgrenzung zu den mitbestimmungsfreien Unterrichtungs- und sonstigen Bildungsmaßnahmen definieren, oder ob nicht neben diesen Maßnahmen Raum für weitere mitbestimmungsfreie berufliche Informationsmaßnahmen besteht.[399] Für die Entscheidung über die Zuordnung von Outplacement zu dem sachlichen Anwendungsbereich des § 98 Abs.1 BetrVG ist deshalb interessant, welche Abgrenzungskriterien den Anwendungsbereich von § 98 Abs.1 BetrVG eigenständig eingrenzen, um die unscharfe Charakterisierung von Out-

---

397 *Boewer/Rumpff* S.127f. ; GK-*Kraft* § 98 RdNr.35 ; *Hammer* S.91 ; vgl. Beispiele bei *Richardi* § 98 RdNr.67 : Erste Hilfe-Kurse, Unfallverhütung, Sprachkurse o.ä.

398 Für dieses „Entweder-oder-Prinzip" vgl. *Fitting/Kaiser/Heither/Engels* § 96 RdNr.14 ; BAG v. 05.11.1985 AP § 98 BetrVG Nr.2.

399 Diese Möglichkeit sieht *Alexander* in: NZA 1992, S.1057 (1059) ; GK-*Kraft* § 96 RdNr.10.

placement über die Negation der Zugehörigkeit zu § 98 Abs.6 und § 81 BetrVG zu vermeiden.[400]

Unter Berücksichtigung des weiten Verständnisses des Berufsbildungsbegriffs des BAG spricht *Richardi* einer Kenntnisvermittlung Bildungscharakter zu, wenn sie gezielt erfolgt, um ein Lernziel zu erreichen.[401] Ein solcher Bildungscharakter läßt sich bei Outplacement nicht ablehnen. Gegenstand der Outplacement-Beratung ist schließlich nicht nur die psychische Unterstützung bei der Bewältigung der Trennung und die Analyse der vorhandenen Berufsqualifikationen, sondern auch die Vorbereitung des betroffenen Arbeitnehmers auf anstehende Bewerbungsgespräche durch schulmäßige Trainigsprogramme. Bei diesen Beratungsleistungen werden diejenigen Kenntnisse und Techniken vermittelt und trainiert, die das Auftreten und die Kommunikationsfähigkeiten des zukünftigen Bewerbers verbessern. Eine theoretische und auch praktische, systematische Vermittlung von Kenntnissen und Fertigkeiten wird im Rahmen der Outplacement-Beratung durchgeführt. Gegen eine Behandlung von Outplacement als Berufsbildungsmaßnahme spricht infolgedessen auch nicht das von *Kraft* vorgeschlagene Kriterium der Möglichkeit zur selbständigen Einarbeitung.[402] Ohne einen objektiven Berater, der über die notwendigen Erfahrungen und Kenntnisse über Anforderungen an Bewerber verfügt, läßt sich ein Bewerbungsgespräch nicht erfolgversprechend vorbereiten. Entscheidende Bedeutung gewinnt daher die Frage, wie der Begriff „Berufs-"bildung selbst den Anwendungsbereich des § 98 BetrVG begrenzt.

Das BAG[403] hat in diesem Zusammenhang der Weite des Berufsbildungsbegriffs in der Weise Rechnung getragen, daß es darauf abstellt, daß Berufsbildungsmaßnahmen den Arbeitnehmer erst zur Ausübung einer bestimmten Tätigkeit und zur Ausfüllung des Arbeitsplatzes befähigen. Dies kann gleichwohl nicht dahingehend verstanden werden, daß sich Berufsbildungsmaßnahmen auf einen aktuellen Arbeitsplatz oder eine bestimmte Tätigkeit beziehen müssen, weil solche Maßnahmen schließlich unter § 81 BetrVG fallen.[404] Dementsprechend hat das BAG[405] auch ausgeführt, daß eine Berufsbildungsmaßnahme die „Verwendungsbreite", die „Arbeitsplatzsicherheit" und die „Einsatzmöglichkeit" des Arbeitnehmers erhöhen muß. In diesem Kontext wird in der Literatur zum Teil vorgeschlagen, daß die Mitbestimmung des Betriebsrates nach § 98 BetrVG davon abhängt, ob das vermittelte Wissen für den Wettbewerb auf dem

---

400 Ausführliche Erörterung bei *Gilberg*, S.153ff..

401 *Richardi* § 96 RdNr.15.

402 GK-*Kraft* § 96 RdNr.14.

403 BAG v. 10.02.1988 AP § 98 BetrVG Nr.5 ; BAG v. 23.04.1991 in: NZA 1991, S.817(819).

404 So auch *Gilberg* S.163 ; *Alexander* in: NZA 1992, S.1057 (Fn.2).

405 BAG v. 10.02.1988 AP § 98 BetrVG Nr.5.

Arbeitsmarkt einen gewissen Stellenwert hat.[406] Dieses Kriterium knüpft an den Zweck der gesetzlichen Mitbestimmung bei Berufsbildung an, wonach die Mitbestimmung dort eingreifen soll, wo die Frage der Verteilungsgerechtigkeit auf das soziale Schicksal der Arbeitnehmer Einfluß hat. Der notwendige Bezug einer Maßnahme zum Beruf des Arbeitnehmers liegt damit sicher vor, wenn die Art des vermittelten Wissens zur Verhinderung der persönlichen Arbeitslosigkeit beiträgt und für den beruflichen Werdegang des Arbeitnehmers von Bedeutung ist.

Mit der Vermittlung von konkreten Techniken zu Gesprächsführung und Gesprächsverhalten bis hin zur Schulung des Auftretens erweitert Outplacement die persönlichen Fähigkeiten der teilnehmenden Arbeitnehmer und qualifiziert sie im Vergleich zu den übrigen arbeitssuchenden Bewerbern. Die Outplacement-Beratung setzt im Unterschied zu der klassischen Berufsbildung im fortbestehenden Arbeitsverhältnis lediglich nicht präventiv zur Erhöhung der Arbeitsplatzsicherheit durch Qualifikation des Arbeitnehmers an, sondern erfolgt zweckgebunden erst bei einem bevorstehenden Auftreten am Arbeitsmarkt. Es ist jedoch nicht anzunehmen, daß sich die erlangten Kenntnisse im Rahmen der Outplacement-Beratung in der Vorbereitung des erfolgreichen Bewerbungsgesprächs erschöpfen oder sogar erledigen. Die Bedeutung von Kommunikations-, Gesprächs-, oder Verhaltenstrainigs für die berufliche Laufbahn von Arbeitnehmern darf nicht unterschätzt werden, da solche Schulungsmaßnahmen wesentlicher Bestandteil von betriebsinternen Laufbahnentwicklungsprogrammen für Mitarbeiter aller Hierarchieebenen sind.[407] Unter dem Gesichtspunkt der qualitativen Anforderungen an die Art der vermittelten Kenntnisse ist deshalb zu berücksichtigen, daß sich die erlernten Fähigkeiten im Rahmen der Outplacement-Beratung möglicherweise in dem neuen Beschäftigungsverhältnis für die berufliche Position des Arbeitnehmers weiter fördernd auswirken.

Outplacement entspricht damit in Bezug auf den Inhalt, der Methodik und Zielsetzung den in der Literatur entwickelten näheren Kriterien einer Berufsbildungsmaßnahme. Unabhängig davon, ob oder wie eine Begrenzung der mitbestimmungspflichtigen Berufsbildungsmaßnahmen erfolgen kann, zeigen diese Kriterien, daß Outplacement-Maßnahmen den herrschenden Merkmalen zur Bestimmung des sachlichen Anwendungsbereichs des § 98 BetrVG zumindest nicht widersprechen. Vor dem Hintergrund des weiten Verständnisses des Berufsbildungsbegriffs durch das BAG spricht sogar viel dafür, daß man Outplacement als Berufsbildungsmaßnahme ansehen kann. Der Erwerb der Kennt-

---

[406] GK-*Kraft* § 96 RdNr.14 ; H/S/G-*Glaubitz* § 96 RdNr.6/6b ; MünArbR-*Matthes* § 343 RdNr.13 ; **a.A.**: *Fitting* § 96 RdNr.13.

[407] Vgl. bspw. die Personalentwicklungsprogramme von Degussa-Hüls 1998/1999 oder die Education & Trainigsangebote für Mitarbeiter bei IBM 1999.

nisse kommt zwar nicht mehr dem bisherigen Arbeitnehmer zu gute, es würde dem Normzweck der §§ 96 ff. BetrVG aber widersprechen, wenn man aus diesem Grund Outplacement aus dem Anwendungsbereich des § 98 ff. BetrVG herausnehmen würde. An allen Maßnahmen des Arbeitgebers, die für die berufliche Entwicklung der teilnehmenden Arbeitnehmer von erheblicher Bedeutung sind, besteht in Bezug auf die Gewährleistung der Gleichbehandlung und der inhaltlichen Qualität der Maßnahme ein kollektives Interesse. Aus diesem Grund weist *Oetker* auch daraufhin, daß bereits aus dem systematischen Zusammenhang zwischen § 98 Abs.1 und Abs.6 BetrVG deutlich wird, daß der Gesetzgeber sämtliche betrieblichen *Bildungs*maßnahmen der Beteiligung des Betriebsrates unterwerfen wollte.[408] Die Frage, ob die Bildungsmaßnahme zur gegenwärtigen Sicherung des Arbeitsplatzes beiträgt oder erst beim Arbeitsplatzverlust die Aussicht auf einen neuen Arbeitsplatz deutlich erhöht, kann für das Mitbestimmungsrecht des Betriebsrates also nicht ausschlaggebend sein. Ein Ausschluß solcher Maßnahmen aus dem Berufsbildungsbegriff, weil sie sich nicht auf die derzeitige berufliche Tätigkeit auswirken, obwohl sie das soziale Schicksal der Arbeitnehmer unmittelbar beeinflussen können, ist mit dem Normzweck des § 98 BetrVG nicht vereinbar. Wie *Hammer* überzeugend begründet hat, ist deshalb von einem weiten und prinzipiell unabgeschlossenen Berufsbildungsbegriff im Sinne der Rechtsprechung des BAG auszugehen, weil nur dieser den Sinn und Zweck der §§ 96 ff. BetrVG erfüllen kann, indem er gewährleistet, daß den Beteiligungsrechten des Betriebsrates keine Maßnahme entzogen wird, an deren Ausschluß auch nur Zweifel bestehen.[409]

Da Outplacement aufgrund seiner Bedeutung für den Arbeitnehmer und der inhaltlichen Zielsetzung wesentliche Merkmale einer berufsbezogenen Bildungsmaßnahme erfüllt, erscheint Outplacement als ein Beispiel dafür, weshalb sich der Berufsbildungsbegriff der juristisch-technischen Fixierung entziehen muß, um für solche neuen Entwicklungen von berufsbezogenen Wissensvermittlungen die Zuständigkeit des Betriebsrates sicherzustellen.

1.2.3.4.1. Beteiligungs- und Mitbestimmungsrechte des Betriebsrates

Die Beteiligungsrechte des Betriebsrates an der Planung, Einführung und Durchführung von Berufsbildungsmaßnahmen sind gesetzlich unterschiedlich stark ausgestaltet. Ein Mitbestimmungsrecht des Betriebsrates wird lediglich für die von § 98 BetrVG erfaßten Tatbestände eingeräumt. In den §§ 96, 97 BetrVG ist die Mitwirkung auf Vorschlags-, Beratungs- und Förderungsrechte beschränkt. Die jeweiligen Beratungsrechte nach § 97 BetrVG und die Mitbestimmungsrechte nach § 98 BetrVG differenzieren zwischen betrieblichen und außerbe-

[408] *Oetker*, S.82 ; ebenso *Hammer (1990)*, S.91.
[409] *Hammer (1995)*, S.21 ff..

trieblichen Berufsbildungsmaßnahmen des Arbeitgebers. Insbesondere die weitergehenden Mitbestimmungsrechte gemäß § 98 BetrVG bei der Durchführung von Berufsbildungsmaßnahmen (Abs.1) und der Frage der beauftragten Ausbilder (Abs.2) finden nur auf betriebliche Bildungsmaßnahmen Anwendung.

1.2.3.4.2. Outplacement als betriebliche oder außerbetriebliche Maßnahme

Die Gruppen-Outplacement-Seminare werden meistens in den Räumen des Arbeitgebers durchgeführt. Demgegenüber erfolgt die Inidividual-Outplacement-Beratung in der Regel in den Büro- oder Schulungsräumen des beauftragten Beraters. Die Durchführung vor Ort beim Arbeitgeber oder die Ausgliederung aus dem räumlichen Betriebsgelände unter Beauftragung eines Dritten mit der Outplacement-Beratung ist für die Frage der Einstufung von Outplacement als betriebliche oder außerbetriebliche Berufsbildungsmaßnahme im Sinne des § 98 BetrVG jedoch ohne Bedeutung.

Nach einhelliger Ansicht ist der Begriff der betrieblichen Berufsbildungsmaßnahme funktional zu verstehen.[410] Eine betriebliche Berufsbildungsmaßnahme liegt immer vor, wenn der Arbeitgeber Träger oder Veranstalter der Maßnahme ist, die er für seine Mitarbeiter durchführt. Entscheidend ist also, daß der Arbeitgeber auf Inhalt und Organisation der Bildungsmaßnahme rechtlich oder tatsächlich beherrschenden Einfluß besitzt.[411] Diesen beherrschenden Einfluß auf die Outplacement-Beratung hat der Arbeitgeber sicher, wenn er die Beratung als „interne" Outplacement-Leistung durch eigene Mitarbeiter anbietet. Unabhängig davon, ob die Beratung von der Personalabteilung übernommen wird, oder ob es sich um speziell geschulte Mitarbeiter einer besonderen betrieblichen Sozialeinrichtung handelt, besitzt der Arbeitgeber kraft seines Direktionsrechts hier die Möglichkeit, die Beratung organisatorisch und inhaltlich zu bestimmen.

Die arbeitsrechtliche Möglichkeit zur unmittelbaren Einflußnahme auf den Ablauf der Beratung besteht zwar nicht mehr, wenn der Arbeitgeber einen externen Outplacement-Berater mit der Beratung beauftragt. Für diesen Fall, daß die Bildungsmaßnahme auf eine selbständige juristische oder natürliche Person verlagert wird, gilt jedoch weiterhin, daß eine betriebliche Maßnahme vorliegt, wenn der Arbeitgeber noch einen beherrschenden Einfluß besitzt.[412] Von einem solchen maßgeblichen Einfluß des Arbeitgebers auf die Modalitäten der Durchführung der Outplacement-Programme wird regelmäßig auszugehen sein, obwohl der Arbeitgeber nach Abschluß des Beratungsvertrages mit dem externen Out-

---

410 GK-*Kraft* § 98 RdNr.2 ; *Richardi* § 98 RdNr.10 ; MünArbR-*Matthes* § 343 RdNr.17; H/S/G-*Glaubitz* § 98 RdNr.6 ; ErfK-*Hanau/Kania* § 96 RdNr.8.

411 BAG v. 04.12.1990 AP § 97 BetrVG Nr.1 ; BAG v. 12.11.1991 AP § 98 BetrVG Nr.8.

412 BAG v. 12.11.1991 AP § 98 BetrVG Nr.8.

placement-Berater keine rechtliche Möglichkeit mehr besitzt, den weiteren Ablauf und Inhalt der Beratung noch zu beeinflussen. Nur ein feststehendes einheitlich-abstraktes Beratungskonzept schränkt die Möglichkeit zur Einflußnahme des Arbeitgebers im voraus so sehr ein, daß die Fehlende inhaltliche Einwirkungsmöglichkeit des Arbeitgebers die Mitbestimmung des Betriebsrates ausschließt. Ein gleichsam unveränderliches Outplacement-Beratungskonzept wird allenfalls bei einem – aufgrund finanzieller Vorgaben – vorbestimmten Gruppen-Outplacement-Programm vorliegen. Im Gegensatz dazu orientiert sich das Einzel-Outplacement an den individuellen Bedürfnissen des betroffenen Arbeitnehmers. Aus diesem Grund kann der nähere Inhalt der Outplacement-Beratung mit dem externen Outplacement-Berater im Rahmen der schriftlichen Auftragserteilung auch genau festgelegt werden. Zumindest besteht für den Arbeitgeber in dieser vertraglichen Vereinbarung die Möglichkeit, den Inhalt und die Durchführung der Outplacement-Beratung für den einzelnen Arbeitnehmer mitzubestimmen.

Solange der Arbeitgeber die Möglichkeit besitzt, eine Bildungsmaßnahme nach den Bedürfnissen der betroffenen Arbeitnehmer inhaltlich auszugestalten, wird man deshalb den bestimmenden Einfluß des Arbeitgebers nicht ablehnen können.[413] Der Arbeitgeber besitzt zwar mit Abschluß des Beratungsvertrages keine rechtliche Einflußmöglichkeit mehr auf den Beratungsablauf, eine ständige Einflußmöglichkeit ist aber auch nicht erforderlich, weil dies das Mitbestimmungsrecht des Betriebsrates suspendieren würde, obwohl wesentliche inhaltliche Bestandteile der Maßnahme vom Arbeitgeber festgelegt werden können und bei diesen Entscheidungen die Beteiligung des Betriebsrates möglich ist. Insbesondere für die Fälle, in denen der Arbeitgeber den Arbeitnehmern ein Einzel-Outplacement anbietet, wird die Outplacement-Beratung daher überwiegend als betriebliche Maßnahme des Arbeitgebers im Sinn des § 98 BetrVG zu behandeln sein. Letztendlich hat es auch keinen Einfluß auf die Bewertung der Maßnahme, ob der Arbeitgeber von seiner Einflußmöglichkeit im Rahmen der Auftragserteilung tatsächlich Gebrauch macht, weil die Chance zur Einflußnahme des Betriebsrates hiervon unberührt bleibt.[414]

1.2.3.4.3. Die Reichweite der einzelnen Beteiligungstatbestände

Die in § 96 BetrVG bestimmte Verpflichtung des Arbeitgebers Berufsbildung zu fördern, begründet für ihn keine Verpflichtung, Maßnahmen der Berufsbildung auch zu ergreifen. Der Anspruch des Arbeitnehmers auf eine Outplacement-Beratung muß durch eine für den Arbeitgeber rechtsverbindliche Vereinbarung erst begründet werden. So bezieht sich das Mitbestimmungsrecht in § 98

---

413 Vgl. *Hamm* in: AuR 1992 S.326(327).

414 BAG v. 12.11.1991 AP § 98 BetrVG Nr.8.

BetrVG nur auf die Durchführung der Maßnahme und beinhaltet kein Initiativrecht des Betriebsrates.[415] Hinsichtlich der Einführung einer Outplacement-Beratung bleibt der Arbeitgeber deshalb auch nach den Vorschriften der §§ 96-98 ff. BetrVG frei und kann nicht zu einem Angebot gezwungen werden. Da Outplacement als betriebliche und außerbetriebliche Maßnahme erfolgen kann, müssen die praktischen Auswirkungen der Mitbestimmungsrechte des Betriebsrates gemäß §§ 96-98 BetrVG wegen der unterschiedlichen Reichweite der Mitbestimmungsrechte für beide Organisationsformen getrennt dargestellt werden.

1.2.3.4.3.1. Außerbetriebliche Berufsbildung

Bei der Durchführung der Outplacement-Beratung als außerbetriebliche Maßnahme sind die Rechte des Betriebsrates auf Förderungs- und Beratungsrechte in § 96 und § 97 BetrVG beschränkt. Die Beteiligungsrechte bestehen aber grundsätzlich unabhängig von dem allgemeinen Informationsanspruch des § 80 Abs.2 BetrVG und sonstigen Rechten des Betriebsrates – beispielsweise nach § 92 BetrVG – im Rahmen der Personalplanung.[416]

Die Beratungsrechte in § 96 und § 97 BetrVG wiederholen den grundlegenden Informationsanspruch (§ 80 Abs.2 BetrVG), erweitern ihn jedoch um ein Vorschlags- und Initiativrecht gemäß § 96 Abs.1 BetrVG, daß es dem Betriebsrat ermöglicht, Outplacement dem Arbeitgeber als mögliche Personalmaßnahme vorzustellen und die Möglichkeiten einer Realisierung zu erörtern. Grundsätzlich muß der Betriebsrat die Beratung mit dem Arbeitgeber selbst fordern. Möchte der Arbeitgeber bestimmte Arbeitnehmer an einer außerbetrieblichen Outplacement-Beratung teilnehmen lassen, muß er gemäß § 97 BetrVG von sich aus die Initiative ergreifen und den Betriebsrat von der geplanten Durchführung unterrichten und diese beraten.[417] Gegenstand dieser Beratung sind dann alle mit der Maßnahme im Zusammenhang stehenden Themen.[418] Davon eingeschlossen sind auch die zentralen Fragen nach der Dauer, nach der Person des Ausbilders und nach dem näheren Inhalt der Outplacement-Beratung. Dem Arbeitgeber ist es damit kaum möglich, die wesentlichen Bestandteile der Outplacement-Vereinbarung mit dem Arbeitnehmer am Betriebsrat vorbei zu vereinbaren. Weigert sich der Arbeitgeber gegen die Beratung der Outplacement-Maßnahme

---

[415] Vgl. Kapitel: III.1.2.3.4.3.2.2. (S.177).

[416] Vgl. ErfK-*Hanau/Kania* § 97 RdNr.11.

[417] MünArbR-*Matthes* § 343 RdNr.8 ; GK-*Kraft* § 97 RdNr.1 ; D/K/K-*Buschmann* § 97 RdNr.4 ; *Fitting/Kaiser/Heither/Engels* § 97 RdNr.3.

[418] ErfK-*Hanau/Kania* § 97 RdNr.5 ; D/K/K-*Buschmann* § 97 RdNr.4.

oder verstößt er gegen die Unterrichtungspflicht, kann der Betriebsrat nach § 23 Abs.3 BetrVG vorgehen und die Beratung gerichtlich erzwingen.[419]

Dem Vorschlagsrecht des Betriebsrats gemäß § 98 Abs.3 BetrVG kommt bei der Einführung von Outplacement praktisch keine Bedeutung zu, da der Betriebsrat an die Vorgaben des Arbeitgebers gebunden ist. Zu diesen Vorgaben zählt die Entscheidung, für welche Arbeitnehmergruppe die Maßnahme durchgeführt wird und welche persönlichen Voraussetzungen die möglichen Teilnehmer erfüllen müssen.[420] Dieser Teilnehmerkreis ist durch die Kündigungsentscheidung oder die Trennungsabsicht des Arbeitgebers abschließend vorgegeben. Ansonsten wäre es dem Betriebsrat möglich, über das Vorschlagsrecht und die Einsetzung einer Einigungsstelle gemäß § 98 Abs.4 BetrVG Einfluß auf die unternehmerische Entscheidung über die von der Trennungsentscheidung betroffenen Arbeitsverhältnisse zu nehmen.[421]

1.2.3.4.3.2. Betriebliche Berufsbildung

Mit der Durchführung der Outplacement-Beratung als betriebliche Maßnahme bestehen für den Betriebsrat neben den obligatorischen Beratungs- und Informationsrechten aus § 96 und § 97 BetrVG zusätzliche erzwingbare Mitbestimmungsrechte aus § 98 Abs.1 und Abs.2 BetrVG.

1.2.3.4.3.2.1. Beratungs- und Unterrichtungsrechte nach §§ 96, 97 BetrVG

Für betriebliche Maßnahmen erweitert § 97 BetrVG die Beratungspflicht – im Vergleich zu außerbetrieblichen Maßnahmen – des Arbeitgebers insoweit, als der Betriebsrat die Beratung der Outplacement-Maßnahme nicht mehr von sich aus fordern, sondern der Arbeitgeber für die geplante Einführung der betrieblichen Outplacement-Beratung selbst die Beratungsinitiative ergreifen muß. Der Arbeitgeber wird in § 97 BetrVG außerdem verpflichtet, die Errichtung und Ausstattung einer betrieblichen Berufsbildungseinrichtung zu beraten. Die Beratungspflicht aus § 97 BetrVG kann deshalb zusätzlich neben das Mitbestimmungsrecht aus § 87 Abs. 8 BetrVG hinsichtlich der Verwaltung dieser Einrichtung treten, wenn der Arbeitgeber die Outplacement-Beratung über eine Sozialeinrichtung erbringt.

Für den Umfang der Beratungs- und Informationspflichten gilt, das zu außerbetrieblichen Outplacement-Maßnahmen gesagte, so daß der Betriebsrat die

---

419 D/K/K-*Buschmann* § 96 RdNr.6 ; ErfK-*Hanau/Kania* § 97 RdNr.13 ; *Fitting/Kaiser/Heither/Engels* § 96 RdNr.42.

420 GK-*Kraft* § 98 RdNr.18 ; MünArbR-*Matthes* § 343 RdNr.34.

421 Vgl. *Hamm (1997)*, Kap. IV, S.27.

Chance besitzt, zusammen mit dem Arbeitgeber die wesentlichen Themen zu erörtern.

1.2.3.4.3.2.2. Mitbestimmung nach § 98 Abs. 1 BetrVG

Die Bedeutung der Beratungs- und Unterrichtungsrechte nach §§ 96, 97 BetrVG tritt für betriebliche Maßnahmen in den Hintergrund, weil der Betriebsrat über das Mitbestimmungsrecht in § 98 Abs.1 BetrVG in wesentlichen Kernfragen bei der inhaltlichen Ausgestaltung der Outplacement-Beratung mitzubestimmen hat. Der Mitbestimmung unterliegen die Entscheidungen zur Durchführung der Maßnahme. Dem Betriebsrat kommt über § 98 Abs.1 BetrVG aber kein Initiativrecht für die Entscheidung über die Einführung von Outplacement zu, da sonst die Beschränkung der Beteiligungsrechte in § 97 BetrVG zur Frage über die Einführung einer Berufsbildungsmaßnahme auf ein Beratungsrecht überflüssig wären, wenn bereits die nachfolgende Bestimmung dem Betriebsrat ein Recht zur erzwingbaren Entscheidung über die Einführung einer solchen Maßnahme einräumt.[422]

Zur Durchführung gehören alle Fragen, die die Art und Weise der inhaltlichen Ausgestaltung der Maßnahme betreffen. Der Arbeitgeber hat also den Inhalt, den Umfang der zu vermittelnden Kenntnisse, Fähigkeiten und Fertigkeiten sowie die Methode, Zeit und Dauer der Kenntnisvermittlung mit dem Betriebsrat gemeinsam zu regeln.[423] Bei der Durchführung der Outplacement-Beratung werden diese Mitentscheidungsrechte allerdings vor allem durch die mitbestimmungsfreie finanzielle Vorgabe[424] des Arbeitgebers erheblich eingeschränkt sein. Besonders der Umfang und die Dauer der Beratungsleistungen sind durch den finanziellen Rahmen begrenzt. Innerhalb dieser Vorgaben des Arbeitgebers muß dieser jedoch mit dem Betriebsrat eine Einigung über die nähere inhaltliche Ausgestaltung erzielen.

Für den Betriebsrat bieten die gemeinsamen Gespräche die Möglichkeit bestimmte Mindestberatungsleistungen zu verlangen. Hier kann der Betriebsrat dazu beitragen, daß für die betroffenen Arbeitnehmer jeweils die zweckmäßig-

---

422 *Kraft* in: NZA 1990, S.457(460) ; *Richardi* § 98 RdNr.13 ; D/K/K-*Buschmann* § 98 RdNr.1 ; BAG v. 08.12.1987 AP § 98 BetrVG Nr.4 ; GK-*Kraft* § 98 RdNr.6 ; **a.A.** *Hamm* in: AuR 1992, S.326(328).

423 *Richardi* § 98 RdNr.13 ; MünArbR-*Matthes* § 343 RdNr.22 ; *Kraft* in: NZA 1990, S.457 (460) ; **a.A.** *Oetker* S.99f.

424 Die Entscheidung über den finanziellen Rahmen ist die zentralen Frage bei der mitbestimmungsfreien Entscheidung über das „Ob" einer freiwilligen Maßnahme und grundsätzlich der Mitentscheidung des Betriebsrates nicht zugänglich. Vgl. *Richardi* § 98 RdNr.8 ; GK-*Kraft* § 98 RdNr.6 ; MünchArbR-*Matthes* § 343 RdNr.21 ; *Fitting/Kaiser/Heither/Engels* § 98 RdNr.2.

sten Beratungsbausteine festgelegt werden. Abhängig von der Person und Qualifikation des Arbeitnehmers kann dadurch vermieden werden, daß der Arbeitnehmer an Schulungsmaßnahmen teilnimmt, die zu keiner Verbesserung der Bewerbungschancen beitragen, sondern möglicherweise über den individuellen Nutzen der Maßnahme täuschen. In engem Zusammenhang dazu steht die Entscheidung über die genaue Dauer der Beratungsleistung. Hier kann dem Betriebsrat eine entscheidende Rolle zukommen, indem er bei den Verhandlungen darauf achtet, daß eine zeitlich unbegrenzten Beratung vereinbart wird. Zu der Methode der Durchführung einer Maßnahme wird zudem die Entscheidung über die Durchführung der Beratung als Einzel- oder Gruppen-Outplacement gehören. Der Betriebsrat wird zwar bei einem beabsichtigten Gruppen-Outplacement nicht die Einführung von einem kostenintensiveren Einzel-Outplacement fordern können, möglicherweise können aber für einzelne, besonders problematische Beratungsfälle, intensivere Beratungs- und Schulungsmaßnahmen festgelegt werden. Die gemeinsam verabredete Konzeption der Outplacement-Beratung sollte abschließend in einer verbindlichen Betriebsvereinbarung festgelegt werden.

Weigert sich der Arbeitgeber, mit dem Betriebsrat eine gemeinsame Regelung zu treffen oder werden sich die Betriebsparteien nicht einig, so kann auf Antrag einer Seite gemäß § 98 Abs.4 BetrVG die Einigungsstelle einberufen werden. Für den Arbeitgeber besteht deshalb ein gewisser Einigungsdruck, wenn er vermeiden möchte, daß durch den Spruch der Einigungsstelle die in Frage stehende Regelung ersetzt wird. Angesichts der Abhängigkeit der Gestaltungsmöglichkeiten der Outplacement-Beratung von den finanziellen Vorgaben des Arbeitgebers ist jedoch fraglich, welche Sachfragen letztendlich der Einigungsstelle noch zur Entscheidung vorgelegt werden. Zumal es für die überwiegende Anzahl der inhaltlichen Regelungsmöglichkeiten im Interesse der Betriebsparteien und der betroffenen Arbeitnehmer liegt, daß eine einverständliche Regelung gefunden wird.

Jedenfalls wird der Betriebsrat eine umfangreiche inhaltliche Erweiterung bzw. Ergänzung der Outplacement-Beratung gegen den Willen des Arbeitgebers nicht über die Einigungsstelle erzwingen können. Das Mitbestimmungsrecht nach § 98 Abs.1 BetrVG hat daher im wesentlichen die wichtige Funktion, daß mögliche Erfahrungswerte des Betriebsrates mit der Durchführung von Outplacement in den Entscheidungsprozeß für ein interessenkonformes Beratungskonzept einfließen und vom Arbeitgeber aufgrund des gesetzlichen Einigungszwanges nicht übergangen werden können.

1.2.3.4.3.2.3. Mitbestimmung nach § 98 Abs.2 BetrVG

Die Zuordnung von Outplacement zum Anwendungsbereich des § 98 BetrVG begründet für den Betriebsrat gemäß § 98 Ab.2 BetrVG zu der wichtigen Sachfrage, der Auswahl über die mit der Outplacement-Beratung beauftragte Person ein Mitentscheidungsrecht. Gemäß § 98 Abs.2 BetrVG kann der Betriebsrat sowohl der Bestellung widersprechen als auch die Abberufung verlangen, wenn die beauftragte Person die persönliche und fachliche Eignung nicht besitzt oder ihre Aufgaben vernachlässigt. Hierzu zählen alle Personen die mit der Übernahme der Bildungsmaßnahme beauftragt werden, unabhängig davon, ob es sich um Mitarbeiter des Arbeitgebers oder um Betriebsfremde handelt. Dem Betriebsrat kommt deshalb auch die Kontrolle der pädagogischen und fachlichen Anforderungen des beauftragten externen Outplacement-Beraters zu. Zum Teil wird vertreten, der Betriebsrat könne nur widersprechen, wenn es sich um Ausbilder im Sinne des BBiG handelt.[425] Dies läßt sich aus dem Wortlaut des § 98 Abs.2 jedoch nicht ableiten. Der Gesetzgeber bringt durch das Wort „insbesondere“ in § 98 Abs.2 BetrVG zum Ausdruck, daß er lediglich hinsichtlich der „berufs- und pädagogischen Eignung“ der Ausbilder auf die Vorschriften und Kriterien des BBiG verweist.[426] Das Wort „insbesondere“ deutet daraufhin, daß dem Gesetzgeber die Anforderungen des BBiG besonders wichtig erscheinen, bei einer beabsichtigten abschließenden Verweisung wäre dieses Wort nicht erforderlich gewesen. Außerdem würde es dem Zweck der Vorschrift widersprechen, wenn dem Betriebsrat bei anderen Personen kein Abberufungs- oder Widerspruchsrecht zustünde, wenn diese schon allgemeine persönliche oder fachliche Anforderungen eines Ausbilders nicht erfüllen.[427]

Dieser Kontrollmöglichkeit kann bei dem Einsatz eines externen Outplacement-Beraters in der Praxis eine größere Bedeutung zu kommen. Die gewerbliche Outplacement-Beratung steht für alle Berufsgruppen offen und unterliegt keinen gesetzlichen beruflichen Qualifikations- oder Zulassungsbestimmungen.[428] Die Gefahr, daß sich unerfahrene, möglicherweise selbst beruflich gescheiterte Personen ohne besondere personalwirtschaftliche Kenntnisse, als erfolgreiche Berater ausgeben, ist angesichts der hohen Honorierung einer individuellen Beratung groß. Für den Beratungserfolg sind die fachlichen, pädagogischen und psychologischen Fähigkeiten des Beraters jedoch ausschlaggebend.[429]

Allerdings bleibt es fraglich, ob der Betriebsrat seine Kontrollmöglichkeit tatsächlich wirksam ausüben kann. In den Fällen, in denen Outplacement erstmalig im Betrieb angewendet wird, verfügt der Betriebsrat selbst über keine weiteren

---

[425] H/S/G-*Glaubitz* § 98 RdNr.23 ; *Galperin/Löwisch* § 98 RdNr.12 ; *Stege/Weinspach* §§ 96-98 RdNr.31.

[426] *Richardi* § 98 RdNr.24 ; *Fitting/Kaiser/Heither/Engels* § 98 RdNr.18 ; D/K/K-*Buschmann* § 98 RdNr.12 ; *Oetker* S.107 ; ErfK-*Hanau/Kania* § 98 BetrVG RdNr.11.

[427] GK-*Kraft* § 98 RdNr.14 ; MünArbR-*Matthes* § 343 RdNr.39 ; *Fitting/Kaiser/Heither/Engels* § 98 RdNr.18.

[428] Vgl. Kapitel: II.1.3.5. (S.66).

[429] *Jung/Weißenrieder* in: Personalwirtschaft 1999, S.20f. ; *Linz*, Personal 1991, S.359f..

Erfahrungen mit Beratern. Ebensowenig wird der Betriebsrat sich vorsorglich schon über das Ansehen oder die Stellung von Outplacement-Unternehmen, Agenturen oder selbständige Berater im Markt informiert haben. Die Möglichkeit des präventiven Schutzes der Arbeitnehmer vor unseriösen Beratern wird dadurch in der Regel erheblich beschränkt sein. Zudem muß die Untauglichkeit des Beraters in einem arbeitsgerichtlichen Verfahren vom Betriebsrat mit Tatsachen belegt werden.[430] Ein geringfügiges oder einmaliges Fehlverhalten wird eine Abberufung bzw. einen Widerspruch nicht rechtfertigen können.[431] Zudem hindert ein Widerspruch des Betriebsrates den Arbeitgeber nicht daran, dem beabsichtigten Berater die Outplacement-Beratung zu übertragen, wenn der Arbeitnehmer trotz des Widerspruchs einverstanden sein sollte. Erst eine arbeitsgerichtliche Entscheidung nach § 98 Abs.5 BetrVG würde den Arbeitgeber dazu zwingen, die Bestellung zu unterlassen. Diese Konstellation, daß der Arbeitgeber gegen den Willen des Arbeitnehmers die Beauftragung eines bestimmten Beraters verlangt, wird in der betrieblichen Praxis aber wohl ausgeschlossen sein.

In der überwiegenden Zahl der Fälle, wird das Mitbestimmungsrecht aus § 98 Abs.2 BetrVG daher in der Form der Abberufung des zunächst einvernehmlich bestellten Beraters ausgeübt werden, nachdem dieser seine Beratungsaufgaben vernachlässigt, bzw. sich die fehlende fachliche oder persönliche Eignung herausgestellt hat. Eine erfolgreiche gerichtliche Abberufung des Beraters wird aufgrund der Darlegungspflicht des Betriebsrates und der tatsächlichen Schwierigkeiten beim Nachweis von fachlichen Defiziten bei der Tätigkeit als Outplacement-Berater aber schwer sein.[432] Wenigstens ist anzunehmen, daß die rechtliche Möglichkeit des Betriebsrates gegen die Bestellung arbeitsgerichtlich vorzugehen und möglicherweise die Abberufung zu verlangen, den Druck der Betriebsparteien für eine gemeinsame Einigung auf einen Berater erhöht. Die Gefahr eines imageschädigenden Abberufungsverlangens kann zusätzlich dazu beitragen, daß der Outplacement-Berater zu einer seriösen, interessengerechten Beratungsleistung angehalten wird. Unter diesem Gesichtspunkt wirkt sich das Mitbestimmungsrecht nach § 98 Abs.2 BetrVG präventiv zur Qualitätssicherung zugunsten der teilnehmenden Arbeitnehmer aus.

1.2.3.5. Zusammenfassung

Die Analyse der herrschenden Kriterien zur Bestimmung von Berufsbildungsmaßnahmen hat gezeigt, daß Outplacement dem Berufsbildungsbegriff der §§ 96 ff. BetrVG nicht widerspricht und es der systematische Zusammenhang

430 GK-*Kraft* § 98 RdNr.15 ; *Fitting/Kaiser/Heither/Engels* § 98 RdNr.19.
431 H/S/G-*Glaubitz* § 98 RdNr.33 ; GK-*Kraft* § 98 RdNr.15.
432 Hier können evtl. die Anforderungen des BDU als Richtschnur zu Grunde gelegt werden.

zwischen § 98 Abs.1 und Abs.6 BetrVG zuläßt, daß Outplacement von dem Anwendungsbereich der Vorschriften §§ 96 ff. BetrVG erfaßt wird. Outplacement verbessert die Wettbewerbsfähigkeit der teilnehmenden Arbeitnehmer auf dem Arbeitsmarkt und kann sich beschäftigungssichernd für sie auswirken, insbesondere wenn durch die Beratung ein reibungsloser Übergang in ein neues Beschäftigungsverhältnis gelingt. Entscheidend für die Einordnung als Berufsbildungsmaßnahme ist, daß Kenntnisse und Fertigkeiten vermittelt werden, die eine weitere berufliche Entwicklung überhaupt ermöglichen und deshalb einen besonderen Arbeitsmarktbezug besitzen.

Mit der Einordnung als Berufsbildungsmaßnahme ergeben sich für den Betriebsrat verschiedene Beteiligungsmöglichkeiten, die zum Erfolg und der Objektivität der Maßnahme beitragen können. Die Schwierigkeiten bei der Differenzierung zwischen außerbetrieblicher und betrieblicher Maßnahme – wegen der unterschiedlichen gesetzlichen Ausgestaltung der Beteiligungsrechte – werden in der Praxis von geringerer Bedeutung sein. Jeder externe Outplacement-Berater hat ein Interesse an der Akquisition von Beratungsaufträgen. Aus diesem Grund wird sich die nähere Ausgestaltung der Beratung regelmäßig an den Wünschen der betroffenen Arbeitnehmer orientieren oder zumindest nach den Vorstellungen des Arbeitgebers vereinbaren lassen. Im Rahmen dieser Vereinbarung kann der Betriebsrat über den Inhalt und die Durchführung der Outplacement-Maßnahme dann weitgehend mitentscheiden. In den meisten Fällen werden dem Betriebsrat deshalb die weitergehenden Mitbestimmungsrechte aus § 98 BetrVG zustehen.

Vor allem die Mitbestimmung gemäß § 98 Abs.1 BetrVG bei der Durchführung der Beratung eröffnet dem Betriebsrat aus verfahrensrechtlicher Sicht eine wirksame Möglichkeit, auf den Arbeitgeber einen Einigungsdruck auszuüben. Kommt es über den Mitbestimmungstatbestand des § 98 Abs.1 BetrVG nicht zu einer Einigung zwischen Betriebsrat und Arbeitgeber erfolgt die Einsetzung einer Einigungsstelle. Diese Einsetzung erfolgt aber gemäß § 98 Abs.1 ArbGG bereits, wenn die Zuständigkeit der Einigungsstelle nicht offensichtlich ausgeschlossen ist, was – nach den vorausgegangenen Ausführungen – hier nicht angenommen wird. Schon die bloße Möglichkeit zur Einberufung der Einigungsstelle kann dem Betriebsrat die wirksame Beteiligung an den einzelnen Entscheidungen bei der Durchführung von Outplacement sichern.[433]

---

[433] Diese Möglickeit sieht auch *Hamm (1997)*, Kap. IV, S.26.

2. Fazit

Die arbeitsrechtliche Untersuchung des Outplacement-Konzepts zeigt, daß dieses Personalinstrument zu verschiedenen betriebsverfassungsrechtlichen Regelungstatbeständen rechtserhebliche Bezüge aufweist. Wichtigstes Ergebnis ist die Feststellung, daß Outplacement sowohl nach personalwissenschaftlichem als auch nach juristischem Verständnis Bestandteil der betrieblichen Personalplanung – partikulär der Personalabbauplanung – ist. Außerdem wurde anhand der Analyse der inhaltlichen Beratungselemente gezeigt, daß Outplacement – sowohl vom persönlichen Ansatz beim Arbeitnehmer als auch vom Gegenstand der verschiedenen Beratungsleistungen her – Kriterien einer Berufsbildungsmaßnahme im Sinne der §§ 96 ff. BetrVG erfüllt. Die hier vertretene Einstufung von Outplacement als Personalabbauinstrument im Rahmen der Personalplanung im Sinne des § 92 BetrVG und der Qualifizierung als Berufsbildungsmaßnahme im Sinne von § 96 ff. BetrVG ist kein Widerspruch, sondern spiegelt nur die Zielsetzung des Konzepts wider, das über die Entwicklung einer reinen Kündigungsstrategie hinausgeht.

Aus der Zuordnung von Outplacement zu den betriebsverfassungsrechtlichen Regelungstatbeständen des § 92 und der §§ 96 ff. BetrVG folgt, daß dieses Personalinstrument nicht – unter dem Gesichtspunkt einer planmäßigen Umgehung von betriebsverfassungsrechtlichen Anhörungsrechten (§ 102 BetrVG) bzw. kündigungsschutzrechtlichen Vorschriften (KSchG) – in Konflikt zu einzelnen Regelungstatbeständen des Betriebsverfassungsgesetzes oder anderen arbeitsrechtlichen Instituten steht, sondern sich in die bestehenden arbeitsrechtlichen Instrumentarien integrieren läßt.

Mit der arbeitsrechtlichen Einstufung von Outplacement als Personalplanungselement im Sinne des § 92 BetrVG unterliegt die Einführung dieses Personalinstruments der nach dieser Vorschrift vorgesehenen Beteiligung des Betriebsrates. Diese Zuordnung sollte bereits dazu führen, daß grundlegende Fragen zur Anwendung und organisatorischen Realisierung der Beratung im gegenseitigen Einvernehmen der Betriebsparteien umgesetzt werden. Ausgehend von dem allgemeinen Informationsrecht des Betriebsrates nach § 80 Abs.2 BetrVG sowie den weitergehenden Beratungsrechten (§§ 92, 96 Abs.1 BetrVG) kann Outplacement nicht als einseitig arbeitgeberseitiges Instrument zur Optimierung des Personalabbaus gesehen werden, sondern als ein potentieller Beitrag zu einer einvernehmlichen, verantwortungsbewußten Personalpolitik. Folgt man der hier vertretenen Auffassung, daß Outplacement der Mitbestimmung des Betriebsrates nach § 98 BetrVG unterliegt, ergeben sich zusätzliche Mitentscheidungsrechte bei zentralen Fragen der Durchführung von Outplacement-Maßnahmen – insbesondere bei der Beraterauswahl und dem Beratungsprogramm – die den Einsatz weiter objektivieren und die Funktion als Instrument einer betrieblichen Sozialpolitik unterstreichen können.

Nach der hier vertretenen Auffassung ist das Outplacement-Konzept als eine positive Ergänzung zu Personalabbaumaßnahmen zu bewerten. Es kann Wiedereinstellungschancen von Arbeitssuchenden erhöhen und ist somit sowohl arbeitsmarktpolitisch als auch gesamtwirtschaftlich betrachtet sinnvoll. Die hohen Kosten einer Outplacement-Beratung werden jedoch eine Entwicklung dieses Konzepts zu einem generellen Instrument der betrieblichen Sozialpolitik erschweren – eine weitere Ausdehnung auf untere Hierarchieebenen wäre allerdings zu begrüßen.

IV. Freiwillige kollektivrechtliche Outplacement-Rahmenregelungen

In den bisherigen Ausführungen wurde untersucht, welchen zwingenden betriebsverfassungsrechtlich vorgesehenen Beteiligungsrechten die Einführung und Durchführung einer Outplacement-Maßnahme unterliegt. In dem folgenden Abschnitt wird nun untersucht, ob für die Betriebsparteien nicht auch ein praktisches Interesse bestehen kann, daß im gegenseitigen Einvernehmen freiwillig Regelungen zur Durchführung von Outplacement-Maßnahmen vereinbart werden und welche rechtlichen Möglichkeiten dafür bestehen.

Eine Möglichkeit, den Betriebsrat an den Entscheidungen über den Einsatz von Outplacement zu beteiligen, bietet die Vereinbarung einer freiwilligen Betriebsvereinbarung über Bedingungen bei der Anwendung dieses Personalinstruments. Abgesehen von der Frage, ob Regelungen über den Einsatz von Outplacement Gegenstand einer freiwilligen Betriebsvereinbarung sein können, ist in einem solchen Fall interessant, welche Regelungen in der Betriebsvereinbarung festgelegt werden können, die sowohl die unternehmerischen Interessen als auch die Interessen der betroffen Arbeitnehmer an eine erfolgreiche Wiederbeschäftigung fördern bzw. sicherstellen.

1. Die Regelungsbefugnis der Betriebsparteien

Die Befugnis der Betriebsparteien, über die Anwendung oder das Angebot einer Outplacement-Beratung Regelungen zu treffen, ergibt sich sowohl aus § 77 Abs.3 BetrVG als auch aus § 88 BetrVG. Nach überwiegender Ansicht begründet § 77 Abs.3 BetrVG die Regelungskompetenz der Betriebspartner für alle durch Tarifvertrag regelbaren Angelegenheiten.[434] Somit umfaßt die Regelungskompetenz alle Arbeitsbedingungen, die Inhalt eines Arbeitsvertrages sein können.[435] Der Betriebsrat und der Arbeitgeber können sich in jeder Angelegenheit freiwillig einigen und entscheiden, ob sie durch eine solche Regelung Ver-

---

434 BAG GS v. 07.11.1989 in: ZIP 1990,1153 (1154) ; BAG v. 09.04.1991 in: NZA 1991, 734 (735) ; GK-*Kreutz* § 77 RdNr.70 ; ErfK-*Hanau/Kania* § 77 BetrVG RdNr. 3 ; *Nikisch*, Bd. III, S.277 ; *Weiss* § 77 RdNr.9 ; Däubler/Kittner/*Berg*, BetrVG, § 88 RdNr.2, 6.Aufl., 1998 Frankfurt/Main ; einschränkend auf die funktionale Zuständigkeit des Betriebsrates: H/S/G-*Hess* § 77 RdNr.15 ; *Richardi* § 77 RdNr.62 ; MüArbR-*Matthes* § 318 RdNr.50 ; *Fitting* § 77RdNr.42.

435 Unter Einschluß von formellen und materiellen Arbeitsbedingungen ein: BAG v. 09.04.1991 in: NZA 1991, 734 (735) ; BAG v. 06.08.1991 in: NZA 1992, 177 ; BAG GS v. 03.12.1991 EzA § 87 BetrVG Betriebliche Lohngestaltung Nr.30 S.15 ; *Fitting/Kaiser/Heither/Engels* § 77 RdNr.63 ; GK-*Kreutz* § 77 RdNr.73 mit weiteren Nachweisen.

pflichtungen eingehen wollen.[436] Ausgehend von der weitgehend uneingeschränkte Regelungszuständigkeit der Betriebsparteien, unterliegt die Vereinbarung zur Gewährung einer Outplacement-Beratung der Regelungsbefugnis der Betriebsparteien.

Zudem fällt der Regelungsgegenstand einer solchen Betriebsvereinbarung auch in den funktionalen Zuständigkeitsbereich der Betriebsrates. Die funktionale Zuständigkeit des Betriebsrates umfaßt die im Betriebsverfassungsgesetz umgrenzten sozialen, wirtschaftlichen und personellen Angelegenheiten.[437] Wie die bisherigen Untersuchungen gezeigt haben, läßt sich die Outplacement-Beratung nicht abschließend unter eine Kategorie der sozialen, personellen und wirtschaftlichen Angelegenheiten ordnen. Die Outplacement-Beratung enthält – wie dargestellt – Elemente, die eine Qualifizierung als Personalplanungsmaßnahme (§ 92 ff. BetrVG) oder Berufsbildungsmaßnahme (§ 96 ff. BetrVG) zulassen. Die genaue Einordnung ist zur Begründung der Regelungsbefugnis aber auch nicht erforderlich, weil die Aufzählung der Regelungstatbestände in § 88 BetrVG unvollständig ist, woraus folgt, daß sich aus § 88 BetrVG eine umfassende Möglichkeit zur Vereinbarung von freiwilligen Betriebsvereinbarungen in sämtlichen sozialen Angelegenheiten ableiten läßt.[438]

Zur Begründung der Kompetenz der Betriebsparteien eine Outplacement-Vereinbarung zu treffen, ist mit Blick auf § 88 BetrVG deshalb ausreichend, daß Outplacement überhaupt Bezug zu einzelnen Bereichen der sozialen Angelegenheiten im Sinne des Betriebsverfassungsgesetzes aufweist.[439] In diesem Zusammenhang darf nicht vergessen werden, daß in dem BetrVG von 1952 die „Durchführung der Berufsausbildung" noch ausdrücklich zu den mitbestimmungspflichtigen sozialen Angelegenheiten (§ 56 Abs.1d BetrVG) zählte. Die Ausgliederung der Berufsbildung in einen eigenen Unterabschnitt (§ 96 ff. BetrVG) im BetrVG von 1972 erfolgte nur aufgrund der Ausweitung der Beteiligungstatbestände und der besonderen Bedeutung der Berufsbildung für den Arbeitnehmer.[440] Unabhängig davon, ob – entsprechend der hier vertretenen Auffassung – Outplacement tatsächlich als Berufsbildung im Sinne des BetrVG bezeichnet werden kann, läßt sich ein enger Sachzusammenhang zumindest nicht von der Hand weisen. Angesichts der ursprünglich ausdrücklichen Zuge-

---

436 MünArbR-*Matthes* § 318 RdNr.32 ; Däubler/Kittner/*Berg* § 88 RdNr.2 ; *Richardi* § 77 RdNr.67.

437 H/S/G-*Hess* § 77 RdNr.15 ; GK-*Kreutz* § 77 RdNr. 71.

438 BAG GS v. 07.11.1989 in: ZIP 1990,1153 (1154) ; GK-*Wiese* § 88 RdNr.7 ; *Fitting/Kaiser/Heither/Engels* § 88 RdNr.2 ; *Richardi* § 88 RdNr.6 ; ErfK-*Hanau/Kania* § 77 BetrVG RdNr.3.

439 BAG GS v. 07.11.1989 in: ZIP 1990,1153 (1154).

440 Bericht des BT-Ausschusses für Arbeit und Sozialordnung, zu BT-Drucksache VI/2729 S.6 ; Begründung zum RegE BT-Drucksache VI/1786 S.50.

hörigkeit der Berufsbildung zu den sozialen Angelegenheiten kann kaum bestritten werden, daß die Regelungsbefugnis der Betriebsparteien gemäß § 88 BetrVG weiterhin den Abschluß von freiwilligen Betriebsvereinbarungen über Berufsbildungsmaßnahmen umfaßt.[441] Betrachtet man § 88 BetrVG nicht von vornherein als Ausdruck eines Grundprinzips und Auffangnorm, läßt sich die Regelungsbefugnis der Betriebsparteien für eine Outplacement-Regelung daher sowohl durch die Zuordnung dieser Maßnahme zu dem betriebsverfassungsrechtlich relevanten Bereich der Personalplanung (§ 92 ff. BetrVG) als auch dem der Berufsbildung (§ 96 ff. BetrVG) begründen.

2. Bestimmung von Outplacement-Rahmenregelungen für Betriebsvereinbarungen

Da das Zustandekommen einer Betriebsvereinbarung über die Anwendung von Outplacement in der freien Entscheidung des Arbeitgebers liegt, wird sich der Regelungsinhalt einer solchen Vereinbarung im wesentlichen nach den Interessen des Arbeitgebers richten. Abgesehen von der Entscheidung, sich rechtsverbindlich zum Angebot einer Outplacement-Beratung zu verpflichten, stellt sich deshalb die Frage, welche Gründe bei der Einführung einer Outplacement-Beratung für den Arbeitgeber Anlaß für eine kollektivrechtliche Regelung bieten.

2.1. Verpflichtung zur Gewährung einer Outplacement-Beratung

Ein möglicher Inhalt einer freiwilligen Betriebsvereinbarung über Outplacement ist die Verpflichtung des Arbeitgebers zur Gewährung einer Outplacement-Beratung. Der Arbeitgeber kann dadurch, unter Berücksichtigung von § 75 Abs.2 BetrVG, für Arbeitnehmer, die von einer Personalabbaumaßnahme betroffen sind, konkret einklagbare Ansprüche auf die Outplacement-Beratung begründen. Dem Arbeitgeber steht es dabei offen, die anspruchsbegründende Vereinbarung auf die bloße Zusage einer Outplacement-Beratung zu beschränken, um sich die nähere Ausgestaltung und den Umfang der Leistung einer einzelvertraglichen Vereinbarung mit dem betroffenen Arbeitnehmer vorzubehalten. Es ist anzunehmen, daß mit dem Entschluß, sich kollektivrechtlich zur Gewährung einer Outplacement-Beratung zu verpflichten, in der Regel auch die Bereitschaft bestehen wird, die Durchführung des Outplacements im voraus festzulegen, um möglichen Konflikten über den Leistungsgegenstand entgegenzuwirken. Zudem werden die Kosten für den Einsatz von Outplacement für den Arbeitgeber im voraus quantifizierbar. Daher sind bei einer grundlegenden unternehmenspolitischen Entscheidung zugunsten von Outplacement – also

[441] *Rumpff/Boewer*, Kap.F.1. RdNr.6 ; *Richardi*, BetrVG, Vorbem. vor§ 92 RdNr.8.

der Entscheidung, daß eine Outplacement-Beratung generell bei einer Trennung angeboten werden soll – keine Gründe ersichtlich, weshalb einer anspruchsbegründenden kollektivrechtlichen Vereinbarung individuelle Outplacement-Angebote vorzuziehen sind.

2.2. Konstituierung von Mindeststandards

Die Ablehnung des Arbeitgebers, eine anspruchsbegründende Betriebsvereinbarung über Outplacement zu vereinbaren, muß nicht gleichzeitig die gemeinsame Vereinbarung von Regelungen über die Anwendung von Outplacement bei einem individualrechtlichen Angebot ausschließen. Der Arbeitgeber kann sogar ein Interesse daran haben, trotzdem gemeinsam Rahmenbedingungen zu schaffen, wenn solche Regelungen dazu beitragen, daß bei einer Anwendung von Outplacement der Zweck der Maßnahme gefördert wird.

2.2.1. Arbeitgeberinteresse

Das mögliche Interesse des Arbeitgebers an der Vereinbarung von gemeinsamen Regelungen über den Einsatz von Outplacement kann darin gesehen werden, daß die unternehmenspolitischen Vorteile von Outplacement nur dann eintreten, wenn die Maßnahme für viele Arbeitnehmer mit der Erlangung einer neuen Beschäftigung erfolgreich abgeschlossen wird. Betrachtet der Arbeitgeber das Angebot von Outplacement als Bestandteil seiner unternehmerischen Personalpolitik, ist der Abschluß des Aufhebungsvertrages nicht alleiniges Ziel der Maßnahme. Hat für den Arbeitgeber nämlich ausschließlich die Beendigung des Arbeitsverhältnisses überwiegende Bedeutung und soll der Arbeitnehmer lediglich zur Zustimmung der Auflösung des Arbeitsverhältnisses veranlaßt werden, wird sich dieses Ziel allein mit einer entsprechenden Abfindungszahlung verwirklichen lassen. Der Arbeitgeber kann bei der Durchführung der kostenintensiven Outplacement-Beratung deshalb kein Interesse daran haben, daß der Einsatz von Outplacement dazu führt, daß die Aussicht der Arbeitnehmer auf eine Wiederbeschäftigung nicht nachhaltig vergrößert wird. Dies ist aber beispielsweise schon nicht mehr gewährleistet, wenn die genaue Analyse der Situation des Arbeitsmarktes ergibt, daß eine Wiedereinstellung des betroffen Arbeitnehmers möglicherweise schon aufgrund der Qualifikationen kaum zu erwarten ist.

Aus sozialpolitischer Sicht, aber auch aus Sicht des *Arbeitgebers* sind Regelungen, die dazu beitragen, daß der Arbeitnehmer nicht zur Einwilligung in seine Arbeitslosigkeit verleitet wird, sondern die dazu Beitragen, die Wiederbeschäftigung des Arbeitnehmers zu gewährleisten, als Ergänzung des Outplacement-Konzepts zu bewerten.

2.2.2. Arbeitnehmerinteresse

Das Interesse der Arbeitnehmer an einem effektiven Einsatz von Outplacement und an einer seriösen und professionellen Beratungsleistung kann unterstellt werden, so daß zwischen dem Betriebsrat als Interessenvertreter der Arbeitnehmer und den Interessen des Arbeitgebers in Bezug auf die erfolgreiche Wiederbeschäftigung des Arbeitnehmers eine Interessenidentität besteht. Auf Seiten des Betriebsrates werden beim Abschluß einer Betriebsvereinbarung über Outplacement aber noch weitere Aspekte eine entscheidende Rolle spielen.

In erster Linie ist für den Betriebsrat wichtig, daß der betroffene Arbeitnehmer seinen Arbeitsplatz im Betrieb nicht grundlos verliert. Insbesondere beim Abschluß einer einvernehmlichen Aufhebungsvereinbarung mit gleichzeitiger Vereinbarung einer Outplacement-Beratung – was die Annahme begründet, daß der Arbeitnehmer noch keinen neuen Arbeitsplatz in Aussicht hat – wird der Betriebsrat sicherstellen wollen, daß es sich um eine freie, durchdachte Entscheidung des Arbeitnehmers handelt. Für den Einsatz von Outplacement bedeutet dies, daß der Betriebsrat im Interesse der Arbeitnehmer daran interessiert sein wird, Regelungen zur Vorbeugung vor einer übermäßigen Beeinflussung des Arbeitnehmers zu treffen. Mit dem Abschluß einer Betriebsvereinbarung besteht zugleich die Möglichkeit, das Leistungsangebot für alle Arbeitnehmer zu vereinheitlichen. Unter Berücksichtigung des finanziellen Rahmens, den der Arbeitgeber vorgibt, ließe sich so eine Sicherung von Mindeststandards für potentiell betroffene Arbeitnehmer ermöglichen. Aufgrund des Günstigkeitsprinzips zwischen individueller Absprache und Betriebsvereinbarung würden weitergehende individuelle Leistungsvereinbarungen trotzdem noch möglich. Infolge der Festlegung von konkreten inhaltlichen Bestandteilen der Outplacement-Beratung wird vermieden, daß einzelne Mitarbeiter aufgrund der individuellen Aufhebungsvertragsverhandlungen gegenüber anderen möglicherweise geringer unterstützt werden.

Außerdem sind weitere Regelungen denkbar, die speziell dem Risiko der einzelnen Arbeitnehmer Rechnung tragen, daß die Outplacement-Beratung nicht den in Aussicht gestellten Inhalten und Anforderungen genügt, die für die Entscheidung über die Beendigung des Arbeitsverhältnisses konstitutiv waren.

2.2.3. Regelungsgegenstand

Nicht nur die konzeptionelle Verbindung der Arbeitnehmer- und Arbeitgeberinteressen, sondern vor allem die Abhängigkeit der unternehmenspolitischen Ziele von dem Erfolg der Wiederbeschäftigung rechtfertigen die Annahme, daß über Regelungen, die zur Sicherung des Beratungsziels beitragen, eine Einigung in einer freiwilligen Betriebsvereinbarung möglich ist. Wenn man berücksichtigt, daß die Regelungen Gegenstand einer *freiwilligen* Betriebsvereinbarung sind und die Einigung voraussetzen, lassen sich die Regelungsinhalte in wenigstens zwei Kategorien einteilen, wobei die Übergänge zwischen beiden Regelungsbereichen fließend sind.

Einerseits wird es sich um Regelungen handeln, an deren Vereinbarung der Betriebsrat als Interessenvertreter der Arbeitnehmer ein vorherrschendes Interesse besitzt. Diese Regelungen beziehen sich besonders auf den Schutz des Arbeitnehmers vor einer Zustimmung in die Auflösung seines Arbeitsverhältnisses aufgrund einer einseitigen Darstellung über die zukünftigen Beschäftigungsmöglichkeiten, die Arbeitsmarktsituation oder den Gegenstand der Outplacement-Beratung.

Andererseits kann sich der Regelungsinhalt auf solche Sachverhalte erstrecken, die aufgrund eigener Erfahrungen der Betriebsparteien eine antizipierte Regelung zulassen, weil die Festlegung dem gemeinsamen Interesse und dem Zweck an einem reibungslosen Übergang in ein neues Beschäftigungsverhältnis dient. Bei diesen Regelungen ist davon auszugehen, daß die Einigung im Vergleich zu dem zuvor angeführten Regelungsbereich weniger problematisch ist.

Zu den möglichen Regelungen, die in dem **gemeinsamen Interesse** von Arbeitgeber und Betriebsrat an einer Wiederbeschäftigung des betroffenen Arbeitnehmers liegen, können gezählt werden:

- Beteiligung an der Auswahlentscheidung über den Outplacement-Berater

Die Objektivität der Beratungsleitung wird erhöht, wenn aus Arbeitnehmersicht zwischen Arbeitgeber und Outplacement-Berater neben dem Outplacement-Vertrag keine darüber hinausgehende Beziehung oder sogar Abhängigkeit besteht. So kann die langjährige Zusammenarbeit mit einem bestimmten Personalberater Mißtrauen von Seiten des Arbeitnehmers auslösen und das Beratungsverfahren erschweren. Aus diesem Grund werden Arbeitgeber und Arbeitnehmer gemeinsam ein Interesse an der Beauftragung eines unverdächtigen, neutralen Outplacement-Beraters besitzen. Der betroffene Arbeitnehmer wird in der Regel nicht über den nötigen Marktüberblick verfügen, um gezielt einen kompetenten Outplacement-Berater auswählen zu können. In dieser Situation kann der Betriebsrat aufgrund möglicher eigener Kenntnisse aus vorangegangenen Outplacement-Maßnahmen dem Arbeitnehmer Outplacement-Berater vorschlagen. Eine Betriebsvereinbarung könnte ein erstes Vorschlagsrecht des Betriebsrates festlegen. Außerdem könnte vereinbart werden, daß sich mindestens zwei Outplacement-Berater persönlich vorstellen und ihr Leistungskonzept erläutern. Zur Unterstützung der Auswahlentscheidung kann es auch praktisch sein, dem Betriebsrat vor Vertragsschluß ausdrücklich ein Recht zur vorherigen Stellungnahme einzuräumen, um auf mögliche negative wie positive Erfahrungen hinzuweisen. Im Falle eines Vorschlagsrechts muß die abschließende Entscheidung aber beim Arbeitnehmer selbst liegen.

• Regelung des Verfahrens bis zum Abschluß des Aufhebungsvertrages[442]

Eine Fehlvorstellung des Arbeitnehmers über den Gegenstand und die Möglichkeiten einer Outplacement-Beratung kann dazu führen, daß der Trennungsprozeß durch die Unzufriedenheit über die Beratungsleistung überschattet wird. Gleichzeitig besteht die Gefahr, daß der Arbeitnehmer durch eine überzogene Darstellung des Nutzens von Outplacement und Möglichkeiten am Arbeitsmarkt zu einer vorschnellen Einwilligung in die Beendigung des Arbeitsverhältnisses verleitet wird. Dies kann Anlaß für weitere Rechtsstreitigkeiten bieten, die dem Interesse des Arbeitgebers an einer reibungslosen Trennung widersprechen würden. Die Gefahr einer einseitigen Beschreibung der Vorteile von Outplacement ist nicht auszuschließen, da sowohl Arbeitgeber als auch der Outplacement-Berater am Abschluß des Aufhebungsvertrages ein starkes Interesse haben. Die Entscheidung des Arbeitnehmers kann durch die professionelle Gesprächsführung des Arbeitgebers und durch die Einflußnahme des gegebenenfalls anwesenden Outplacement-Beraters wesentlich mitbestimmt werden.

Die Vereinbarung einer Betriebsvereinbarung über das Verfahren bei den Verhandlungen über die Auflösung- und Outplacement-Vereinbarung ist ein Ansatz, die autonome Entscheidung des Arbeitnehmers sicherzustellen. Eine Möglichkeit wäre, für die Verhandlungen über den Abschluß des Aufhebungsvertrages mindestens zwei Gespräche an unterschiedlichen Tagen zu vereinbaren, wobei es am ersten Tag noch nicht zum Angebot oder Abschluß eines Aufhebungsvertrages kommen darf. Der betroffene Arbeitnehmer könnte in dieser Zeit sich durch Dritte über den Abschluß des Aufhebungsvertrages und über das Outplacement-Konzept informieren. Außerdem könnte vereinbart werden, daß der Outplacement-Berater nicht direkt an den Gesprächen über die Beendigung des Arbeitsverhältnisse teilnehmen darf. Der Gefahr einer vorschnellen Entscheidung des Arbeitnehmers aufgrund einer einseitigen Einflußnahme wird dadurch vorgebeugt.

• Beteiligung von Dritten an der Outplacement-Vereinbarung

Eine weitere Möglichkeit, einer einseitigen Einflußname oder Darstellung des Outplacement-Konzepts bei den Verhandlungen über die Auflösung des Arbeitsverhältnisses entgegenzuwirken, ist die unmittelbare Beteiligung von Dritten an den Gesprächen über die Beendigung des Arbeitsverhältnisses. Die Beteiligung eines Betriebsratsmitgliedes würde sich wiederum anbieten. Im Rahmen von größeren Personalabbaumaßnahmen könnte aber auch ein anwaltlicher oder gewerkschaftlicher Beistand an den Verhandlungen teilnehmen. Berücksichtigt man, daß ein ausgewogenes Verhandlungsergebnis wesentlich dazu beitragen kann, daß die gesamte Outplacement-Maßnahme reibungslos durchge-

442 Vgl. *Hamm (1997)*, Kap.4.2.

führt werden kann, bietet eine Betriebsvereinbarung über die fakultative Hinzuziehung von Dritten eine sinnvolle Ergänzung bei der Vereinbarung von Outplacement.

- Bestimmung von Aufklärungspflichten

Ein zusätzlicher Schutz des Arbeitnehmers vor einer folgenschweren Entscheidung, die möglicherweise zur längerfristigen Arbeitslosigkeit führt, kann sein, daß man bestimmte Aufklärungspflichten für die Gespräche über die Beendigung des Arbeitsverhältnisses festlegt.

Gegenstand einer solchen Aufklärungspflicht müßten sämtliche Informationen sein, die für die Beurteilung der Chancen für eine schnelle Neubeschäftigung von Bedeutung sind. Dazu sind insbesondere die Information über die allgemeine und berufsspezifische Arbeitsmarktsituation zu zählen. Die Aufklärungspflicht vor Abschluß der Aufhebungs- und Outplacement-Vereinbarung kann dann dazu beitragen, daß die Erfolgschancen der Outplacement-Maßnahme ausführlicher erörtert werden und der betroffene Mitarbeiter die Konsequenzen seiner Entscheidung umfassender beurteilen kann. Die Durchführung einer aussichtslosen, kostenintensiven Personalmaßnahme kann nicht im Interesse des Arbeitgebers liegen.

- Regelung zur Information der Gewerkschaft oder der Arbeitsverwaltung

Eine Betriebsvereinbarung über die Informationspflicht des Arbeitgebers kann dazu beitragen, daß die Objektivität von Outplacement als betriebliche Sozialpolitik erhöht wird. Ein Anlaß zur Information der zuständigen Gewerkschaft ist nur bei größeren Personalfreisetzungen anzunehmen sein, kann aber sinnvoll sein, um sicherzustellen, daß zusätzliche Angebote der Gewerkschaft – insbesondere Weiterbildungs- und Beratungsangebote – genutzt werden. Durch die Informationspflicht gegenüber den Arbeitsämtern besteht die Möglichkeit, die Outplacement-Maßnahme durch subventionierte Qualifizierungsmaßnahmen zu begleiten und dadurch die Aussicht auf eine Neubeschäftigung weiter zu erhöhen.

- Bestimmung über ergänzende Personalvermittlungsmaßnahmen

Um die Aussichten auf einen reibungslosen Übergang in eine Neubeschäftigung noch zu verbessern, kann eine Vereinbarung über die Verbindung von Outplacement-Beratung und Personalvermittlung angestrebt werden. Allerdings werden mit der arbeitgeberseitigen zusätzlichen Hinzuziehung eines spezialisierten Personalvermittlers weitere Kosten verbunden sein, so daß aus ökonomischen Gründen eine solche Maßnahme nur bei Führungskräften der höheren Hierarchieebenen Anwendung finden wird. Im Geltungsbereich einer Betriebsvereinbarung ist davon auszugehen, daß eine solche Vereinbarung zwar zweckmäßig sein kann, sich aber auf problematische, unqualifizierte Arbeitnehmer beschränken muß. Eine allgemeine Betriebsvereinbarung könnte jedoch nach Ablauf einer bestimmten Zeitspanne ohne Einstellungserfolg die Einschaltung eines Personalvermittlers vorsehen.

Zu den möglichen Regelungen, die in erster Linie den **Interessen** der betroffenen **Arbeitnehmer** dienen und insbesondere der Gefahr einer drohenden Arbeitslosigkeit vorbeugen sollen, können gezählt werden:

- Möglichkeit zum Widerruf der Zustimmungserklärung

Der Arbeitnehmer muß beim Abschluß eines Aufhebungsvertrages und gleichzeitigem Outplacement-Angebot nicht nur über die Beendigung seines Arbeitsverhältnis entscheiden, sondern noch zusätzlich den persönlichen Nutzen eines Beratungskonzeptes abwägen. Bei dieser Entscheidung unterliegt der Arbeitnehmer dem Einfluß von Arbeitgeber und Outplacement-Berater. Zum Schutz des Arbeitnehmers vor einer Entscheidung, die möglicherweise nicht auf der eigenen autonomen Entscheidung beruht oder der Feststellung, daß die vereinbarte Outplacement-Leistung nicht die notwendigen bzw. üblichen Beratungsbausteine enthält, kann es daher zweckmäßig sein, beim Abschluß der Auflösungs- und Outplacement-Vereinbarung zu verlangen, daß ein Widerrufsrecht mit aufgenommen werden muß. In einem solchen Fall kann es aus Gründen der Rechts- und Planungssicherheit für beide Parteien sinnvoll sein, das Widerrufsrecht zeitlich zu befristen (1 – 3 Tage).

- Bestimmung von Mindestleistungen

Um zu vermeiden, daß der Umfang der Outplacement-Beratungsleistungen von der Person des betroffenen Arbeitnehmers abhängig ist, kann es sinnvoll sein, einen Mindeststandard an Beratungsleistungen – z.B. Videoanalysen – für alle potentiell betroffenen Arbeitnehmer zu vereinbaren. Die Etablierung und Vereinheitlichung eines Mindestangebots kann zum Erfolg der Maßnahme für alle potentiell betroffenen Mitarbeiter beitragen, ohne daß weitergehende individuelle Vereinbarungen ausgeschlossen sind. Außerdem könnte die Vergabe des Beratungsauftrages von der Pflicht zur Erklärung eines Verzichts auf die Einwendung des § 334 BGB abhängig gemacht werden,[443] um zu gewährleisten, daß der Arbeitnehmer nicht infolge von Komplikationen im Verhältnis zwischen Arbeitgeber und Outplacement-Berater die Erfüllung der Beratungsleistung nicht mehr fordern kann.[444]

---

443 Zur Aufnahme einer solchen Regelung in den belgischen Kollektivvertrag CCT N° 51 Art.4. und Art.5 ; vgl. *Kibler* in: RdA 1996, 366(370).

444 Vgl. Kapitel: II.2.4.2. (S.106).

• Bestimmung über die Kostenübernahme

Mit einer Regelung über die Kostentragungspflicht kann sichergestellt werden, in welchem Umfang der Arbeitgeber die Kosten der Outplacement-Beratung zu übernehmen hat. Da überwiegend zwischen Arbeitgeber und Outplacement-Berater der Beratungsvertrag vereinbart wird, werden die Kosten der Outplacement-Beratung regelmäßig vom Arbeitgeber getragen, so daß Gegenstand einer solchen Vereinbarung sein kann, inwieweit die Verrechnung oder Beteiligung des Arbeitnehmers über eine reduzierte Abfindung erfolgen darf. Dazu sollten bestimmte Höchstgrenzen festgelegt werden.

• Bestimmung der Dauer der Beratungsleistung

Durch eine Vereinbarung über eine konkrete Mindestberatungsdauer kann im voraus festgelegt werden, daß sich die Outplacement-Maßnahme nicht in einem einmaligen Beratungsprogramm (1-2 Wochen) erschöpft, sondern die Beratungsleistung erst mit der Neubeschäftigung endet.[445] Eine solche Vereinbarung sichert für alle betroffenen Arbeitnehmer die anhaltende Unterstützung bei der Suche nach einer neuen Beschäftigung und trägt wesentlich dazu bei, daß eine maßgebliche Bedingung, die zum Abschluß des Aufhebungsvertrages geführt hat, erfüllt wird. Außerdem kann vereinbart werden, daß eine einmalige Beratungsleistung zu wiederholen ist, wenn der Arbeitnehmer in der Probezeit seinen Arbeitsplatz wieder verliert.[446] Der Arbeitgeber zeigt damit, daß es sich bei dem Einsatz von Outplacement um eine ernsthafte Maßnahme zur Wiederbeschäftigung seiner ausscheidenden Mitarbeiter handelt. Unter diesem Aspekt ist auch eine Vereinbarung denkbar, die verbindlich festlegt, daß die Outplacement-Beratung noch im bestehenden Arbeitsverhältnis erfolgen muß.

• Vermeidung von aussichtsloser Beratung bzw. Hinweispflicht

Für bestimmte Gruppen von Arbeitnehmern wird auch eine Outplacement-Beratung nicht dazu beitragen können, daß sich für sie Chancen einer Neubeschäftigung ergeben. Die Outplacement-Beratung kann deshalb für diese Arbeitnehmer überflüssig sein. Dies betrifft vor allem unqualifizierte Arbeitnehmer. Die Outplacement-Beratung kann jedoch auch bei jungen und qualifizierten Arbeitnehmern das falsche Personalinstrument sein. Problematisch ist in diesen Fällen die Beurteilung der persönlichen Merkmale des jeweiligen Mitarbeiters. Um in diesen Fällen zu vermeiden, daß der Arbeitnehmer einer unnöti-

---

445 Bei den spezialisierten Outplacement-Beratern ist dieser unbefristete Leistungszeitraum Bestandteil der vertraglichen Absprachen über Individual-Outplacement-Beratungen, davon ist aber nicht generell auszugehen – was sich an zum Teil vereinbarten Beratungshöchstfristen zeigt.

446 Vgl. Fn.445.

gen Outplacement-Beratung zustimmt und dabei letztendlich langfristig seinen Arbeitsplatz verliert, kann es sinnvoll sein, festzulegen, daß mit dem Outplacement-Angebot noch Alternativen aufgezeigt werden müssen. In einer Betriebsvereinbarung könnte folglich vereinbart werden, daß zunächst Versetzungs- und Fortbildungsmöglichkeiten ausgeschöpft werden und gegebenenfalls auf Vorruhestandsregelungen aufmerksam gemacht werden muß. Zudem kann für Arbeitnehmer mit bestimmtem Tätigkeits- und Qualifikationsstand vereinbart werden, daß mit dem Outplacement-Angebot auf die spezifische Arbeitsmarktsituation frühzeitig hingewiesen werden muß.

2.3. Zusammenfassung

Für Betriebsvereinbarungen, die sich im wesentlichen auf die Regelung der verfahrensmäßigen Durchführung der Outplacement-Vereinbarung oder -Beratung beschränken, ist eine freiwillige Einigung und Selbstreglementierung der Betriebsparteien nicht illusorisch, wenn man den Regelungsinhalt so ausgestaltet, daß die Vereinbarung im wesentlichen zur Gewährleistung einer effektiven und erfolgreichen Outplacement-Beratung beiträgt. Zu diesem Zweck sind die angegebenen Vereinbarungsgegenstände denkbare Regelungsansätze, die eine Durchführung einer ausgewogenen Outplacement-Beratung und die Chancen für eine Wiederbeschäftigung des ausscheidenden Arbeitnehmers fördern können. Die Initiative zur Vereinbarung solcher Regelungen wird überwiegend von Seiten des Betriebsrates ausgehen müssen, da im wesentlichen der Arbeitgeber – jedoch zur erfolgreichen Durchsetzung eigener Interessen – zusätzliche Verpflichtungen eingeht. Aufgrund der Tatsache, daß die Vereinbarung von bestimmten Mindestleistungen für den Arbeitgeber zum Teil verbindliche finanzielle Verpflichtungen begründet, wird die praktische Durchsetzung jedoch in diesen Fällen erschwert sein.

Insgesamt betrachtet, bietet der Abschluß von freiwilligen Betriebsvereinbarungen aussichtsreiche Regelungsmöglichkeiten, um im Interesse von Arbeitgeber und Arbeitnehmer die Einführung und Anwendung von Outplacement zu konkretisieren, um zugunsten der betroffenen Arbeitnehmer eine zweckmäßige und bestmögliche Beratungsleistung zu gewährleisten.

3. Sprecherausschußrichtlinie

Eine weitere Möglichkeit kollektivrechtliche Regelungen für die Anwendung von Outplacement zu treffen, bietet das Sprecherausschußgesetz (SprAuG). Die Beteiligungsrechte des Sprecherausschusses sind nur schwach ausgebildet. So ist das Anhörungsrecht des Sprecherausschusses ebenfalls gemäß § 31 Abs.2 SprAuG auf Kündigungen beschränkt. Über die begrenzten Unterrichtungs-, Anhörungs- und Beratungsrechte in den §§ 30 ff. SprAuG besitzt der Sprecherausschuß keine Möglichkeit, auf die Einführung oder Durchführung einer Outplacement-Beratung unmittelbar Einfluß zu nehmen.

Die Regelungskompetenz für freiwillige Regelungen zwischen Arbeitgeber und Sprecherausschuß für das Arbeitsverhältnis der leitenden Angestellten ist jedoch weitreichender als die Regelungsbefugnis des Betriebsrates. Nach dem Gesetzeswortlaut des § 28 SprAuG ist die Regelungsbefugnis nicht auf soziale Angelegenheiten beschränkt. Zählt man zu dem Regelungsbereich der Beendigungsrichtlinien im Sinne des § 28 Abs.1 SprAuG die Bestimmungen über die Form und den Inhalt von Aufhebungsverträgen,[447] so besteht für die Parteien unzweifelhaft die Möglichkeit für den Einsatz von Outplacement allgemeine Anwendungs- oder Durchführungsgrundsätze zu beschließen. Entsprechend den denkbaren Regelungsmöglichkeiten in einer freiwilligen Betriebs-vereinbarung kann in diesen Richtlinien festgelegt werden, von welchem externen Berater die Outplacement-Leistung erbracht werden soll, welche formalen Ablaufkriterien für Gespräche über die Beendigung des Arbeitsverhältnisses bestehen und welchen inhaltlichen Anforderungen das Outplacement-Angebot genügen soll. Über das Günstigkeitsprinzip, das gemäß § 28 Abs.2 SprAuG auch für Sprecherausschußvereinbarungen gilt, bleibt es dem jeweiligen leitenden Angestellten unbenommen, für sich selbst noch umfangreichere Beratungsleistungen zu vereinbaren.

Gegebenenfalls kann der Sprecherausschuß im arbeitsgerichtlichen Beschlußverfahren feststellen lassen, ob der Arbeitgeber berechtigt war von den Richtlinien abzuweichen.[448] Dies richtet sich danach, ob besondere Gründe die abweichende Vereinbarung rechtfertigen können. Das Abweichen von gemeinsam vereinbarten Grundsätzen über den formalen Ablauf eines Gesprächs zur Aufhebung des Arbeitsverhältnis unter Anwendung von Outplacement wird sich nur schwer begründen lassen. Demgegenüber wird sich eine richtlinienwidrige Vereinbarung über die inhaltlichen Ausgestaltung der Outplacement-Beratung schon mit dem Hinweis auf eine angespannte finanzielle Lage des Unternehmens begründen lassen. Aus diesem Grund entfalten die Richtlinien nur eine beschränkte Bindungswirkung.

Da der Abschluß solcher Vereinbarungen dem Freiwilligkeitsprinzip unterliegt, kommt es wiederum auf die Initiative und das Verhandlungsgeschick des Sprecherausschusses an, ob und mit welchem Inhalt eine solche Vereinbarung zustande kommt. Zu diesem Zweck kann der Sprecherausschuß aber eine gemeinsame Regelung mit dem Betriebsrat anstreben, die sowohl Gegenstand einer freiwilligen Betriebsvereinbarung als auch der Sprecherausschußrichtlinie wird.

---

447 So *Löwisch* § 28 RdNr.8 SprAuG.

448 Vgl. § 2a Abs.1 Nr.2 ArbGG ; *Richardi* § 5RdNr.262 ; *Löwisch* § 28 RdNr.25 SprAuG.

V. Die steuerrechtliche Behandlung von Outplacement

Die steuerrechtliche Behandlung von Outplacement ist für die Bedeutung von Outplacement als personalpolitisches Instrument entscheidend. Das Angebot einer Outplacement-Beratung verliert für den Arbeitnehmer erheblich an Attraktivität, wenn die Beratung als steuerpflichtige Einkunft behandelt wird.[449] Die Finanzverwaltungen beurteilen die Outplacement-Beratung steuerrechtlich uneinheitlich.[450] Mit der Einordnung von Outplacement als zu versteuernde geldwerte Einkunft, besteht jedoch die Gefahr, daß Arbeitnehmer ein Outplacement-Angebot ablehnen, obwohl die Beratung die Chance auf eine schnelle Wiederbeschäftigung eröffnet hätte. Dies kann dazu führen, daß der Arbeitnehmer möglicherweise über einen längeren Zeitraum in der Arbeitslosigkeit bleibt, mit der Folge, daß er an Qualifikation einbüßt und infolgedessen eine längere Arbeitslosenzeit von der Arbeitsverwaltung finanziert werden muß. Damit wird die Frage nach der steuerrechtlichen Behandlung von Outplacement nicht nur für die betroffenen Arbeitnehmer und Outplacement-Berater interessant. Ihre Beantwortung ist auch von arbeitsmarkt- und steuerpolitischer Bedeutung, wenn die Entscheidung über die steuerliche Behandlung von Outplacement sich mittelbar auf die Chancen zur Wiedereingliederung von Arbeitnehmern in die Erwerbstätigkeit und damit auf die Verwendung von Steuereinnahmen auswirkt.

Angesichts des Einflusses der Entscheidung über die steuerrechtliche Behandlung von Outplacement auf die Bedeutung von Outplacement als personalpolitisches Instrument wird deshalb untersucht, ob Outplacement den steuerpflichtigen Einkünften des Arbeitnehmers zuzuordnen oder eine Behandlung als steuerfreie Einnahme steuerrechtlich zu begründen ist.

1. Der einkommenssteuerrechtliche Arbeitslohnbegriff

Die Outplacement-Beratung unterliegt gemäß § 19 Abs.1 Nr.1 EStG der Einkommenssteuer, wenn die Gewährung der Beratung einen Bestandteil des Arbeitslohnes des betroffenen Arbeitnehmers darstellt. Das EStG selbst enthält keine nähere Definition des Arbeitslohnbegriffs. Der Begriff wird aber in § 2 LStDV auslegt. § 2 LStDV erläutert den Begriff des Arbeitslohns aus einem

---

449 Wie bereits im Zusammenhang mit der Untersuchung der Outplacement-Verträge dargelegt, führt dies dazu, daß in den Outplacement-Verträgen die unternehmensbezogenen Beratungselemente häufig betont werden, um eine steuerliche Veranlagung beim Arbeitgeber als Unternehmensberatung zu rechtfertigen.

450 **Für** eine Einkommenssteuerpflichtigkeit der Outplacement-Beratung: OFD Düsseldorf, OFD Hamburg ; **uneinheitlich** bzw. Einzelfallbeurteilung: OFD Nürnberg, OFD Saarbrücken, OFD Frankfurt, OFD Koblenz ; **Gegen** eine Einkommenssteuerpflichtigkeit: OFD Stuttgart.

Dienstverhältnis dahingehend, daß hierunter alle Einnahmen fallen, die dem Arbeitnehmer aus diesem Verhältnis zufließen. Um eine möglichst gleichmäßige Besteuerung der Einkünfte zu erreichen, hat der BFH den Begriff des Arbeitslohnes stets als sehr weit und umfassend verstanden.[451] In seiner früheren Rechtsprechung wurde das Vorliegen von Arbeitslohn nur verneint, wenn eine Zuwendung als Annehmlichkeit zu charakterisieren war.[452] Diese Rechtsprechung war jedoch vielfältiger Kritik[453] ausgesetzt, weil der Begriff der Annehmlichkeiten als Sammelbezeichnung für Zuwendungen fungierte, die aufgrund sozialer Erwägungen oder aus Vereinfachungsgründen nicht als Arbeitslohn behandelt werden sollten, ohne daß dabei eine genaue Auslegung des Arbeitslohnbegriffs erfolgte.[454] Infolge der Kritik hat der BFH den Arbeitslohnbegriff genauer umgrenzt und bestimmt, daß Arbeitslohn anzunehmen ist, wenn die Einnahme sich im weitesten Sinn als Gegenleistung für die Zurverfügungsstellung der individuellen Arbeitskraft erweist.[455] Auf einen tatsächlichen oder rechtlichen Zusammenhang der Einnahmen zum Dienstverhältnis kommt es nicht an.

Entscheidend ist, daß die Einnahme im weitesten Sinn durch das Dienstverhältnis veranlaßt ist und beim Arbeitnehmer ein geldwerter Vorteil festzustellen ist, der als Ertrag der nichtselbständigen Arbeit anzusehen ist.[456] Im folgenden wird deshalb anhand der vom BFH entwickelten Kriterien, die auf eine Veranlassung der Einkunft durch Dienstverhältnis schließen lassen, untersucht, ob Outplacement als einkommenssteuerpflichtige Zuwendung zu behandeln ist. Bei dieser Untersuchung können die wirtschaftliche Bedeutung der Steuergesetze sowie die sozialen Auswirkungen nicht unberücksichtigt bleiben.[457]

1.1. Outplacement als objektive Bereicherung des Arbeitgebers

Bei der Auszahlung von Barlohn ist die Feststellung einer steuerpflichtigen Einnahme unproblematisch. Die Höhe der Bereicherung entspricht dem zugeflossenen Geldbetrag. An einer eindeutigen Bemessungsgrundlage fehlt es hingegen, wenn die Zuwendung gemäß § 2 Abs.1 Satz 2 LStDV nicht in Geld erfolgt, sondern als Sachbezüge oder allgemeiner, als geldwerte Vorteile gewährt wird. Hier kommt es darauf an, ob sich durch die Zuwendung das Vermögen des Arbeitnehmers wirtschaftlich vermehrt und sich damit seine Leistungsfähigkeit erhöht

---

[451] BFH v.19.07.1974 BStBl.II 1975, S.181(182); BFH 15.12.1977 BStBl.II 1978, S.239.
[452] BFH v.22.10.1976 BStBl.II 1977 S.99(102) mit weiteren Nachweisen.
[453] Herrmann/Heuer/Raupach-*Pflüger* § 19 RdNr.131 mit weiteren Nachweisen.
[454] Herrmann/Heuer/Raupach-*Birk* § 8 RdNr.32.
[455] BFH v.17.07.1981 BStBl.II 1981, S.773(774); 07.12.1984 BStBl.II 1985, S.164(167).
[456] BFH v.17.09.1982 BStBl.II 1983 S.39(41) ; BFH v. 05.07.1996 in: NJW 1997, S.216.
[457] BFH v. 13.05.1954 BStBl.III S.225 ; Herrmann/Heuer/Raupach-*Pflüger* § 19 RdNr.102.

hat.[458] Das Vorliegen einer solchen Bereicherung ist nach objektiven Kriterien zu beurteilen.[459] Auf die Sicht des Arbeitgebers oder auf die Sicht des Arbeitnehmers kommt es nicht an. Es ist deshalb unerheblich, ob der Arbeitnehmer eine Outplacement-Beratung auf eigene Kosten wahrgenommen hätte.[460]

Ob die Outplacement-Beratung objektiv betrachtet eine steuerbare Bereicherung darstellt, ist fraglich, wenn man die Beratung nur als ideelle Zuwendung ansieht.[461] In diesem Fall wäre eine Besteuerung ausgeschlossen, weil nur die Erhöhung der wirtschaftlichen Leistungsfähigkeit besteuert werden soll.[462] Die Annahme einer ideellen Zuwendung wird dem Leistungsgegenstand der Outplacement-Beratung aber nicht gerecht. Als bloße immaterielle Zuwendung wäre Outplacement anzusehen, wenn sich die Beratung nur auf die Bewältigung der psychologischen Schwierigkeiten des Arbeitsplatzverlustes beschränkt. Mit der schulmäßigen Vorbereitung auf zukünftige Bewerbungsgespräche beinhaltet die Outplacement-Beratung aber die Vermittlung von Gesprächs- und Darstellungsfähigkeiten, die den Arbeitnehmer zusätzlich qualifizieren. Diese Kenntnisse verbessern nicht nur kurzfristig die Chancen im Bewerbungsgespräch, sondern sind für den neuen Arbeitgeber möglicherweise wichtige Kriterien für die Ausübung der Tätigkeit im Betrieb. Eine Beeinflussung der weiteren beruflichen Entwicklung des Arbeitnehmers ist möglich.[463] Berücksichtigt man noch, daß die Outplacement-Beratung auch die Zusammenstellung der Bewerbungsunterlagen einschließt, erhält der Arbeitnehmer objektiv betrachtet wichtige Leistungen, die seine Position am Arbeitsmarkt gegenüber Mitbewerbern verbessern und sich zugunsten besserer Beschäftigungsbedingungen bei der Wiedereinstellung auswirken können.[464] Außerdem wirkt sich die Inanspruchnahme dieser Beratungsleistungen wirtschaftlich vorteilhaft beim Arbeitnehmer aus, weil ihm finanzielle Ausgaben für entsprechende Schulungs- oder weitergehende Qualifizierungsmaßnahmen erspart bleiben.

---

458 BFH v.07.07.1961 BStBl.III 1961, S.443(444) ; BFH v.09.03.1990 BStBl.II 1990, S.711(713).

459 BHF v.02.02.1990 BStBl.II 1990, S.472(473) ; Herrmann/Heuer/Raupach-*Pflüger* § 19 RdNr.120 ; Blümich/*Thürmer* § 19 RdNr.163.

460 Schmidt/*Drenseck* § 19 RdNr.21 ; BHF v.02.02.1990 BStBl.II 1990, S.472(473).

461 So *Abeln* in: BB 1999, S.721.

462 Herrmann/Heuer/Raupach-*Pflüger* § 19 RdNr.121/135 ; Blümich/*Thürmer* § 19 RdNr. 170.

463 a.A. *Abeln* in: BB 1999, S.721.

464 Bei ca. 47,2 % der betreuten Outplacement-Klienten ist die Wiedereinstellung mit einer Gehaltsverbesserung verbunden; bei ca. 40, 3 % der Klienten mit einer hierarchischen Verbessserung. (Vgl. die BDU-Studie OPC in Deutschland (1998), Nr.12/13).

1.2. Wirtschaftliche Verfügungsmacht

Einen Vermögensvorteil wird man allerdings nur annehmen können, wenn der Arbeitnehmer über die Einnahme auch als eigene verfügen kann.[465] Der Annahme einer steuerbaren Bereicherung des Arbeitnehmers kann deswegen entgegengehalten werden, daß der Arbeitnehmer keine Verfügungsmacht über die Leistung des Arbeitgebers erlangt, weil der Arbeitnehmer nicht Vertragspartner des Outplacement-Beraters wird.

In der Regel beauftragt der Arbeitgeber den Outplacement-Berater und übernimmt die Kosten für die Beratung. Eine Barauszahlung an den Arbeitnehmer, über die dieser verfügen kann, erfolgt dagegen – aufgrund der steuerlichen Erfassung – selten. Diese unmittelbare Zahlung an den Outplacement-Berater hat für die Beantwortung der Frage der Bereicherung des Arbeitnehmers allerdings auch keinen Einfluß. Eine Bereicherung des Arbeitnehmers setzt nicht dessen Verfügungsmacht über die Leistung des Arbeitgebers voraus. Eine besteuerbare Einnahme liegt bereits vor, wenn der Arbeitnehmer sie wirtschaftlich nutzen kann.[466] Außerdem erhält der Arbeitnehmer mit Abschluß des Outplacement-Beratungsvertrages zwischen Arbeitgeber und Outplacement-Berater die rechtliche Verfügungsmacht. Mit der Ausgestaltung des Beratungsvertrages als Vertrag zugunsten Dritter erlangt der Arbeitnehmer einen originären Forderungsanspruch auf die Beratungsleistung.[467] Der genaue Umfang der Leistung wird zwar zwischen Berater und Arbeitgeber vereinbart, der Arbeitnehmer kann die Leistung aber aufgrund seines Anspruchs verlangen. Spätestens mit der arbeitgeberseitigen Zahlung an den Outplacement-Berater, fließt dem Vermögen des Arbeitnehmers ein geldwerter Anspruch zu, so daß sich die wirtschaftliche Leistungsfähigkeit des Arbeitnehmers erhöht. Der Behandlung von Outplacement als steuerbarer Vermögenszufluß hängt deshalb nicht davon ab, daß der Arbeitnehmer selbst Vertragspartner des Beraters wird oder ob die Zuwendung vom Arbeitgeber unmittelbar an den Arbeitnehmer erbracht wird.

1.3. Veranlassungszusammenhang

Nach der neueren Rechtsprechung des BFH[468] setzt die Zurechnung einer Zuwendung als geldwerter Vorteil zum steuerpflichtigen Arbeitslohn allerdings voraus, daß diese Zuwendung vom Arbeitgeber mit Rücksicht auf das Arbeitsverhältnis gewährt wird. Davon ist auszugehen, wenn zwischen dem Dienstver-

---

465 *Ranft/Lange*, S.298.

466 Blümich/*Thürmer* § 19 RdNr.163 ; *Ranft/Lange*, Lohnsteuer, S.298 ; BHF v.09.03.1990 BStBl.II 1990, S.711(713).

467 Vgl. Kapitel: II.2.4.1.(S.102).

468 Vgl. Fn.456.

hältnis und der Einnahme ein objektiver Zusammenhang besteht und Arbeitnehmer und Arbeitgeber im weitesten Sinne die Beratung noch als Gegenleistung für das Zurverfügungstellen der individuellen Arbeitskraft ansehen. Neben der objektiven Beurteilung der äußeren Umstände, die zur Zuwendung an den Arbeitnehmer geführt haben, sind demzufolge die subjektiven Vorstellungen von Arbeitnehmer und Arbeitgeber mit zu berücksichtigen.

Die Vorstellung des Arbeitgebers hat bei der Beurteilung des Veranlassungszusammenhangs besonderes Gewicht, weil nur der Arbeitgeber bestimmen kann, ob Dienstleistungen abgegolten werden oder außerhalb dieses Motivs noch weitere Gründe für die Zuwendung ausschlaggebend sind.[469] Bei der Gewährung einer Outplacement-Beratung stellt sich aber schon die Frage, ob diese Zuwendung überhaupt dem Dienstverhältnis zugeordnet werden kann, weil für die Beratung erst ein eigenständiger Rechtsanspruch begründet werden muß und die Leistung zur Auflösung des Dienstverhältnisses erfolgt. Für die Beurteilung des Veranlassungszusammenhangs hat der Rechtsgrund der Leistung jedoch nur eine untergeordnete Bedeutung. Schon aus dem Wortlaut des § 2 Abs.1 sowie Abs.2 Nr.1 LStDV läßt sich entnehmen, daß die Bewertung einer Zuwendung als Arbeitslohn keinen Rechtsgrund im bestehenden Arbeitsverhältnis voraussetzt. Für die Veranlassung durch das Dienstverhältnis genügt es, daß dem Dienstverhältnis eine überwiegende Mitveranlassung zukommt und aus Sicht des Arbeitgebers mitauslösend für die Zuwendung war.[470] Da die Outplacement-Beratung erfolgt, um den Arbeitgeber zur Beendigung des Arbeitsverhältnisses zu veranlassen oder diese zu begleiten, ist das bestehende Dienstverhältnis als entscheidender Auslöser für die Durchführung einer Outplacement-Beratung anzusehen.

Eine wesentliche Schranke für die Annahme eines Veranlassungszusammenhangs zwischen Outplacement und Dienstverhältnis würde allerdings die Bewertung der Beratung als überwiegend eigenbetriebliche Interessenwahrnehmung des Arbeitgebers darstellen.[471] Eine Zuwendung, die der Arbeitgeber überwiegend aus eigenbetrieblichen Interessen erbringt, ist durch den Betrieb und nicht durch das individuelle Arbeitsverhältnis veranlaßt. Der Zuwendung kommt in diesem Fall kein Entlohnungscharakter zu. Gegen eine einkommenssteuerpflichtige Behandlung der Outplacement-Beratung würde daher sprechen, daß die Beratung bei objektiver Würdigung aller Umstände keine Gegenleistung *für* Dienste des Arbeitnehmers, sondern lediglich

---

[469] Herrmann/Heuer/Raupach-*Pflüger* § 19 RdNr.155 ; Schmidt/*Drenseck* § 19 RdNr.25.

[470] Herrmann/Heuer/Raupach-*Pflüger* § 19 RdNr.154.

[471] BFH v.21.02.1986 BStBl.II 1986, S.406(407) ; BFH v.04.08.1994 BStBl.II 1995, S.59 (60) ; Heuermann/Wagner/*Schmidt*, D. RdNr.66f. ; Schmidt/*Drenseck* § 19 RdNr. 30 ; Herrmann/Heuer/Raupach-*Pflüger* § 19 RdNr.185.

notwendige Begleiterscheinung von betriebsfunktionalen Zielsetzungen ist.[472] Eine betriebsfunktionale Zielsetzung kommt der Outplacement-Beratung insofern zu, als der Arbeitgeber negative unternehmensbezogene Folgewirkungen von Entlassungen reduzieren möchte. Im Vordergrund steht die Verbesserung des Unternehmensimages, des Betriebsklimas und die Vermeidung von kostenintensiven Trennungsauseinandersetzungen.[473] Die Motive für das Angebot der Outplacement-Beratung bilden also unternehmenspolitische und ökonomische Vorteile. Diese Vorteile stehen als unternehmensbezogene Zielsetzungen in keinem Zusammenhang mit dem individuellen Arbeitsverhältnis des betroffenen Arbeitnehmers. Die Zuwendung erfolgt deshalb nicht mehr, um den begünstigten Arbeitnehmer für seine Tätigkeit zu entlohnen oder zu motivieren, da sie sich allenfalls auf die Motivation der verbleibenden Mitarbeiter auswirkt. Der Anlaß für die Outplacement-Beratung ist der Trennungstatbestand, den der Arbeitgeber nutzen möchte, um betriebliche Interessen bei der Entlassung zu wahren. Ein Bezug zu dem individuellen Arbeitsverhältnis besteht nur noch insofern, als der Arbeitgeber nicht bei jedem Arbeitnehmer bzw. Arbeitsverhältnis von der Möglichkeit eines Outplacement-Angebots – aufgrund zu erwartender negativer unternehmenspolitischer Folgen – Gebrauch machen wird. Im Hinblick auf die unternehmensbezogenen Ziele von Outplacement ist diese Auswahlentscheidung aber von sekundärer Bedeutung.

Angesichts der überwiegenden unternehmenspolitischen oder ökonomischen Ziele von Outplacement stellt sich die Frage, ob die Vorteile der Outplacement-Beratung auf Arbeitgeberseite derart im Vordergrund stehen, daß eine damit einhergehende Bereicherung des Arbeitnehmers als Begleiterscheinung angesehen werden kann. Nach der Rechtsprechung des BFH[474] ist diese Schwelle sehr hoch anzusetzen. Die Interessen des Arbeitnehmers an der Erlangung der Outplacement-Beratung müssen im Vergleich zu den verfolgten betrieblichen Zwecken vernachlässigt werden können. Gegen eine derart geringe Bedeutung der Outplacement-Beratung spricht, daß diese Zuwendung des Arbeitgebers dazu beitragen kann, daß der Arbeitnehmer seine wirtschaftliche Lebensgrundlage wiedererlangt. Unter Berücksichtigung der besonderen Situation des Arbeitnehmers infolge eines Arbeitsplatzverlustes besteht aus dessen Sicht für jede Unterstützung bei der Bewältigung der sozialen und wirtschaftlichen negativen Folgen grundsätzlich ein Bedürfnis. Dies gilt besonders für Maßnahmen, die dazu beitragen, daß die drohende Arbeitslosenzeit verkürzt wird. In aller Regel wird deshalb ein gehobenes, nicht unerhebliches Interesse des Arbeitnehmers an

---

472 BFH v.07.02.1997 DStRE 1997, S.548 ; BFH v.11.03.1988 BStBl.II, 1988, S.727 ; Blümich/*Thürmer* § 19 RdNr.201 ; Herrmann/Heuer/Raupach-*Pflüger* § 19 RdNr.154 ; *Tipke/Lang*, § 9 RdNr.554.

473 Vgl. Kapitel: II.1.2.1.1. (S.37).

474 BFH v.07.02.1997 DStRE 1997, S.548 ; BFH v.02.02.1990 BStBl.II 1990, S.472(474).

der Outplacement-Beratung vorliegen. Dieses Interesse wird auch dann vorliegen, wenn die Aussichten auf eine Wiederbeschäftigung günstig sind, weil der Arbeitnehmer durch die vermittelten Kenntnisse in seiner neuen Tätigkeit profitieren kann. Dies gilt erst recht, wenn man berücksichtigt, daß aufgrund der verbesserten Bewerbungstechnik mögliche Karrierechancen wahrgenommen werden können. Die verschiedenen Vorteile, die der Arbeitnehmer aus der Outplacement-Beratung ziehen kann, sprechen für eine einkommenssteuerrechtlich relevante Begünstigung des Arbeitnehmers.

Im Rahmen einer objektiven Gesamtwürdigung bestehen allerdings gegen eine isolierte Bewertung des Interessengrades beim Arbeitnehmer an der Outplacement-Beratung Bedenken, als der Arbeitnehmer die Outplacement-Beratung nur erhält, weil er gleichzeitig den Verlust des Arbeitsplatzes als wesentlichen Nachteil in Kauf nehmen muß. Unter Berücksichtigung dieses Umstandes, der immer mit der Gewährung der Outplacement-Beratung verbunden ist, relativiert sich die Bewertung der Outplacement-Beratung als besondere Begünstigung des Arbeitnehmers.

Nach der Rechtsprechung des BFH[475] läßt sich dieser Konflikt nicht lösen, weil die einkommenssteuerrechtliche Relevanz einer Zuwendung von der Bewertung des Leistungsgegenstandes aus Sicht des Arbeitnehmers mit abhängt. Danach verliert das Kriterium des eigenbetrieblichen Interesses zwangsläufig an Gewicht, wenn die Outplacement-Beratung aus Sicht des Arbeitnehmers als vorteilhafte Begünstigung angesehen wird. Allerdings nimmt der BFH zur Bewertung des Ausmaßes der Begünstigung eine Einzelfallabwägung vor, die – in Bezug auf Outplacement – in der Praxis kaum durchführbar ist. Eine Differenzierung zwischen den Arbeitnehmern, bei denen die Beratung ausschlaggebend für die erfolgreiche Wiederbeschäftigung war und denjenigen Arbeitnehmern, bei denen die Beratung nicht zur Vermittlung wesentlich neuer Kenntnisse geführt hat, ist kaum möglich. Eine allgemeine Aussage über den Wert der Outplacement-Beratung für den betroffenen Arbeitnehmer läßt sich kaum treffen.[476]

Zum Teil wird in der Literatur[477] das Kriterium des überwiegenden eigenbetrieblichen Interesses deshalb auch abgelehnt, weil der objektive Maßstab fehlt. An Hand subjektiver Kriterien läßt sich zumindest für die Outplacement-Beratung tatsächlich nicht klären, ob die Zuwendung eine erhebliche Begünstigung darstellt. Als Abgrenzungskriterium zwischen besteuerbarer Einkunft und

---

475 BFH v.11.03.1988 BStBl.II, 1988, S.727 ; BFH v.31.10.1986 BStBl.II 1987, S.142(143).

476 Vgl. zur Problematik der Evaluation der Outplacement-Beratung: Kapitel: II.1.3.1.3. (S.58).

477 *Fließ* in: FR 1997, S.630 (633) ; Zur Darstellung der Kritik: Blümich/*Thürmer* § 19 RdNr.200ff..

betrieblich veranlaßter Zuwendung bleibt deshalb nur die objektive Beurteilung der Umstände, die zu der Gewährung der Zuwendung geführt haben und der Zweck, der damit verfolgt wurde. Danach ist festzustellen, daß die Beweggründe für die Gewährung der Outplacement-Beratung unternehmensbezogene Ziele sind und ausschließlich diese Ziele mit der Durchführung von Outplacement auch bestimmt realisiert werden. Für den Arbeitgeber erfüllt sich der Zweck der Maßnahme bereits mit der wirksamen Beendigung des Arbeitsverhältnisses und der Durchführung der Beratung. Als ausschlaggebend für die steuerrechtliche Beurteilung von Outplacement wird daher hier gesehen, daß der bestimmten Realisierung von betrieblichen Zielen die Unbestimmtheit des Beratungserfolges gegenübersteht. Vor diesem Hintergrund ist die Gewährung der Outplacement-Beratung als nicht besteuerbare Begleiterscheinung unternehmerischer Ziele anzusehen und nicht als Gegenleistung im Rahmen des individuellen Arbeitsverhältnisses. Dem Aspekt der zusätzlichen Entlohnung des Arbeitnehmers kommt kein wesentliches Gewicht zu.

1.4. Lohnsteuer-Richtlinie 2000

Aus der Lohnsteuerrichtlinie 2000 läßt sich ein zusätzliches Kriterium ableiten, wie die Outplacement-Beratung möglicherweise einkommenssteuerrechtlich einzuordnen ist.

In Abschnitt 74. der Richtlinie 2000 wird erläutert, unter welchen Bedingungen anzunehmen ist, daß eine Bildungsmaßnahme im überwiegenden Interesse des Arbeitgebers liegt. Gemäß Abschnitt 74. Satz 3 ist ein „überwiegendes betriebliches Interesse“ des Arbeitgebers an der Bildungsmaßnahme anzunehmen, wenn es sich um eine „dem SGB III entsprechende Trainings- oder Qualifikationsmaßnahme handelt, die der Arbeitgeber im Zusammenhang mit Auflösungsvereinbarungen erbringt.“ In die einkommenssteuerrechtliche Beurteilung einer Maßnahme werden damit die Voraussetzungen für förderungsfähige Maßnahmen im Sinne des SGB III einbezogen. Für die Bewertung des eigenbetrieblichen Interesses kommt den Maßnahmen im Sinne des SGB III durch die Richtlinie 2000 also eine gewisse Indizwirkung zu.

Das SGB III sieht insbesondere in den §§ 48 f. und §§ 175 f. SGB III die Förderung von Trainigsmaßnahmen vor, die die Vermittlungsaussichten des Arbeitnehmers verbessern sollen.

Der Anwendungsbereich des § 175 SGB III beschränkt sich auf die Bestimmung der Voraussetzungen, unter denen Kurzarbeitergeld gewährt werden kann. Einen näheren Hinweis auf die Merkmale von Maßnahmen zur Verbesserung der Vermittlungsaussichten, die im Rahmen der Kurzarbeitsphase erfolgen sollen, enthält die Vorschrift nicht.

Demgegenüber wird in § 49 Abs.1 und Abs.2 SGB III genauer festgelegt, unter welcher Bedingung eine förderungsfähige Maßnahme nach dieser Vorschrift vorliegt. So wird für Maßnahmen, die ein Bewerbungstraining beinhalten, gemäß § 49 Abs.1 Nr.2 und Abs.2 Nr.2 SGB III die Förderung grundsätzlich auf zwei Wochen beschränkt. Als Kriterium für eine einkommenssteuerrechtliche Beurteilung der Outplacement-Beratung könnte damit ebenfalls die Dauer der Maßnahme herangezogen werden. Allerdings bestimmt § 49 SGB III keine endgültige zeitliche Obergrenze, sondern sieht in Abs.2 Satz 4 vor, daß die Maßnahmen bis auf eine Dauer von drei Monaten ausgedehnt werden können.

Das Kriterium der zeitlichen Dauer verliert dadurch an Aussagekraft, übertragen auf die Frage der einkommenssteuerrechtlichen Bewertung von Outplacement, wird diese Vorgabe dadurch aber nicht uninteressant. Zumindest für die Fälle eines Gruppen-Outplacements, das den zeitlichen Rahmen des § 49 Abs.2 Nr.2 SGB III meistens nicht wesentlich überschreiten wird, würde man danach in der Regel von einem überwiegenden betrieblichen Interesse des Arbeitgebers auszugehen haben. Eine Outplacement-Beratung, die über den zeitlichen Rahmen des § 49 Abs.2 Nr.2 SGB III hinausgeht, wäre aufgrund der vorgesehenen dreimonatigen Höchstdauer in Abs.2 Satz 4 noch nicht zwangsläufig als einkommenssteuerrechtlich relevante Bereicherung des Arbeitnehmers anzusehen. Fraglich ist aber, ob die Überschreitung der drei Monatsgrenze eine gegenteilige steuerrechtliche Behandlung rechtfertigt.

Eine längere Beratungszeit deutet daraufhin, daß es sich bei dem betroffenen Arbeitnehmer um eine schwierig zu vermittelnde Person handelt. Solche Arbeitnehmer, die auf eine umfangreiche und längere Unterstützung angewiesen sind, droht bereits durch die Zeit der anhaltenden Arbeitslosigkeit eine steigende wirtschaftliche Belastung. Eine einkommenssteuerrechtliche Abgrenzung nach der Dauer der Beratungszeit wäre zudem steuerpolitisch kontraproduktiv, weil der Verzicht auf die Beratung wegen der Steuerbelastung das Risiko für solche Arbeitnehmer auf eine Langzeitarbeitslosigkeit noch erhöht und infolgedessen eine Steuerbelastung droht, die die Einkommenssteuereinnahmen deutlich übersteigt.[478]

Letztlich kann aus der Verweisung der Lohnsteuer-Richtlinie 2000 auf die Merkmale der Maßnahmen im Sinne des SGB III zumindest geschlossen werden, daß für Outplacement grundsätzlich ein weiter einkommenssteuerfreier Raum angenommen werden kann. Aus steuer- und arbeitsmarktpolitischer Sicht ist jedoch eine einheitliche einkommenssteuerrechtliche Beurteilung von Outplacement – gegenüber einer differenzierenden Bewertung über die Beratungsdauer – vorzuziehen.

---

478 Vgl. *Abeln* in: BB 1999, S.721(722).

2. Fazit

Die Entscheidung über die steuerrechtliche Behandlung von Outplacement hat nicht nur steuerrechtliche Auswirkungen. Eine abschließende Beurteilung der steuerrechtlichen Einordnung von Outplacement durch die Finanzverwaltung muß vor dem Hintergrund der Bedeutung dieser Beurteilung für die Entscheidung der Arbeitnehmer über die Annahme einer Outplacement-Beratung sowie der erwähnten Folgewirkungen stattfinden. Die Untersuchung der Bestimmungsmerkmale für steuerbares Einkommen zeigt, daß sich rechtlich die Ausnahme der Outplacement-Beratung von der Einkommenssteuerpflichtigkeit aufgrund des hohen Interesses des Arbeitgebers und der Umstände, die zur Gewährung der Beratung führen, rechtfertigen läßt.

Außerdem ist zu berücksichtigen, daß die steuerrechtliche Möglichkeit des Arbeitnehmers, die Kosten der Outplacement-Beratung gemäß § 9 Abs.1 EStG als Werbungskosten abzusetzen, die Entscheidung über die Annahme der Outplacement-Beratung aus finanzieller Sicht nicht wesentlich erleichtert. Mit der steuerrechtlichen Privilegierung der Outplacement-Beratung würde die Finanzverwaltung dagegen die Anwendung eines Personalinstruments unterstützen, das dazu beitragen kann, daß vorhandene Beschäftigungsmöglichkeiten von Arbeitnehmern besser wahrgenommen werden und der Arbeitsmarkt entlastet wird. Andernfalls würde die Finanzverwaltung die Anwendung einer Maßnahme erschweren, die aus fiskalischer Sicht dazu beitragen kann, daß der betroffene Arbeitsuchende sich in Zukunft wieder mit seinen Leistungen am allgemeinen Steueraufkommen beteiligt.

ANHANG

1. Verzeichnis der Gesprächspartner

von Enzberg, Rüdiger Frhr.	von Rundstedt & Partner, Frankfurt am Main
Gergely, Gabor	Gergely & Reinl, Frankfurt am Main
Grüne, Dirk	SKP – Dr. Stoebe, Kern & Partner Bad Homburg v.d.H.
Günther, Klaus	Kreditanstalt für Wiederaufbau – KfW, Direktor und Leiter der Abteilung Grundsatz und Soziales (Personal)
Kasper, Thomas	Industriegewerkschaft Metall, Frankfurt am Main, Vorstandsverwaltung – Abt. Angestellte –
Ludwig, Karl-Heinz	GMC Glasow Management Consulting GmbH, Hamburg
Milde, Wolfgang	Dr. Offner, Milde & Partner, Stuttgart
Murmann, Jörg	Bundesverband Deutscher Unternehmensberater BDU e.V.
Mühlenhoff, Herbert	Mühlenhoff + Partner, Frankfurt am Main
Reinl, Karin	Gergely & Reinl, Frankfurt am Main
Witek, Reinhard	Coutts Career Consultants, Managing Director, Bad Homburg v.d.H.

2. Literaturverzeichnis

Abeln, Christoph, Besteuerung der Outplacement-Beratung ?, BB 1999, S.721.

Alexander, Peter, Das weite Verständnis der betrieblichen Berufsbildung, NZA S.1992, S.1057.

Auernhammer, Herbert, Bundesdatenschutzgesetz, 3. Auflage, Köln 1993.

Bauer, Jobst-Hubertus/Diller, Martin, Zur Inhaltskontrolle von Aufhebungsverträgen, DB 1995, S.1810.

ders./Haußmann, Katrin, Der Rücktritt vom Aufhebungsvertrag, BB 1996, S.901.

ders., Arbeitsrechtliche Aufhebungsverträge, 5. Auflage, München 1997.

Bearak J.A., Termination Made Easier: Is Outplacement Realy the Answer ?, Personnel Administrator, Vol.27,4,1982, S.63-71,99

Becker, Friedrich, Gemeinschaftskommentar zum Kündigungsschutzgesetz und sonstigen kündigungsschutzrechtlichen Vorschriften, 4.Auflage, Neuwied 1996. <Zit.: KR-Bearbeiter>

Becker, Manfred, Personalentwicklung, 2.Auflage, Stuttgart 1999.

Beer, Michael/Spector, Bert/Lawerence, Paul R./Mills, Quinn D./Walton, Richard E., Managing Human Assets, S.94, New York 1984.

Bengelsdorf, Peter, Der verfassungswidrige Zugriff auf die Beendigungsfreiheit des Arbeitsvertrages, NZA 1994, S.193.

ders., Der arbeitsrechtliche Aufhebungsvertrag, ZfA 1995, S.229.

ders., Arbeitsrechtliche Aufhebungsverträge und gestörte Vertragsparität, BB 1995, S. 978.

Bergmann, Lutz/Möhrle, Roland/Herb, Arnim, Datenschutzrecht, Handkommentar, Band 1, Stuttgart 1999.

Berthel, Jürgen, Personalplanung, in: Handbuch der Wirtschaftswissenschaften, Band 6, Stuttgart 1981, Hrsg. Willi Albers. <Zit.:HdWW-Bearbeiter>

ders., Personal-Management, 5.Auflage, Stuttgart 1997.

Bindl, Christina, Outdoor Solutions, Personalwirtschaft 1995, Heft 5, S.26.

Bisani, Fritz, Personalwesen und Personalführung, 4.Auflage, Wiesbaden 1995.

Blümich, Einkommenssteuer-Körperschaftssteuer-Gewerbesteuer, Band.2, §§ 9-21a EstG, München 1998, Hrsg. Klaus Ebling. <Zit.: Blümich/Bearbeiter>

Bourquin, Christiane, Entlassung auf die sanfte Tour, Personalwirtschaft 1997, Heft 11, S.59.

Brox, Hans, Allgemeiner Teil des Bürgerlichen Gesetzbuches, 16.Auflage, Köln 1992. <Zit.:Brox AT>

Däubler, Wolfgang, Tarifvertragsgesetz, 3.Auflage, Baden-Baden 1993.

ders., Arbeitsrecht 1, 15. Auflage, Hamburg 1998.

ders./Kittner, Michael/Klebe, Thomas, Kommentar zum Betriebsverfassungsgesetz, 6.Auflage, Köln 1998. <Zit.: D/K/K-Berabeiter>

Deters, Jürgen/Karg, Peter/Rosenberg, Thomas, Personalabbau in der Personalwirtschaftslehre, BfuP 1985, S.256.

Dries, Christian, Vom Outplacement zum Newplacement, Personal 1997, Heft 9, S.448.

Dörner, Heinrich, Dynamische Relativität: Der Übergang vertraglicher Rechte und Pflichten, München 1985.

Drumm, Hans Jürgen, Personalplanung, in: Handwörterbuch des Personalwesens, 2.Auflage, 1992 Stuttgart, Hrsg. Eduard Gaugler und Wolfgang Weber.

ders., Personalwirtschaftslehre, 3.Auflage, Berlin 1995.

Ehler, Karl, Mitbestimmung des Betriebsrates bei sogenannten Krankengesprächen, BB 1992, S.1926.

Erfurter Kommentar zum Arbeitsrecht, München 1998, Hrsg. Thomas Dieterich. <Zit.: ErfK-Bearbeiter>

Esser, Josef, Schuldrecht, 6.Auflage, Heidelberg 1984.

Ernst, Falk, Aufhebungsverträge zur Beendigung von Arbeitsverhältnissen, Köln 1993.

Fabricius, Fritz/Kraft, Alfons/Wiese, Günther/Kreutz, Peter, Gemeinschaftskommentar zum Betriebsverfassungsgesetz, Band 1, 6.Auflage, Neuwied 1997. <Zit.: GK-Bearbeiter>

Fabricius, Fritz/Kraft, Alfons/Wiese, Günther/Kreutz, Peter, Gemeinschaftskommentar zum Betriebsverfassungsgesetz, Band 2, 6.Auflage, Neuwied 1998. <Zit.: GK-Bearbeiter>

Fikentscher, Wolfgang, Schuldrecht, 8.Auflage, Berlin 1991.

Fitting, Karl/Kaiser, Heinrich/Heither, Friedrich/Engels, Gerd, Betriebsverfassungsgesetz, Handkommentar, 19. Auflage, München 1998.

Fließ, Rolf, Besteuerung von Zuwendungen des Arbeitgebers an Arbeitnehmer, FR 1997, S.630.

Frankfurter Kommentar zur Insolvenzordnung, Neuwied 1999, Hrsg. Klaus Wimmer. <Zit.: FK-InsO/Bearbeiter>

Friebe, Wolfgang, Materialreader: Outplacement, IG Metall/Ruhr-Universität Bochum, Bochum 1998, Hrsg. Gemeinsame Arbeitsstelle der RUB/IG-Metall.

Galperin, Hans/Löwisch, Manfred, Kommentar zum Betriebsverfassungsgesetz, Band 2, 6.Auflage, Heidelberg 1982.

Gamillscheg, Franz, Kollektives Arbeitsrecht, Band. 1, München 1997.

Gaugler, Eduard, Betriebliche Personalplanung: Eine Literaturanalyse, Göttingen 1974.

Gergely, Gabor, Arbeitslosigkeit und ...?, Personalwirtschaft 1990, Heft 10, S.42.

Germelmann, Claas-Hinrich, Grenzen der einvernehmlichen Beendigung von Arbeitsverhältnissen, NZA 1997, S.236.

Gernhuber, Joachim, Das Schuldverhältnis, Band 8, Tübingen 1989.

ders., Die Erfüllung und ihre Surrogate, Band 3, 2.Auflage, Tübingen 1994.

Glasow, Wolfgang, Das Beraternetzwerk „Outplacement Partners", Personalwirtschaft 1998, Heft 4, S.62.

Greenberg, K./Zippo, M., How companies feel about Outplacement Services, Personnel, Vol.60, 1983, S.55-57.

Gilberg, Dirk, Die Mitwirkung des Betriebsrates bei der Berufsbildung, Heidelberg 1999.

Habbel, Wolfgang R./Posth, Martin in: Handwörterbuch des Personalwesens, Band 5, Sp.1455, Stuttgart 1975, Hrsg. Eduard Gaugler.

Hadding, Walther, Schuldverhältnisse und Synallagma beim Vertrag zu Rechten Dritter, FS Gernhuber 1993, S.153, Hrsg. Hermann Lange.

Hamm, Ingo, Mitbestimmung und Berufsbildung, AuR 1992 S.326.

Hamm, Ingo, in: Outplacement-Beratung –Manuskript 221, Kap.4.2, Düsseldorf 1997, Hrsg. Hans-Böckler-Stiftung.

Hammer, Ulrich, Berufsbildung und Betriebsverfassung: Begriff und Grenzen der Beteiligungsrechte des Betriebsrates bei betrieblichen Berufsbildungsmaßnahmen, Baden-Baden 1990.

ders., Der weite Begriff der Berufsbildung im Betriebsverfassungsrecht 2.Teil, Stuttgart 1995.

ders., Der betriebsverfassungsrechtliche Begriff der Berufsbildung in Rechtsprechung und Literatur, ZTR 1996, S.245.

Harlander, Norbert, Personalwirtschaft, 3.Auflage, Landsberg/Lech 1994.

Hartmann, Friedrich/Hamm, Ingo Hamm, Outplacement-Beratung-Manuskript 221, Düsseldorf 1997, Hrsg. Hans-Böckler-Stiftung.

Häsemeyer, Ludwig, Insolvenzrecht, 2.Auflage, Köln 1998.

Heidelberger-Kommentar zum HGB, 5.Auflage, Heidelberg1999. <Zit.:HK-HGB/-Bearbeiter>

Heidelberger Kommentar zur Insolvenzordnung, Heidelberg 1999, Hrsg. Dieter Eickmann. <Zit.: HK-InsO/-Bearbeiter>

Heinze, Meinhard, Personalplanung, Einstellung und Kündigung, Stuttgart 1982.

Henssler, Martin, Gewerbe, Kaufmann und Unternehmen, ZHR (161) 1997, S.13.

Hentze, Joachim, Personalwirtschaftliche Instrumente, Handwörterbuch des Personalwesens, Band 5, 2. Auflage, Stuttgart 1992, Hrsg. Eduard Gaugler/Wolfgang Weber.

Herrmann, Carl/Heuer, Gerhard/Raupach, Arndt, Einkommenssteuer- und Körperschaftssteuergesetz, 21.Auflage, Köln 1996.

Heuermann, Bernd/Wagner, Klaus/Schmidt, Eberhard, Lohnsteuerrecht, 7.Auflage, München 1999.

Hess, Harald/Schlochauer, Ursula/Glaubitz, Werner, Kommentar zum Betriebsverfassungsgesetz, 5.Auflage, Neuwied 1997. <Zit.: H/S/G-Bearbeiter>

Hilb, Martin, Personalmanagment auf dem Prüfstand, Zürich 1995.

v. Hoyningen-Huene, Gerrick, Betriebsverfassungsgesetz, 4.Auflage, München 1998.

Hromadka, Wolfgang, Zur Mitbestimmung bei allgemeinen übertarflichen Zulagen, DB 1988, S.2636.

Hueck, Alfred/Nipperdey, Hans Carl, Lehrbuch des Arbeitsrechts, Band 2, 1.Halbband, 7.Auflage, Berlin 1967.

Hümmerich, Klaus, Die arbeitsgerichtliche Abfindung, NZA 1999, S.342.

Janßen, Ulrike, Neues Verantwortungsbewußtsein in der Personalarbeit, Personalführung 1994, Heft 4, S.336.

Jung, Hans, Personalwirtschaft, München 1995.

ders., Personalwirtschaft, 2.Auflage, München 1997.

Jung, Sybille/Weißenrieder, Jürgen, Anforderungen an externe Partner, Personalwirtschaft 1999, S.20f..

Kadel, Peter, Personalabbauplanung und die Unterrichtungs- und Beratungsrechte des Betriebsrates nach § 92 BetrVG, BB 1993, S.797.

Kamman, Udo/Hess, Harald/Schlochauer, Ursula, Kommentar zum Betriebsverfassungsgesetz, 3.Auflage, Neuwied 1986.

Kasseler-Handbuch zum Arbeitsrecht, Band 1, Neuwied 1997, Hrsg. Wolfgang Leinemann. <Zit.: Kasseler HandB/Bearbeiter>

Kempen, Otto-Ernst/Zachert, Ulrich, Tarifvertragsgesetz, Kommentar, 3.Auflage, Köln 1997.

Kern, Uwe, Trends in der Outplacementberatung, Personalwirtschaft 1998, Heft 4, S.57.

Kibler, Franz, Outplacement- ein neues Instrument der Personalwirtschaft, RdA 1996, S.366.

Kirsch, Janusz/Hendricks, Nicole, 15 Jahre Outplacement in Deutschland, Personalführung 1995, S.964.

Kolb, Meinulf, Personalmanagement, 2.Auflage, Berlin 1998.

Koller, Ingo/Roth, Wulf-Henning/Morck, Winfried, Handelsgesetzbuch, Kommentar, München 1999. <Zit.: HGB-Koller/Roth/Morck>

Kraft, Alfons, Der Informationsanspruch des Betriebsrates – Grundlagen, Grenzen und Übertragbarkeit, ZfA 1983, S.171.

ders., Mitbestimmungsrechte des Betriebsrates bei betrieblichen Berufsbildungs- und sonstigen Bildungsmaßnahmen nach § 98 BetrVG, NZA 1990, S.457.

Krings, Ulrich, Trennung professionell managen, Personalwirtschaft 1994, Heft 5, S.29.

Küntzel, Ulrich/Haugg, Rolf Michael, Outdoor-Training –Neue Ansätze in der Outplacement-Beratung, Personalführung 1992, Heft 2, S.110.

Kutzscher, Matthias, Vom Schock zur neuen Chance, VDI-Nachrichten Nr.39, 1. Oktober 1999, S.41.

Larenz, Karl, Lehrbuch des Schuldrechts, Band 1, 14.Auflage, München 1987.

Lingenfelder, Michael/Walz, Hartmut, Struktur und Bewertung von Gruppen-Outplacement, Personal 1989, S.258.

ders./Walz, Hartmut, Outplacement statt Rausschmiß, Harvard Business Manager, 1988, Heft 2, S.96.

Löwisch, Manfred, Kommentar zum Sprecherausschußgesetz, 2.Auflage, Heidelberg 1994.

ders./Rieble, Volker, Tarifvertragsgesetz, Kommemtar, München 1992.

von Lützow, Wichard, Trennungskultur und Outplacement, Personal 1995, Heft 8, S.412.

Mag, Wolfgang, Einführung in die betriebliche Personalplanung, 2.Auflage, München 1998.

Matthes, Hans-Christoph, Neue Funktionen für Interessenausgleich und Sozialplan, RdA 1999, S.178.

Mayrhofer, Wolfgang, Trennung von der Organisation, Wiesbaden 1989.

ders., Outplacement, in: Handwörterbuch des Personalwesens, Sp. 1523, 2. Auflage, Stuttgart 1992, Bd.5, Hrsg. Eduard Gaugler/Wolfgang Weber.

Medicus, Dieter, Schuldrecht II –Besonderer Teil, 5.Auflage, München 1992. <Zit.: Medicus SR BT>

ders., Schuldrecht I –Allgemeiner Teil, 7.Auflage, München 1993. <Zit.: Medicus SR AT>

ders., Allgemeiner Teil des BGB, 5.Auflage, Heidelberg 1992. <Zit.: Medicus AT>

Milde, Wolfgang, Fehler bei der Freistellung, Personalwirtschaft 1999, Heft 2, S.53.

Mühlenhoff, Herbert, Chancen und Lösungen realistisch einschätzen, Personalwirtschaft 1993, Heft 5, S.19.

Müller, Christopher, Arbeitsrechtliche Aufhebungsverträge, Baden-Baden 1991.

Münchener Handbuch zum Arbeitsrecht, Band 1, Individualarbeitsrecht, München 1992, Hrsg. Reinhard Richardi. <Zit.: MünArbR-Bearbeiter>

Münchener Handbuch zum Arbeitsrecht, Band 2, Individualarbeitsrecht, München 1993, Hrsg. Reinhard Richardi. <Zit.: MünArbR-Bearbeiter>

Münchener Handbuch zum Arbeitsrecht, Band 3, Kollektives Arbeitsrecht, München 1993, Hrsg. Reinhard Richardi. <Zit.: MünArbR-Bearbeiter>

Münchener Kommentar zum Bürgerlichen Gesetzbuch, Band 2, Schuldecht Allgemeiner Teil, §§ 241-432, 3.Auflage, München 1994, Hrsg. Kurt Rebmann. <Zit.: MünKom/ Bearbeiter>

Münchener Kommentar zum Handelsgesetzbuch, Band 1, §§ 1-104, München 1996, Hrsg. Karsten Schmidt .<Zit.: MünchKommHGB/Bearbeiter>

Neumann, Werner, Outplacement aus Sicht der Unternehmen, Personalführung 1993, Heft 7, S.590.

Nikisch, Arthur, Arbeitsrecht, Band 3, 2.Auflage, Tübingen 1966.

Norman, Alexander, Anforderungsprofil eines Outplacement-Beraters, Personal 1991, Heft 10, S.359.

Oechsler, Walter/Liebel, Hermann, Handbuch Human-Resource-Management, Wiesbaden 1994.

ders., Personal und Arbeit, 6.Auflage, München 1997.

Oetker, Hartmut, Die Mitbestimmung der Betriebs- und Personlräte bei der Durchführung von Berufsbildungsmaßnahmen, Neuwied 1986.

Olfert, Klaus, Personalwirtschaft, 6.Auflage, Kiel 1995.

Ordemann, Hans-Joachim/Schomerus, Rudolf, Bundesdatenschutzgesetz, 5. Auflage, München 1992.

Palandt, Otto, Bürgerliches Gesetzbuch, Kommentar, 58. Auflage, München 1999.

Parkhouse, Gerald, Outplacement: Job verloren – was nun ?, Harvard Business Manager, 1999, Heft 1, S.9.

Pauly, Holger, Einräumung eines befristeten Widerrufsrechts de lege ferenda, ZRP 1997, S.228.

ders., Widerrufsrecht bei arbeitsrechtlichen Aufhebungsverträgen, MDR 1995, S.1081.

Raab, Thomas, Mitbestimmung des Betriebsrates bei der Einführung von Krankengesprächen, NZA 1993, S.193.

Raffee, Hans, Grundprobleme der Betriebswirtschaftlehre, 9.Auflage, Göttingen 1995.

Ranft, Eckart/Lange, Helga, Lohnsteuer, 12.Auflage, Achim 1996.

Reichold, Hermann, Entgeltbestimmung als Gleichbehandlungsproblem, RDA 1995, S.157.

Reinl, Karin, Zunehmende Aktzeptanz, Personalwirtschaft 1999, Heft 11, S.42.

Richardi, Reinhard, Betriebsverfassungsgesetz, Kommentar, 7.Auflage, München 1998.

Ridder, Hans-Gerd, Personalwirtschaftslehre, Stuttgart 1999.

Riechers, Cornelia, Sind Frauen die besseren Outplacement-Berater ?, Personal 1995, Heft 8, S.422.

RKW-Handbuch Personalplanung, 3.Auflage, Neuwied 1996, Hrsg. Rationalisierungs-Kuratorium der Deutschen Wirtschaft. <Zit.:RKW-HandB-Personalplanung/Bearbeiter>

RKW-Handbuch Führungstechnik und Organisation, Band 2, Berlin 1988, Hrsg. Otmar Franz. <Zit.: RKW-HandB-Führungstechnik und Organisation>

Roth, Günther, Handels- und Gesellschaftsrecht, 5.Auflage, München 1998.

Rösler, Monika/Lünborg, Carola/Krey, Georg, Alternativen zum Outplacement: Individuelle Hilfe zur Selbsthilfe, Personalführung 1998, Heft 12, S.30.

Rumpff, Klaus/Boewer, Dietrich, Mitbestimmung in wirtschaftlichen Angelegenheiten und bei der Unternehmens- und Personalplanung, 3.Auflage, Heidelberg 1990.

von Rundstedt, Eberhard, Outplacement – Trennung ohne Konflikte, in: Handbuch des Führungskräfte-Managements, Teil E. Kapitel 23, Hrsg. Rolf Dahlems, München 1994.

ders., „Manche Berater kassieren doppelt“, Personalwirtschaft 1999, Heft 11, S.53.

Sauer,Mechthild, Outplacement-Beratung: Konzeption und organisatorische Gestaltung, Wiesbaden 1991.

dies., Outplacement-Beratung, in: Beratung von Organisationen, Wiesbaden 1992, Hrsg. Helmut Wagner/Rolf-Dieter Reineke.

Schanz, Günther, Personalwirtschaftslehre, 2.Auflage, München 1993.

Schaub, Günther, Arbeitsrechts-Handbuch, 8.Auflage, München 1996.

Scherba J. E.; Outplacement as a personnel responsibility, Personnel, Vol. 50, 1973, S.40-44.

Schließmann, Christoph Ph., Rechtsfragen und Leistungsinhalte, Personalwirtschaft 1999, Heft 11, S.46.

Schmidt, Hanns, Merger kosten Arbeitsplätze, Personalwirtschaft 1999, Heft 6, S.56.

Schmidt. Karsten, HGB-Reform im Regierungsentwurf, ZIP 1997, S.909.

ders., HGB-Reform und gesellschaftsrechtliche Gestaltungspraxis, DB 1998, S.61.

ders., Handelsrecht, 5.Auflage, Köln 1999.

Schmidt, Ludwig, Einkommenssteuergesetz, 18.Auflage, München 1999.

Scholz, Christian, Personalmanagment, 3.Auflage, München 1993.

Schreiber, Susanne, Freisetzung als Vorgesetztenaufgabe, in: Handwörterbuch der Führung, 2. Auflage, Stuttgart 1995, Hrsg. Alfred Kieser.

Schulz, Dieter, Trennung -eine Katastrophe oder eine Chance für den Neubeginn ?, BB 1990, S.1054.

ders./Fritz, Wolfgang/Schuppert, Dana/Seiwert, Lothar/Walsh, Ian, Outplacement: Personalfreisetzung und Karrierestrategie, Wiesbaden 1989.

Simitis, Spiros/Dammann, Ulrich/Geiger, Hansjörg/Mallmann, Otto/Walz, Stefan, Kommentar zum Bundesdatenschutzgesetz, 4.Auflage, Baden-Baden 1992. (Stand: 1995)

ders./Weiss, Manfred, Zur Mitbestimmung des Betriebsrates bei Kurzarbeit, DB 1973, S.1242.

Smith, Mike, Outplacement: Die menschliche Seite des Personalabbaus, Zeitschrift für Arbeits- und Organisationspsychologie, 1993, S.201.

Soergel, Hans Theodor, Bürgerliches Gesetzbuch, Band 2, Schuldrecht, §§ 241-432, 12.Auflage, Stuttgart 1990, Hrsg. Wolfgang Siebert. <Zit.: Soergel-Berarbeiter>

Städele, Bettina, Trennung ohne Kündigung eine Untersuchung über Implementationsprobleme des Outplacements, Konstanz 1992.

v. Staudinger, Julius, Kommentar zum Bürgerlichen Gesetzbuch, Buch 2, Recht der Schuldverhältnisse, §§ 293-327, 13.Auflage, Berlin 1995, Hrsg. Günther Beitzke. <Zit.: Staudinger-Bearbeiter>

v. Staudinger, Julius, Kommentar zum Bürgerlichen Gesetzbuch, Buch 2, Recht der Schuldverhältnisse, §§ 328-361, 13.Auflage, Berlin 1995, Hrsg. Günther Beitzke. <Zit.: Staudinger-Bearbeiter>

v. Staudinger, Julius, Kommentar zum Bürgerlichen Gesetzbuch, 2.Buch, Recht der Schuldverhältnisse, §§ 328-398, 12.Auflage, Berlin 1994, Hrsg.Günther Beitzke. <Zit.: Staudinger-Bearbeiter>

Stege, Dieter/Weinspach, F.K., Betriebsverfassungsgesetz, 7.Auflage, Köln 1994.

Stoebe, Fritz, Acht Jahre Outplacement/Replacement-Service für Führungskräfte in Deutschland, Personalführung 1987, S.518.

ders., Outplacement als Instrument der strategischen Personalführung, Personalführung 1990, Heft 5, S.330.

ders., Outplacement und Executiv Search, Personalführung 1993, Heft 5, S.426.

ders., Outplacement, in: Handbuch Personalmarketing, 2.Auflage, Hrsg. Hans Strutz, Wiesbaden 1993.

ders., Neue Strukturen fordern Opfer, Personalwirtschaft 1994, Heft 5, S.25.

Strätz, Hans-Wolfgang, Über sogenannte Nachwirkungen des Schuldverhältnisses und Haftungsmaßstab bei Schutzpflichtverletzungen, FS Bosch, 1976, S.999.

Tipke, Klaus/Lang, Joachim, Steuerrecht, 16.Auflage, Köln 1998.

Ullrich, Hans, Lohngewähr oder Mängelgewähr, NJW 1984, S.585.

Wagner, Dieter/Zander, Ernst/Hauke, Christoph, Handbuch der Personalleitung, München 1992.

ders., Personalabbau, in: Handwörterbuch des Personalwesens, 2.Auflage, Stuttgart 1992, Hrsg. Eduard Gaugler/Wolfgang Weber.

Weber, Wolfgang, Grundbegriffe der Personalwirtschaft, Stuttgart 1993.

Wegmann, Christoph, Unternehmensinterne Outpalcementberatung, Personalwirtschaft 1993,Heft 5, S.24.

Weiss, Manfred/Weyand, Joachim, Betriebsverfassungsgesetz, 3.Auflage, Baden-Baden 1994.

Wesenberg, Mark, Outplacement in Theorie und Praxis, Erlangen-Nürnberg 1992.

ders./Kühlmann, Thorsten M., Outplacement: Die Perspektive der Betroffenen, Personal 1994, Heft 12, S.600.

Wheelock, K., „No fault" corporate divorce, Personal Administrator, Vol. 30, 1985, Heft 5, S.180-184.

Weyand, Joachim, Die tarifvertragliche Mitbestimmung im Bereich der Arbeitsorganisation, AuR 1991, S.65.

Wiedemann, Herbert/Stumpf, Hermann, Tarifvertragsgesetz, Kommentar, 5.Auflage, München 1977.

Wild, Jürgen, Grundlagen der Unternehmensplanung, 4.Auflage, Opladen 1981.

Wolf, Manfred, Sachenrecht, 11.Auflage, München 1993.

Wonnemann, Christiane, Entwicklung und Bedeutung von Outplacement in Deutschland, Personal 1992, S.256.

Zöllner, Wolfgang/Loritz, Karl-Georg, Arbeitsrecht, 5.Auflage, München 1998.

Zwanziger, Bertram, Arbeitsrechtliche Aufhebungsverträge und Vertragsfreiheit, DB 1994, S.982.

Studien zum Arbeitsrecht und zur Arbeitsrechtsvergleichung

Herausgegeben von Manfred Weiss und Spiros Simitis

Band 1 Sebastian Fritzsche: Die Vereinbarkeit des Arbeitnehmer-Entsendegesetzes sowie der erfassten Tarifverträge mit höherrangigem Recht. 2001.

Band 2 Arnd Hermann: Outplacement. Eine Untersuchung der individualvertraglichen Gestaltung und kollektivarbeitsrechtlichen Aspekte eines neuen Instruments des Personalabbaus. 2001.

Peter Lang · Europäischer Verlag der Wissenschaften

Hanno Merkt

Beiträge zur Börsen- und Unternehmensgeschichte

Frankfurt/M., Berlin, Bern, Bruxelles, New York, Oxford, Wien, 2001. 382 S.
ISBN 3-631-37284-1 · br. DM 98.–*

Börsengeschichte und Unternehmensgeschichte sind nicht allein Teilgebiete der allgemeinen Wirtschaftsgeschichte. Auch für die Rechtswissenschaft – und hier natürlich insbesondere für das Wirtschaftsrecht – sind sie von nicht zu unterschätzender Bedeutung, namentlich etwa im Rahmen der rechtspolitischen Diskussion um die Reform des Rechts oder für Fragen der Gesetzesauslegung. Die hier versammelten, mehrheitlich bereits in juristischen Fachpublikationen veröffentlichten Beiträge stammen aus der Feder eines Juristen und sollen auf diesem Wege einer breiteren, auch wirtschaftshistorisch interessierten Leserschaft zugänglich gemacht werden. Die Beiträge spiegeln das Verständnis eines Juristen für die historischen Entwicklungen und Zusammenhänge in den behandelten Bereichen wider. Dabei sind Darstellung und Akzentsetzung von dem Bestreben geleitet, die Entstehung des heutigen Rechts und der heutigen Institutionen für ein Publikum ohne vertiefte Kenntnis der Wirtschaftsgeschichte zu erklären und nachvollziehbar zu machen.

Aus dem Inhalt: Die Geschichte der Unternehmenspublizität in Deutschland, Europa und den USA · Die Geschichte des deutschen Börsenrechts von den Anfängen bis zum zweiten Finanzmarktförderungsgesetz von 1994 · Die Geschichte des US-amerikanischen Gesellschaftsrechts · Die Geschichte der Namensaktie

FSC
www.fsc.org
MIX
Papier | Fördert gute Waldnutzung
FSC® C083411

Kolibri 360 GmbH
Ferdinand-Jühlke-Straße 7
99095 Erfurt, Deutschland
produktsicherheit@kolibri360.de

Druck:
CPI Druckdienstleistungen GmbH
im Auftrag der
Kolibri 360 GmbH
Ferdinand-Jühlke-Str. 7
99095 Erfurt